权威・前沿・原创

皮书系列为

“十二五”“十三五”国家重点图书出版规划项目

上海浦东经济发展报告（2017）

ANNUAL REPORT ON ECONOMIC DEVELOPMENT OF PUDONG NEW AREA (2017)

深化双自联动和政府职能转变

主　编／沈开艳　周　奇
副主编／毛力熊　徐美芳

图书在版编目(CIP)数据

上海浦东经济发展报告. 2017：深化双自联动和政府职能转变 / 沈开艳，周奇主编. -- 北京：社会科学文献出版社，2017.2
（浦东新区蓝皮书）
ISBN 978 - 7 - 5201 - 0268 - 1

Ⅰ. ①上… Ⅱ. ①沈… ②周… Ⅲ. ①区域经济发展 - 研究报告 - 浦东新区 - 2017 Ⅳ. ①F127.513

中国版本图书馆 CIP 数据核字（2016）第 317163 号

浦东新区蓝皮书
上海浦东经济发展报告（2017）
深化双自联动和政府职能转变

主　　编 / 沈开艳　周　奇
副 主 编 / 毛力熊　徐美芳

出 版 人 / 谢寿光
项目统筹 / 郑庆寰
责任编辑 / 张　媛　郑庆寰

出　　版 / 社会科学文献出版社 · 皮书出版分社（010）59367127
地址：北京市北三环中路甲 29 号院华龙大厦　邮编：100029
网址：www. ssap. com. cn
发　　行 / 市场营销中心（010）59367081　59367018
印　　装 / 北京季蜂印刷有限公司

规　　格 / 开 本：787mm × 1092mm　1/16
印 张：15.75　字 数：236 千字
版　　次 / 2017 年 2 月第 1 版　2017 年 2 月第 1 次印刷
书　　号 / ISBN 978 - 7 - 5201 - 0268 - 1
定　　价 / 79.00 元

皮书序列号 / PSN B - 2011 - 225 - 1/1

《浦东经济发展报告（2017）》
编　委　会

主要编撰者简介

沈开艳　上海社会科学院经济研究所所长、研究员、博士生导师。1986年毕业于南京大学经济系，获经济学学士学位；1991年、2001年毕业于上海社会科学院，分别获经济学硕士、博士学位。曾赴美国麻省理工学院、印度尼赫鲁大学、英国剑桥大学等做访问学者。

沈开艳是上海社会科学院政治经济学重点学科带头人、社会主义政治经济学创新学科首席专家、上海市五一巾帼创新工作室（沈开艳当代中国政治经济学创新工作室）首席专家，上海市经济学会副会长，中国南亚学会常务理事，上海社会科学院金砖国家研究中心主任。曾先后任华东师范大学马克思主义学院、中共上海市委党校、浦东新区党校、上海应用技术大学马克思主义学院特聘教授（或兼职教授）；德国柏林自由大学全球政治研究生院（GSGP）导师。

主要研究领域有社会主义政治经济学、宏观经济理论与实践、中国经济改革与发展、印度经济等。曾主持国家社会科学基金项目、上海市社会科学基金项目、上海市决策咨询项目十余项，发表经济学学术论文近百篇。沈开艳是“上海经济蓝皮书”（2010～2017年）、“浦东经济蓝皮书”（2012～2017年）的主编，代表作有《中国特色社会主义政治经济学》《中国期货市场运行与发展》《印度经济改革发展20年》《西藏经济跨越式发展研究》等。先后获上海市邓小平理论研究优秀成果论文一等奖，上海市哲学社会科学优秀成果著作二等奖，全国优秀蓝皮书一等奖、二等奖、三等奖等，以及上海市“先进女职工标兵”、上海市“三八红旗手”、上海社会科学院优秀研究生导师等荣誉称号。

周　奇　中共浦东新区人大常委会党组成员，中共上海市浦东新区委员会党校常务副校长，上海市浦东新区行政学院副院长，中共上海市浦东新区委员会党校校务委员会常务副主任，上海市浦东新区党建研究会副会长。历任中共上海市浦东新区委员会组织部副部长、中共上海市浦东新区委员会社会工作党委副书记，《浦东论坛》杂志主编。主要研究方向为党建理论、社会学、管理经济学。担任主编和副主编出版的著作有《自贸试验区建设与中国经济创新转型发展》（2016 年 9 月，上海社会科学院出版社）、《执政党建设的新境界》（2016 年 7 月，上海社会科学院出版社）、“浦东经济蓝皮书”（2016 年 1 月，社会科学文献出版社）、《多维视野下的浦东新区镇党代会常任制研究》（2014 年 12 月，上海人民出版社）、《服务型政党与社会管理创新》（2013 年 4 月，上海人民出版社）、《大爱——来自一个社区的特别报告》（2007 年 12 月，上海人民出版社）等。先后发表各类论文数十篇。

毛力熊　理学硕士，上海市浦东新区行政学院副院长，中共上海市浦东新区党校副校长，副教授，研究方向为公共管理学、社会学。现已在学术刊物上公开发表数十篇论文，科研成果多次为浦东新区区委、区政府决策参考。曾多次参加或者主持完成了国家行政学院、中国浦东干部学院、市委党校等省部级课题。参与完成国家行政学院 2004～2005 年度招标课题“上海特大城市区县政府管理体制改革与制度创新研究”，参与中国行政管理学会 2005 年度招标课题“中国特大城市政府管理体制创新——以上海为个案的研究”，参与 2009 年全国哲学社会科学规划办公室立项课题“综合配套改革中服务型政府的构建研究”，担任上海市哲学社会科学规划办公室 2007 年立项课题“上海率先构建社会主义和谐社会研究”的课题组长等。

徐美芳　经济学博士，副研究员。1994 年毕业于武汉大学保险系，获经济学学士学位；毕业于上海社会科学院研究生部，2001 年、2005 年分别获经济学硕士、博士学位。现为上海社会科学院经济研究所西方经济研究室副研究员、硕士生导师，《社会科学报》副主编。主要研究方向为发展经济学、保险学。现已出版学术专著《中国寿险需求决定因素分析》，主持“大众创业、万众创新的家庭支持系统研究”“上海航运保险发展动力及机制研究”“上海女性金融消费现状研究”等上海市政府决策咨询、市哲学社会科学、市妇联多个招标课题。参与编撰论著10多部，公开发表各类学术论文20多篇。参与“上海经济蓝皮书”（2011～2016年）和“浦东经济蓝皮书”（2012～2016年）章节撰写、组织工作。

摘　要

2016 年是我国“十三五”规划的关键之年，也是浦东新区建设核心功能区的关键之年。但全球经济增长进一步放缓，金融市场动荡加剧；国内结构性改革稳步推进，经济依然面临进一步下行的风险和压力。面对这种复杂严峻的国内外形势，浦东新区只有更加积极地践行“五大发展理念”，实行创新驱动发展战略，才能更好地完成建设核心功能区的重任，为上海市、中国“十三五”各项目标的实现做出更大贡献。为此，2016 年浦东新区聚焦自贸试验区改革和科创中心建设的重大战略任务，进一步完善了“四个中心”和“科创中心”核心功能区协调机制，积极推动浦东新区经济转型升级。基于此背景，2017 年浦东经济发展报告聚焦深化双自联动和政府职能转变，分四篇（总报告、深化双自联动篇、政府职能转变篇和实证案例篇），以 12 个报告的形式展开分析。

总报告分析了 2016 年浦东经济形势及浦东新区加快推进核心功能区建设的新进展和新突破，并对 2017 年浦东经济发展进行了预测。总报告分析认为，国内外宏观经济发展的新走势给浦东新区经济发展带来了新的压力和挑战。但 2016 年浦东经济运行总体平稳，服务经济引领地位日益凸显，全年经济增长率可能达到 8.5% 左右。总报告研究发现，浦东核心功能区建设进展显著，如拓展并建立了各类人才培养机制，陆家嘴金融城体制改革启动、电子商务发展迅猛；报告还认为，浦东有条件率先实现政府与市场的关系调整、加强“四个中心”与“科创中心”互动。

深化双自联动篇聚焦于自贸区建设及“双自联动”政策效果。首先，该篇认为自贸区已初步建成事中事后监管的基本制度，网上政务大厅、综合监管平台和公共信息服务平台三大基础设施有力地提升了政府服务能力。其次，该篇认为自贸区金融监管创新成绩斐然，市场准入方面形成了以负面清单为基础的金融机构事中事后报告制度，监管模式方面形成了以自由贸易账户为核心的账户监管模式，监管手段方面推出了综合监管、功能监管；自贸区投资管理制度创新在外商投资负面清单管理、境外投资管理改革、服务业制造业扩大开放、商事制度改革深化等方面取得颇多经验。最后，本篇分析了“双自联动”政策初步效果，并从政策协同性、耦合性、内外联动性以及创新治理体系方面提出政策建议。

政府职能转变篇着重分析了浦东新区品牌提升、区域及产业转型发展和人才制度等。首先，该篇指出浦东新区具有有利于品牌经济发展的政策环境、产业环境和消费环境，但也存在品牌国际化发展水平不足、品牌结构与浦东整体的功能定位之间存在偏差等瓶颈；其次，该篇认为浦东临港地区的人口增长与经济发展之间呈明显的相互促进关系，应定义为人口拓展区，而不适合与上海其他高度城市化的区域一起划分为人口限制区；再次，该篇认为在互联网和新型工业化的背景下，浦东应大力建设城市智慧工厂，发展以智能机器人制造为代表的智能制造产业、以大数据为代表的新一代信息技术产业和以新能源技术研发运用为代表的新能源汽车产业；最后，该篇认为浦东的社会文化环境和政策环境较优，属于政府引导—中生态型，并在向政府辅助—强生态型这一理想的人才生态系统努力。

最后，实证案例篇实证分析了科创中心核心功能区建设及政策效应，并在理论上做了提炼。本篇认为浦东创新型企业发展环境不断优化，跨界合作创新不断加强，商业模式和运营方式也更趋多元；建设综合性国家科学中心是浦东建设科创中心核心功能区的关键举措和核心任务。

Abstract

The Year of 2016 is crucial for China's 13th Five-Year Plan and the construction of the Core Functional Areas of Pudong New District. In spite of the complicated domestic and international economic situations such as the slowing down of global economy, drastically stormy financial market, the advance of domestic structural reform and the pressure of the economy downturn, Pudong New District should try its best to fulfil Five Development Concept and to realize the strategy of Innovation-driven Development in order to accomplish the task of the construction of the Core Functional Areas and contribute to the realization of the 13th Five-Year Plan. In 2016, therefore, Pudong New District focuses on the reform of the Pilot Free Trade Zone and the construction of Science and Technology Innovation Center, improves the coordination mechanism of "Four Centers" and the Core Functional Area of "the Science and Technology Center". Given the situation above, the Blue Book of Pudong Economic Development focuses on not only the further interactive development of Free Trade Zone and National Innovation Demonstration Zone, but the transfer of government function as well, while the whole book includes four parts (the main report, the reports of interactive development of Free Trade Zone and national innovation demonstration zone, the reports of the transfer of government function, and the reports of case) which consist of 15 reports.

General Reports analyzes the economic situation of Pudong and the new accomplishments which Pudong gains in the construction of the Core Functional Areas in 2016, forecasting the development of Pudong economy in 2017. The Main Report draw a conclusion that although the present tendency of domestic and international economy brings pressure to the economic development of Pudong, the economic development maintain stable, the service economy will more and more obviously play a leading role in the whole economic development, and the growth rate of GDP is about 8.5% . The Main Report also points out that the advance of the construction of the Core Functional is remarkable which can be reflected in establishment of the mechanism of HR cultivating, the start-up of institution reform of Lujiazui Financial City and the rapid development of E-business. The Report also concludes that Pudong is ready to take the lead in adjusting the relation between government and market and enhancing the interaction of the "Four Centers" and the Science and Technology Innovation Center.

The reports of interactive development focus on the construction of the Pilot Free Trade Zone, that of the Core Functional Areas of the Science and Technology Innovation Center, and the policy effect of interactive development. In the first place, the reports draw a conclusion that the fundamental institutions of the regulation in process and afterwards, government administration on line, comprehensive regulation platform and public information service platform have been established to promote the level of governmental service. Secondly, the reports conclude that the accomplishments of the pilot free trade zone is abundant, while the report institution of the regulation in process and afterwards of financial firms has brought into being, the account supervision which is based on the account of free trade is established, and the comprehensive regulation and the functional regulation enrich the means of administration, that institutional innovation of free trade zone investment management gains a lot of experience and accomplishments in the field of the negative list management of FDI, the management reform of overseas investments, the further open-up of manufacturing industry and service industry, and the further reform of commercial institutions. At last, this Part analyzes the preliminary effect of the interactive development of interactive development of Free Trade Zone and national innovation demonstration zone, and gives suggestion of policy in the field of policy coordination, coupling, interaction of the internal and the external, as well as governance system of innovation.

The reports of the transfer of government function emphatically analyze the enhancement of brand influence, the economy transformation and development of region and industry and HR institution. Firstly, this part points out that the policy environment, industry environment and consumption environment in Pudong New District is suitable for the development of brand economy, while the shortcomings exists in the international development level, the deviation between the brand structure and Pudong position of entirety function. Secondly, the report concerns population increasement and economic development in Lingang Areas, points out that the relationship between the former and the latter is interactive and promoting, and regards Lingang Areas as districts of population expanding, but not that of population limitation which is the characteristic of other areas in Shanghai. And then, this part draws a conclusion that given the situation that the internet develops and industrialization continues, Pudong ought to construct the factories of intelligence city, develop intelligence manufacture industries such as new generation information technology industries of intelligence Roberts, big data, and new energy technology research and application such as new energy automobile industry. Finally, this part points out that the social and cultural environment as well as policy environment in Pudong is excellent, which can be defined as government orientated and middle ecological type, and it will turn to the type of government-assistant and powerful ecology.

In the final part, the reports positivly analyze the construction of core functional zone of scientific and technological innovation center and its policy effects, while theoretical refinement is given in this part. This part also concludes that the enterprise development environment in Pudong continues to be optimized, the international cooperation continues to be strengthened, the business mode of operation continues to be multiplied. The kernel task and crucial measure of the construction of Pudong Core Functional Areas of scientific innovation center is to construct national comprehensive scientific center.

目　录

Ⅰ　总报告

Ⅱ　深化双自联动篇

Ⅲ　政府职能转变篇

Ⅳ　实证案例篇

CONTENTS

I General Reports

Ⅱ Reports of Interactive Development of Free Trade Zone and National Innovation Demonstration Zone

Ⅲ Reports of Government Function Transfer

总 报 告

General Reports

B.1
2017年浦东新区经济形势分析与预测

胡云华*

摘 要： 本文回顾分析了2016年国内外宏观经济背景下的浦东新区经济运行特征，基于前三季度的相关数据分析，对当年浦东新区主要宏观经济指标进行了判断与分析。2017年是“十三五”时期的关键年份，浦东新区经济发展的外部环境不容乐观，同时也存在新的机遇。综合推断，2017年浦东新区经济增长总体将保持平稳运行态势。在这一形势下，浦东新区要加快推进创新驱动发展，就必须进一步进行突破与创新，解决自身存在的诸多瓶颈问题，文章最后提出了2017年浦东新

* 胡云华，博士，中共浦东新区区委党校经济教研室主任，副教授，主要研究方向为区域经济、创新经济。

区保持经济平稳运行的对策建议。

关键词： 浦东经济 创新驱动 宏观经济 经济运行

一 2016年宏观经济背景分析

进入2016年，全球经济增长进一步放缓，国际贸易持续低迷，金融市场动荡加剧，总体复苏态势疲弱。从国内来看，随着结构性改革的稳步推进，经济逐步企稳，并维持在合理区间运行，但仍面临进一步下行的风险和压力。国内外宏观经济发展的新走势给浦东新区经济发展带来了新的压力和挑战。

（一）全球经济低迷，复苏疲弱

1. 主要经济体复苏乏力

首先，发达经济体增长低于预期，且缺乏亮点。从美国来看，2015年强劲复苏态势昙花一现，居民消费、房地产市场和就业市场等相关经济数据远低于预期，经济下探明显。美国一季度GDP创下两年来的新低，环比增长远低于上年第四季度的1.4%，折年率仅为0.5%，二季度仍然没有明显好转。景气指数方面表现疲软，5月制造业PMI更是创2009年10月以来最低，仅为50.5。同期失业率虽一度降至4.7%，但非农就业人数仅增加3.8万人，创下2010年9月以来每月增幅最低。从欧洲来看，在一系列改革措施带动下，经济增长终于开始走出负增长区域，一季度，欧元区和欧盟GDP均环比增长0.5%，同比则分别增长1.5%和1.7%，接近五年以来最好水平。然而，从工业生产数据来看，情况并不乐观，同期工业生产环比仍然呈下降态势。尽管英国“脱欧”还未真正进入实质性的启动阶段，但肯定会对欧洲经济复苏有所阻碍和干扰。从日本来看，在安倍经济学的大规模刺激下，一季度GDP环比增长0.4%，两个季度以来首次呈现增长态势，年增长率为 1.7%。[①] 然而，随着消费税的增加，个人消费停滞不前，企业运行困难重重。

其次，新兴经济体差异明显，普遍反弹乏力。尽管印度表现平稳，领跑全球主要经济体，但是多数新兴经济体依旧处于风雨飘摇之中。如俄罗斯经济尽管在石油价格回升后开始趋于稳定，但全年负增长已成定局；巴西经济颓势难改，并有进一步下滑趋势；南非受大宗商品收入下降拖累，经济状况面临严峻挑战。

鉴于主要经济体的表现，全球主要机构纷纷下调经济增长预期，世界银行在 6 月 7 日发布的《全球经济展望》报告中将 2016 年全球经济预期从 1 月份预测的 2.9% 下调至 2.4%。世界货币基金组织（IMF）在 10 月 4 日发布《世界经济展望》报告，预测 2016 年全球经济增长率为 3.1%，较 4 月份预测下调了 0.1 个百分点。

2. 全球经济风险加剧

首先，体现在金融市场风险方面。金融危机发生以来，全球资本快速从发达国家流向发展中国家，寻求新的价值与投资机会。根据联合国估计，2009 ~ 2014 年大约有 2.2 万亿美元流入发展中国家。然而，随着发展中国家经济的下行，这一趋势正在发生逆转。据统计，2015 年从发展中国家流出的资本达 6000 亿美元，[②] 2016 年这一趋势愈演愈烈，新兴市场国际资本加速外流，导致东道国证券市场风云突变，货币大幅贬值。其中，印度、巴西和俄罗斯等新兴市场国家受到重创。

其次，体现在货币政策风险方面。在全球经济低迷的情况下，美联储逆势加息，对全球经济造成重大影响。

最后，体现在政治风险方面。英国脱欧导致欧盟在全球的影响力将明显下降，更加剧了欧洲政治和经济的动荡局面。此外，移民危机、希腊债务问题、俄罗斯与美国的摩擦都是全球必须面对的问题，这些政治方面的问题将

① 新华网，www. xinhua. net。

② 新华网，www. xinhua. net。

会对经济环境造成巨大冲击，从而严重阻碍全球经济的复苏进程。

3. 全球外需增长乏力

在全球经济复苏放缓的同时，世界贸易增长持续低迷，且连续数年低于全球经济增长率。根据世界贸易组织 4 月 7 日的预测，2016 年度全球贸易增长率仅为 2.8%，远低于之前 3.9% 的预期，也大幅度低于过去 20 年间全球贸易年均 5.2% 的增长率。世贸组织官员表示，全球贸易增速已连续 5 年低于 3%。从国别数据来看，形势更为严峻。具体情况如下。

就发达经济体来看，美国无论是商品，还是服务出口和进口，自 2015 年以来便持续出现衰退和下滑态势，2016 年下行轨迹仍未改变。作为制造业大国，2016 年日本进出口难改下探态势，一季度各月商品出口下降幅度分别为 12.9%、4% 和 6.8%，进口则分别下降 17.9%、14.2% 和 14.9%，此后，这种下行态势并未有所改变。欧盟的商品进出口总额同期也分别下降 7.9% 和 7.2%。就新兴经济体来看，情况同样不容乐观。如印度进出口一季度继续延续上年下行状态，分别下降 8.5% 和 13.2%。巴西同期进出口下降幅度则分别达到 33.4% 和 5.1%。

从上述数据可见，不论是发达国家还是新兴市场国家，依靠外需拉动经济增长已经不太现实。

（二）国内改革步伐加快，经济逐步趋稳

1. 经济实现平稳增长

在外部环境不容乐观和自身结构性矛盾凸显的不利条件下，我国经济沿袭新常态下的运行轨迹，仍然实现了平稳增长态势。根据国家统计局公布的 2016 年前三季度数据，实现国内生产总值 529971 亿元，同比增长 6.7%，按季度运行来看，已经连续 7 个季度运行在 6.5% ~7% 的区间，其中服务业增长较快，就业、物价和居民收入均实现了较为平稳的增长。具体来看，就业方面，城镇新增就业提前完成全年预期目标，总量为 1067 万人，其中全国 31 个大城市城镇调查失业率为 4.04%，低于全年 4.5% 的调控目标；物价方面，居民消费价格月度同比涨幅一直保持在 1.8% ~2.3% 区间内，前三季度

均上涨2.1%，比上年回落0.1个百分点；居民收入方面，扣除价格因素，全国居民人均可支配收入同比增长8.4%，实际增长6.3%，达17735元。

2. 经济运行质量有所提高

在中央供给侧结构性改革一系列措施推动下，经济结构战略性调整取得新进展。根据前三季度数据，在产业结构方面，一是第三产业比重持续攀升，达52.8%，高于第二产业13.3个百分点；二是工业结构继续优化，如高技术产业和装备制造业增加值增速快于规模以上工业，占规模以上工业增加值比重分别为12.2%和32.6%，比上年同期提高0.6个和1.2个百分点。在需求结构方面，首先，最终消费支出对经济增长的贡献率不断提升，比上年同期提高13.2个百分点，高达73.4%；其次，“三去一降一补”成效初显。在去产能方面，原煤、粗钢产量同比分别下降10.5%和1.1%。在去库存方面，截至8月末，全国规模以上工业企业产成品存货同比下降1.6%。同时，商品房待售面积在3~8月连续减少。在去杠杆和降成本方面，以工业企业为例，资产负债率及成本均有所下降，截至8月末，与上年同期相比，全国规模以上工业企业资产负债率略微下降0.6个百分点，为56.4%；每百元主营业务收入中的成本比上年减少0.17元；企业资产负债率为56.4%，比上年同期下降了0.6个百分点①。

（三）上海经济创新驱动效果初显，但挑战加大

在经济新常态的新形势下，2016年上海市加大改革力度，以经济创新驱动为动力，加大转型力度，效果初显。根据上海市统计局公布的数据，前三季度全市生产总值完成19529.67亿元，按可比价格计算，增长6.7%，增速有所回落，但总体态势稳定，经济转向创新驱动效果凸显，呈现以下三个方面的特点。第一，第三产业持续高增长且构成更加优化。全市第三产业增加值达13838.27亿元，增长10.3%，占生产总值的比重达到70.9%，同比提高3.8个百分点；与此同时，第三产业的构成更加优

① 国家统计局网站。

化，其中信息传输、软件和信息技术服务业增加值上半年增幅高达16.5%，金融业增加值增长17.1%，显示第三产业持续发展的基础更加稳固。第二，尽管工业增长呈现下降趋势，但战略性新兴产业逆势上扬。全市完成规模以上工业总产值22172.91亿元，比上年同期下降1.3%；然而，战略性新兴产业制造业总产值为5989.42亿元，比上年同期增长2.2%，其中新能源汽车增长最快，增幅高达47.6%。第三，对外货物贸易总额有所下降，但结构进一步优化。全市货物进出口总额为20420.84亿元，同比微幅下滑0.2%。按贸易方式看，一般贸易情况显著好于加工贸易，占全市货物进出口总额的比重达到51.5%，以出口为例，一般贸易出口额为3951.87亿元，增长1.0%；而加工贸易出口3351.42亿元，下降10.8%。从经济类型看，私营企业出口额为1791.39亿元，增长1.9%，出口情况好于国有企业和外商投资企业①。

当然，也必须看到，在经济创新驱动效果凸显的同时，上海的重点行业工业总产值下降明显，其中电信信息制造业产值下降幅度高达7.0%，显示国际经济低迷对上海的影响仍在持续，挑战仍在加大，需要密切关注。

二 2016年浦东新区经济运行态势分析与判断

进入2016年以来，面对复杂严峻的国内外形势以及转型压力增大等现状，浦东新区聚焦自贸试验区改革和科创中心建设的重大战略任务，加快推动经济转型升级，经济运行总体平稳，服务经济引领地位日益凸显，“创新驱动发展、经济转型升级”步伐继续加快。前三季度新区实现生产总值6190亿元，增长8.1%（见表1），增速比上半年增长0.1个百分点，第三产业比重达到75%②。

① 上海市统计局网站。

② 本文中关于浦东新区的数据除特殊说明以外均来自浦东新区发改委网站。

表1　2016 年 1～9 月浦东新区主要经济指标情况

单位：亿元，%

指标名称	绝对值	增长
地区生产总值	6190	8.1
工业总产值	6475	-1.7
全社会固定资产投资	1215	3.0
社会消费品零售总额	1484	8.0
商品销售总额	23808	8.2
外贸进出口总额	12331	1.6

资料来源：浦东新区统计局网站。

具体来看，2016 年浦东新区经济运行呈现以下特征。

（一）经济转型升级趋势更加明显

1. 传统动力增长趋缓

一是工业尚未走出下行通道。重点龙头企业正处于产品调整期，再加上国内外市场需求疲软、企业各类成本上涨等多重因素影响，1～9 月新区工业总产值 6475 亿元，下降 1.7%，降幅较之上半年有所收窄。“三大三新”产业实现产值 4633 亿元，占全区工业总产值的 71.6%，占比呈现下降趋势，且降幅大于全区平均水平。其中，截至 8 月底，新区三大支柱产业实现产值近 3084 亿元，下降 5.5%。三大新兴产业实现产值 323 亿元，下降 4.6%，其中唯独航空航天业实现了 27.8% 的增长，但由于其产值较小，无法扭转三大新兴行业的整体下滑态势（见表 2）。

表2　2016 年 1～8 月浦东新区“三大三新”产业发展情况

单位：亿元，%

名称	产值	增速	名称	产值	增速
“三大”产业	3083.97	-5.5	“三新”产业	322.88	-4.6
电子信息产品制造业	1364.97	-11.6	生物医药	259.81	-4.9
汽车制造业	973.54	-6.7	航空航天	7.7	27.8
成套设备制造业	745.47	-7.4	新能源	55.37	-6.6

资料来源：浦东新区统计局网站。

二是消费增势趋缓。1～9月新区社会消费品零售总额为1484亿元，增长8%，增速与上半年基本持平（见图1）。其中，截至8月底，与大众日常消费相关的粮油食品、服装鞋帽、化妆品、日用品等商品零售额占比达35.9%，增势较好，增长了8.2%，成为零售业增长的主要动力。同期商品销售总额为23808亿元，增长8.2%，增速略低于上半年0.3个百分点。其中大宗商品价格回升带动流通市场增长，金属材料类商品销售7147亿元，占新区商品销售总额的33.6%，增长7.4%；国际原油价格反弹，对石油贸易刺激较大，石油类商品销售1586亿元，增长9.8%，这两类大宗商品的销售额拉动新区销售总额增长3.7个百分点。

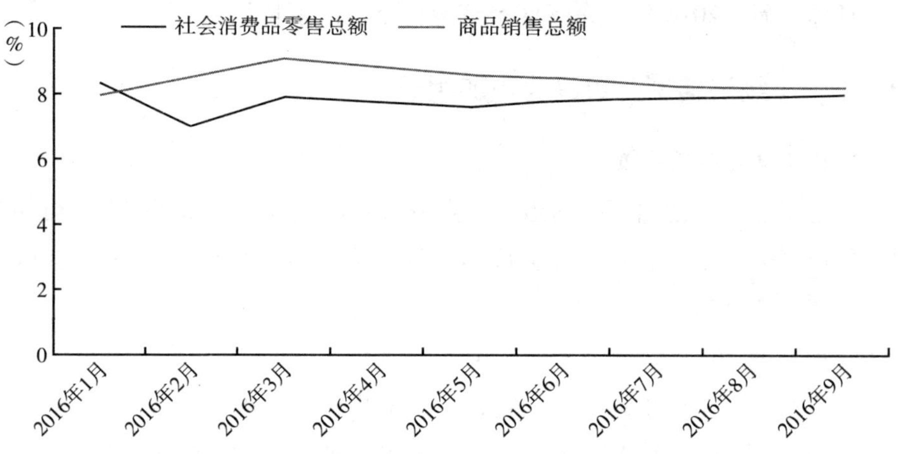

图1　2016年前三季度浦东新区消费增长情况

资料来源：浦东新区统计局网站。

三是进出口贸易低位运行。进入2016年，新区外贸增长延续上年下降的颓势开局，但降幅不断收窄，从下降态势逐渐转入正增长态势。1～9月新区外贸进出口总额为12331亿元，增长1.6%，基本与上半年持平（见图2）。其中，截至8月底，全区进口额为6970亿元，增长2.%；出口额为3814亿元，增长2.9%。从构成来看，一般贸易回暖是进出口贸易回暖的主要推动力，增长15.8%；而加工贸易则呈下降态势，上半年下降了15.4%，但降幅呈收窄态势。

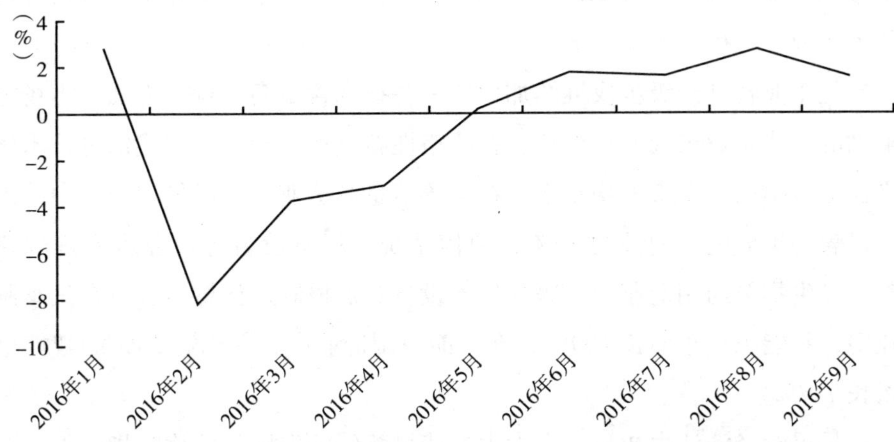

图2　2016年前三季度浦东新区进出口贸易总额增长率

资料来源：按照浦东新区统计月报数据制成。

四是股票市场、房地产市场不稳定性增大。与近年来火爆的表现不同，2016年股票市场和房地产市场出现动荡，不稳定性增大。1～9月证券市场成交额205万亿元，增长0.2%，其中，股票成交额37万亿元，陡降67%，降幅与上半年持平，但比第一季度增加了23.9个百分点，与上年同期相比，降幅更大。房地产市场方面，自第二季度起一改年初强劲势头，当月成交面积和金额均出现环比下降态势，但第三季度再度显现上扬态势。1～9月新区商品房预售面积和金额（为交易中心备案登记数据，下同）分别为247万平方米和917亿元，比上年同期增长53.7%和70.6%。存量房交易面积和金额分别为609万平方米和1587亿元，分别比上年同期增长28.3%和52.5%。

2. 经济新动力日益活跃

一是高技术服务业表现亮眼。其中主要原因在于重点企业的业务发展良好，带动了整个行业的蓬勃发展。如华为凭借中高端智能手机持续发力，上半年营业收入猛增72.4%，带动全区智能手机领域营业收入总体增长30.1%。新迁入的支付宝（中国）网络技术有限公司增长26.3%，营收位列新区服务业之首，全年有望达到200亿元；展讯通信的新产品投入销售，在上一年高增长的基础上继续增长22.1%，有望成为又一家全年营收规模达到百亿元的大企业。

二是工业转型升级步伐继续加快。一些技术含量高、竞争力强、市场定位准确的行业企业出现逆势增长。在战略性新兴产业中，新一代信息技术增长平稳，增幅高于全市平均水平；在电子信息制造业中，以华力微、中芯国际为代表的集成电路增长约20%，通信系统、视听设备等行业也实现较快增长；在生物医药制造业中，医疗仪器设备及器械制造保持增长；在汽车制造业中，新能源汽车增长100%；在新能源制造业中，占比近50%的智能电网增长7.7%。

三是民营经济活力初显。在大力打造民营经济发展高地战略指引下，新区民营经济迎来一个发展的上升期。如在新设企业方面，仅上半年新设内资企业就达21987户，涉及注册资本5888亿元，增长23.3%。其中，私营企业21041户，涉及注册资本5104亿元，增长29.9%，私营企业注册资本占比达到86.7%，增速快于总体水平。以张江园区为例，园区民营企业规模不断扩大，创新活力不断迸发。仅上半年营业收入就增长48.2%，远高于园区平均水平33个百分点。文化、智能服务机器人、VR/AR（虚拟现实技术/增强现实技术）等产业都有位于创新前沿的领军企业，为园区创新发展注入了新的动力。

（二）自贸区改革效应加快显现

1.自贸区功能建设步伐加快

金融功能建设方面，一是积极落实自贸区“金改40条”。支持外资金融机构参与金融创新试点，协调推动高盛、摩根大通等国际知名外资金融机构在自贸区发起设立合资券商，积极探索合资券商的新模式。其中，首家内地和港澳合资多牌照证券公司已获证监会批准——申港证券股份有限公司正式落户陆家嘴。二是金融创新业务快速发展。截至6月底，累计有43家金融机构通过分账核算系统验收，共开立54522个自由贸易账户，当年累计账户收支总额为22924亿元。三是吸引一批高能级金融机构落户浦东。如新落户的上海保险交易所作为全国第一个国家级、创新型保险要素市场，填补了金融市场在保险领域的空白。

贸易功能建设方面，一是上线运行国际贸易“单一窗口”2.0版。功能覆盖货物进出口申报、运输工具申报、支付结算、企业资质、贸易许可和信息查询六大类，并实现了出口退税功能。二是正式启动货物状态分类监管试点工作，建立了海关税务协同监管机制。目前共有物流配送业务类型的试点企业超过20家，实现了保税、非保税货物同仓存储，企业物流仓储成本同比下降50%以上，业务量同比上升40%，货值同比增长220%①。三是国内首张平行进口车3C认证书落地外高桥，平行进口汽车试点工作的一大瓶颈终获突破。

航运功能建设方面，一是航运创新改革持续推动。推进外资国际船舶管理扩大开放，引进外商独资国际船舶管理企业，并推动外资船舶管理企业获取船员外派资质。二是推进国际船舶管理产业服务平台建设。以船舶管理产业链上的国际船舶供应业务为突破口，筹建国际船舶供应交易信息系统。三是航运业融合创新特点显现。在“双自联动”的背景下，航运领域出现了诸多不同类型的创新案例，如自贸区首批外资船舶管理企业、首家航空争议解决机构、首创航运保险产品注册制、“非特殊监管区”型航运功能创新区、航运电商企业等。

2. 自贸区扩区效应继续显现

保税片区在贸易、航运物流、加工制造等传统产业平稳发展的同时，新兴动力蓬勃发展。一是以金属铜为主的大宗商品交易规模持续扩大，前三季度完成的交易额增长15%。二是租赁产业蓬勃发展，完成服务收入50亿元，增长60%，有望成为新兴的百亿产业。三是以科技研发、维修检测、技术培训为主的技术服务业连续两位数增长，完成服务收入80亿元，增长15%。

陆家嘴片区在继续引进持牌类金融机构落户的同时，金融信息、互联网

① 数据为调研所得。

金融等金融专业服务业异军突起，新兴金融成为重要增长点。非银行金融机构产业贡献能力不断提升，税收增速超过50%。同时，互联网新兴金融产业园等物理空间载体建设加快，如巨洋基地初创期入驻私募证券基金7家，资产管理规模超过50亿元。

金桥片区积极打造新的四大支柱产业，成为园区经济发展的新动力。一是新能源汽车未来前景看好，通用、特斯拉等企业将陆续推出新车型抢占市场。二是智能制造市场需求扩大，如生产乘用车压缩机的三电汽车依靠企业自身研发了第一条智能机器人手臂，从而降低了生产成本，提高了生产质量。三是移动视讯继续发力，平台类企业营业收入增长18%，上年成立的咪咕视讯已取代天翼视讯，成为产业中占比最大的企业，营业收入增幅高达72.6%。四是新兴金融产业园建设加快推进，重点集聚发展私募基金、股权投资、资产管理、金融数据、金融设备、金融服务等新兴金融业态。

张江片区经营总收入实现两位数快速增长，二、三产业协调发展，营业收入增速分别为10.5%和17.8%。集成电路、生物医药和文化产业等主导产业增势良好，集成电路增长24.6%，展讯通信、中芯国际等龙头企业借助新技术、新产品发展势头强劲；生物医药增长14.3%，企业纷纷加大研发力度，创新成效显著；文化产业增长13.4%，阅文集团携手光线传媒，联手出资建立新公司。

世博片区积极打造自贸区品牌效应，通过自贸区优势仅在上半年就引进各类企业逾550家，超过2015年全年530家的规模，金融、商贸、科技和文化类企业占较大比重。

（三）科创中心建设有序推进

1. 孵化服务体系不断优化

一是进一步完善孵化器和众创空间建设。截至目前，新区共有众创空间和孵化器80家，其中有国家级科技企业孵化器10家，国家级众创空间13家，市级科技企业孵化器27家，市级众创空间17家，总孵化面积70万平方米，在孵企业 2700 家。尤其值得关注的是海外人才离岸创新创业基地建设持续推进，目前全区已形成通过浦东国际人才城设基地空间总部，辐射多点多区域的空间格局，如在外高桥保税区形成了以保税区人才大厦为中心，辐射各个保税区域，包括药明康德模式、洋山科创 1 号等数个众创空间多点开花的离岸基地模式。

二是搭建创新资源集聚和服务平台。一方面，大力推动技术服务平台建设。目前新区现有技术研发类平台 80 多家，其中市级认定的技术研发平台 36 家，约占全市的 1/3。这些平台对改善新区创业创新环境，降低企业创新创业成本起到了重要作用。另一方面，大力推动中介服务机构集聚，通过科技金融、科技咨询、知识产权、技术转移、法律咨询等科技中介服务机构，依托第三方机构搭建创新资源综合性服务平台，从而加快区域创新要素的集聚和流动，构建区域创新网络。

2. 制度创新步伐加快

借助“双自联动”的独特优势，加快突破科技创新制度瓶颈。这方面的创新案例就是药品上市许可持有人制度试点取得突破性进展。

药品上市许可持有人制度是指将上市许可与生产许可分离的管理模式。在这种机制下，上市许可和生产许可相互独立，上市许可持有人可以将产品委托给有资质的生产商生产，药品的安全性、有效性和质量可控性均由上市许可持有人对公众负责。药品上市许可持有人制度是国际较为通行的药品上市、审批制度，是一项与世界接轨的制度，具有一定的制度优势。在试点药品上市许可持有人制度基础上，目前，张江生物医药创新企业再鼎医药完成与勃林格殷格翰的生物制药合同生产试点签约，率先在全国开展首个生物医药合同生产试点。随着试点的铺开与进一步完善，将推动药品生产的模式创新，也就是生物医药企业期盼已久的药品合同生产（CMO），将助推张江生物医药产业的升级与发展。

此外，浦东加快相关政策及机制创新，促进区域内科技与金融紧密结合。浦东研究制定科技发展基金科技金融专项资金扶持政策；设立天使投资引导基金；引导孵化器、众创空间等各类科技中介服务机构设立风险投资引

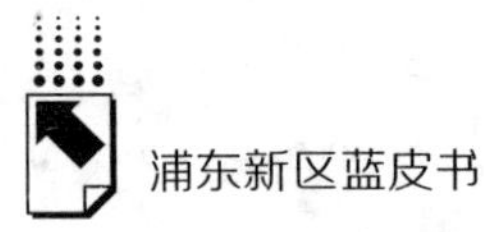

导基金，鼓励对不同成长阶段的企业进行投资。

3. 张江综合性国家科学中心建设顺利推进

建设综合性国家科学中心，是上海加快建设具有全球影响力的科技创新中心的关键举措和核心任务，是张江建设国际一流科技城的重要支撑。建设国家科学中心是浦东新区代表国家参与国际合作竞争的任务要求，是当好“改革开放排头兵的排头兵、创新发展先行者的先行者”的职责使命，也是浦东新区引领创新转型的迫切需要。一方面，浦东积极引导创新型科研机构入驻，加快推进张江科学城建设。积极推动中国科学院、北京大学、清华大学、复旦大学、上海交通大学的包括量子卓越中心、光子科学与技术国家实验室等在内的重点科研资源及功能性平台集聚浦东。与此同时，浦东有序推进重大科学装置和项目建设，光源二期、软 X 射线自由电子激光、活细胞结构与功能成像线站以及超强超短自由激光等大科学装置项目均已通过国家和上海市评审。

综上所述，从前三季度的相关指标来看，浦东新区经济运行尽管喜忧参半，但总体实现了平稳增长。鉴于国内经济的企稳回升以及全市经济转型的加快推动，我们预判，第四季度浦东经济增速将适度加快，2016 年全年经济增长率可能增至 8.5% 左右，虽然不能实现一直快于全市 2 个百分点的预期目标，但在诸多方面的发展是优于全市的。

三　浦东新区“十三五”创新驱动发展面临的问题分析

分析浦东新区 2016 年的经济运行特点，可以看到，“十三五”期间，浦东要践行“五大发展理念”，实行创新驱动发展战略，必须克服一系列问题，这些问题如果得不到很好地解决与突破，将影响浦东“十三五”期间诸多目标的顺利实现。这些问题主要表现在以下几个方面。

（一）产业创新升级动力不足

一是创新优势并未转化为产业经济优势。举例来看，张江高科技园区和金桥经济技术开发区，分别拥有高新技术企业596家和114家，两者在科技创新资源方面存在很大差距。但金桥经济技术开发区在经济产出指标的绝对值、地均产出、人均单位产出等各方面都具有显著优势，间接反映了张江科技创新的产业化进程并不顺畅。

二是战略性新兴产业发展相对迟缓。以专利为例，可以看到浦东新区战略性新兴产业的专利产出水平较低，发展较缓慢。根据调研，2011～2013年浦东新区、海淀区、深圳三地战略性新兴产业专利申请数前30强企业中，浦东新区仅有8家入选，而其中4家位列20名之后；海淀区有9家入选，总体排名位居浦东新区之前；深圳有13家入选，4家位列前5。从战略性新兴产业七大细分行业专利申请数前5强企业名单看，浦东新区除了高端装备制造业占据优势外，新能源、新材料、生物、新一代信息技术、新能源汽车、节能环保产业均处于劣势地位。从创新最活跃的新一代信息技术产业五大细分行业专利申请数前5强企业名单看，浦东新区集成电路产业占据优势，传媒产业发展水平一般，而互联网、软件和通信产业发展滞后。

三是“互联网+”创新欠缺，与优势产业基础脱钩。“互联网+”与新兴产业结合是区域产业创新发展的重要内涵，如深圳的“互联网+电子信息产业”、杭州的“互联网+电子商务产业”、北京的“互联网+文化创意产业”，均是“互联网+”与区域优势产业深度结合的生动案例。浦东“互联网+”产业发展的格局是产业覆盖范围广、新型的产业模式不断出现，但缺乏突破性的产业创新内涵、商业新理念和突破性产业技术，与本地优势产业的联合创新不足。

（二）创新要素集聚效率不高

一是研发投入效率不高。主要体现在：新区研发投入增长的幅度和稳定性都落后于全市平均水平。新区研发投入强度由2006年的2.66%升至2014年的3.5%，同期，上海市研发投入强度则由2.45%升至3.66%。就政府性创新资金投入来看，浦东新区近年来增长逐步趋缓。2010～2012年政府财政性科技投入年均增长20%以上，但2014年较2013年出现了小幅度的负增长。从具体投入方向来看，工业领域科技创新投入的优势地位相应下降。新区工业 R&D 经费投入占上海市比重从 2008 年的 49.04% 下降至 2013 年的 39.00%。

二是创新绩效偏低。近年来，浦东新区年均新产品销售额占营业额比重约为 30%，低于海淀区的 40%；浦东新区高新技术产品出口额占出口总额的比重约为 40%，低于海淀区的 46% 和深圳市的 53%。浦东新区的万人专利申请数仅为深圳市的 45% 左右、海淀区的 27% 左右；浦东新区的万人发明专利申请数仅为深圳市的 57% 左右、海淀区的 21% 左右；浦东新区企业发明专利申请数仅为海淀区的 58% 左右、深圳市的 28% 左右。在国家知识产权局公布的 2014 年企业发明专利申请受理量 10 强名单中，深圳有华为技术有限公司、中兴通讯股份有限公司和腾讯科技（深圳）有限公司 3 家企业上榜。海淀区与浦东新区各有一家企业入围，分别是联想（北京）有限公司和中芯国际集成电路制造（上海）有限公司。

三是科研成果转化为高科技产业的生产力还不强。北京中关村高新区 2014 年产出 3.5 万亿元，深圳高新区每平方公里产出超 210 亿元。张江作为高科技园区，原始创新能力不强，重大科学发现和引领产业变革的原创性成果少，跟踪、模仿性成果多，张江核心区高科技产出尚维持在千亿元级。

（三）企业自主原始创新不足

一是原始创新成果较少。缺乏突破性的原始创新是新区科技型企业发展的主要“短板”。这种“短板”集中体现在专利方面。尽管近年来，浦东新区专利申请数和授权量呈不断攀升之势，但仔细研究后可以看到浦东发明专利的占比较低。新区发明专利授权的比重在 25% ~30%，远低于先进国家和地区 50% 左右的一般水平，创新专利的质量方面还有待于进一步提升。就国际专利来看，更显薄弱之势。如深圳高新区 2014 年申请 1.16 万件，占全国总量的 48.5%，连续 11 年稳居全国首位。而张江同期所申请及授权的国际专利数量还处于较低水平。

二是企业核心创新能力薄弱。首先，原创的具有全球影响力的高新科技企业数量不多。与北京和深圳两地相比较，北京中关村原创的联想和深圳高新区原创的华为、中兴等，均已走向世界在美欧投资。而浦东则逊色不少，以核心园为例，虽有展讯、盛大等一批原创高科技企业，但全球投资能力与世界影响力有待提升。其次，企业创新产品国际竞争力不强。2014 年，新区工业企业新产品出口比例仅为 13.74%，代表高科技产业之一的医药制造业新产品年销售收入为 95.95 亿元，其中，出口额仅为 1.14 亿元，未显示出国际竞争优势。

三是民营高科技企业创新不足。与中关村和深圳相比，浦东新区汇集了一大批自主创新水平较高的外资企业和国有企业，民营企业处于边缘地位。2015 年，浦东新区外资企业总量突破 2 万家，同时，浦东新区国家创新型企业中外资企业占比高达 72.7%，远远高于海淀区的 36.4% 和深圳市的 0.5%。在战略性新兴产业领域，浦东新区国有企业也发挥了核心作用。其国有企业工业总产值占全区工业总产值的比重为 9.2%，高于海淀的 3.7% 和深圳的 0.3%。在浦东新区、海淀、深圳三地战略性产业专利申请总数排名前 5 的企业中，浦东新区共有 12 家企业入围，其中国有企业 7 家，外资企业 3 家，民营企业 2 家；深圳市共有 13 家企业入围，其中国有企业 1 家，外资企业 2 家，民营企业 10 家；海淀区 10 家企业入围，其中国有企业 4 家，外资企业 1 家，民营企业 5 家①。

四　2017年浦东新区经济发展的宏观背景分析

（一）国际经济疲软态势难以明显改观

展望 2017 年，可以预判，世界经济的发展仍然会呈现疲软态势，同时延续不均衡的分化局面，发达经济体增速将走低，而新兴经济体增速有望提升，两者差距将进一步拉大，全球经济仍然延续“慢”增长的复苏格局。

---

① 数据为调研所得。

全球经济走弱的原因在于：一是世人翘首期盼的新科技革命仍然没有明显启动的征兆，全球产业升级和转型依旧困难重重，全球供给难以改善；二是人口老龄化趋势总体日趋严重，导致全球总需求增速进一步放缓，将阻碍全球贸易的复苏和改善；三是全球主要经济体刺激性政策效应逐步衰退，结构性改革困难重重，边际消费倾向下降，需求不足的现象凸显；四是美国量化宽松政策（QE）和其他主要经济体货币宽松政策的普遍使用和延续，加剧了全球金融动荡，全球资产荒将延续，市场潜在风险依旧难以消除。

2017 年全球经济能否走出疲软复苏的困局，关键在于美、中、欧“三极”的结构性改革进程是否能够顺利推进并取得实质性进展。美国的改革关键在于美联储可以通过货币政策的正常化、常规化来实现美国经济增长的正常化和常态化。中国改革的重点在于供给侧结构性改革和国企改革的真正实施与落地，来化解经济结构性矛盾。而对于欧元区，改革的重点则在于面对英国脱欧之后如何有效防止区域一体化的进一步倒退，以及通过优化劳动力结构来真正提振区域全要素生产率。

（二）国内经济下行压力和风险难以明显缓解

世界经济运行的疲软态势以及不确定、不稳定因素依然较多，势必会对我国经济运行构成一定挑战，加之国内自身长期性矛盾和结构性因素难以有效快速缓解，我们预判，2017 年国内经济将面临不小的下行压力，总体将延续 L 形运行轨迹，经济增速将仍然面对 6.5% 的增长底线。

从具体的“三驾马车”来看，投资在 2017 年将很难有较大的上行空间；消费将继续保持平稳的增长态势，但鉴于近几年房地产的快速增长，已经透支了很多居民的收入，居民消费难有较大改善；进出口方面，由于全球贸易将延续低迷态势，国际贸易纠纷和摩擦仍将是国际贸易中常见的现象，而“一带一路”战略虽已实施，但进程中所遇到的困难仍将是不小的困扰，因此尚难以改变中国现阶段的经济发展格局，中国的进出口贸易也难有很大改善。

就产业来看，制造业尽管在去除过剩产能方面已经取得了不少成绩，然而高端制造业的发展和整个产业的转型升级不是一朝一夕便能取得突破的，更何况中国产业发展面临的长期结构性矛盾还未得到有效缓解。因此，创新驱动发展战略的实施还有待于供给侧改革以及其他经济体制改革的真正推动与落实。可以预见，2017 年中国的制造业仍将处于产业转型发展的阵痛期，困难重重。与制造业发展态势不同，服务业预计仍将处于上升通道，伴随政府职能转变相关措施的落实与推进，服务业将继续较快发展，发挥对经济的重要拉动作用。

当然，尽管 2017 年中国经济面临诸多困难，但随着“十三五”期间诸多项目的真正落实及推动，再加上下半年十九大的召开，各地将迎来经济发展的投资加速期，因此，各项改革预计将顺利推进，尤其是普惠金融、绿色金融会成为新的改革发力点。这些都将有助于经济平稳增长的实现。

我们预判，2017 年的货币政策在维持稳健基调的同时相对宽松，以应对可能出现的经济下行压力，财政政策则预计会保持比较积极的基调，赤字率有可能进一步提升，但改革将会继续进行。

（三）上海创新驱动发展轨迹难以改变

依据国际国内背景分析，2017 年上海市经济总体运行将实现平稳态势，增速基本与 2016 年保持一致。从悲观的一面来看，经济增长面临着的下行风险难以消除，主要体现在实体经济方面。一方面，由于外向型经济特征明显，外需的持续低迷，将不利于企业扩大供给以及消除库存；另一方面，国有企业还处于改革的推进过程中，改革成效尚待市场的检验。因此，全市工业在缺乏新的增长点的有力支撑下，预计将继续维持低位运行态势，甚至处于下滑区间。从乐观的一面来看，上海市创新驱动发展趋势将维持不变，经济增长的质量和效益将进一步显现。这主要体现在服务业方面，其将延续上行轨迹，服务经济尤其是“四新经济”在大力倡导和相关政策的引导下，将成为全市经济运行的亮点。同时，随着市区各级方案的落实与推进，具有全球影响力的科创中心建设将进一步取得实质性的进展。全球创新资源和要素将进一步加快集聚，区域创新体系将进一步健全。更为重要的是，随着“双自联动”的深化，相关体制机制将加快创新与突破，“四个中心”功能将进一步强化，上海作为全球城市的国际竞争力也将得到进一步提升。

综合上述形势的预判和分析，我们可以清晰地看到，对2017年浦东新区经济运行来说，有利的一面是全球经济的总体缓慢复苏和国内经济的总体平稳运行，不利的一面及挑战来源于国内外经济发展可能面临的风险和压力，尤其是上海市创新驱动发展将面临诸多困难，需要浦东新区进一步坚持改革与创新，践行“五大发展理念”，为上海市“十三五”各项目标的实现做出新的贡献。

五　2017年浦东新区经济运行趋势分析与对策建议

（一）2017年浦东新区经济发展总体判断

1. 经济总体保持平稳态势

对于浦东新区来说，2017年是重要的关键年份，是“十三五”各项任务真正推进落实之年，经济整体运行态势将直接影响“十三五”目标的最终完成。如前所述，2017年浦东新区的发展虽然面临着诸多的挑战，但随着各项改革的强力推行，改革红利和制度红利将进一步释放，这些将给浦东新区经济运行带来更多的机遇。

因此，经定性分析与定量分析，我们认为，2017年浦东新区经济运行总体上将维持平稳发展态势，增长速度预计达到8.5%，基本能够实现高于全市2个百分点左右的目标，产业结构进一步优化，第三产业增速快于第二产业的格局不会改变，创新驱动发展战略进一步落实，具有全球影响力的科创中心核心区地位日益凸显，区域创新体系日趋完善，“双自联动”进一步深化，创新创业环境不断优化，转型发展得到进一步推进。

2. 第三产业继续平稳运行

随着自贸区建设功能性改革的推进及改革效应的溢出，制度创新步伐将进一步加快，浦东综合配套改革继续深化，尤其是政府职能转变和服务型政府建设的进一步加快推进，这些都将助推浦东新区服务经济的良性发展。因此，2017 年浦东新区第三产业预计能维持平稳的发展态势，增幅与上年基本持平，将继续巩固以服务经济为主的产业结构，但考虑到占地区生产总值比重已经居于较高水平，这一数值将难以实现多年来的明显上升态势。

金融业在稳固优势地位的同时保持上行态势。尽管 2017 年国际金融市场不确定性因素较多，但人民币国际化进程的加快，尤其是自贸区金融改革的加快，将有助于浦东新区金融业发展保持良好态势，预计全年金融业仍将保持较快增长。尤其是随着“互联网 +”的兴起，产业的融合发展特征更加明显，对于浦东金融业来说，则外显为新兴金融业的蓬勃发展。因此，可以预测，2017 年浦东新兴金融业的发展将是金融业发展的重要亮点，呈现良好的发展态势。

房地产市场不稳定性特征明显。尽管 2016 年浦东房地产市场仍然延续了上年的火爆行情，但随着中央去房地产库存的加快，对一线城市房地产市场风险的管控预计不会放松。因此，2017 年浦东新区房地产行业将继续维持调整态势。但在产业转型升级短期难有明显改善，实体经济效益走势不会很快明朗的背景下，浦东房地产市场将依旧扮演资金主要流入地的角色，预计仍将对经济增长产生积极效应。

3. 工业持续低位运行

鉴于全球经济复苏疲软态势的延续，国内经济的平稳发展，区内重点行业企业生产的恢复加快，2017 年浦东新区工业持续停滞不前或负增长的概率不大。但考虑到外部需求市场难有明显改善，工业转型调整进入攻坚阶段，新兴产业内在动力不足，再加上当前工业投资增长较慢，可以判断新区的工业仍处于转型调整期，全年工业总产值增长速度将基本维持低位徘徊态势，但较之 2016 年的情况有所改善，增加值实际增长率为 1.7% 左右。

从重点行业来看，“三大三新”产业总体发展情况较之 2016 年难有明显改善，预计全年产值基本与上年持平，具体到各个行业则呈现持续分化态势。首先，电子信息、成套设备、生物医药和新能源产值预计仍然低位徘徊，甚至延续上年的下行轨迹，但降幅应该会有所收窄；汽车制造业在重点企业产品升级完成以及新能源汽车政策导向下，很可能延续增长态势，航空航天制造业则继续保持增长。其次，重点行业转型升级步伐进一步加快。如电子信息制造业中集成电路产业将继续加快发展，原因在于：一方面，国家、市区各级集成电路产业引导基金提供了大量资金支持；另一方面，在“双自联动”机制深化的推动下，集成电路产业全程保税监管模式改革将取得实质性突破与创新，2017 年浦东集成电路产业发展向好。

4. 投资、消费保持平稳发展态势

首先，从投资来看，随着经济进入新常态，固定资产投资对浦东经济发展的拉动效应不断减弱，2017 年将延续这一态势，投资不会过快增长。另外，由于重点区域和重大项目的开发建设需要持续跟进，需要投资继续发挥经济增长重要稳定器和助推器的作用（如在基础设施功能提升、城市更新改造、新型城镇化建设等传统投资领域，特别是在南汇新城和中部城镇带），仍需要大量城市形态方面的投资。因此，2017 年浦东新区社会固定资产投资规模仍居高位运行态势，且保持一定量的增幅，预计全年完成投资 1850 亿元左右。具体到组成结构，也仍将延续现有格局：房地产投资占比最高，将保持平稳增长，但增幅会小于 2016 年；工业投资在转型升级步伐加快的推动下，以及科创中心建设的有序推进下，将继续呈现正增长态势，增幅会略高于 2016 年；基础建设投资在轨道交通等一系列重大项目保障之下，会继续保持一定规模的增长，基本与 2016 年持平。

其次，从消费来看，高位回升依旧阻力重重，预期延续常态路径轨迹，保持平稳增长态势。具体而言，实体商业将继续低迷，位于下滑通道；电子商务由于龙头企业经营策略的调整，增幅下降，优势尽失；随着迪士尼的开园，其对消费的拉动效应将逐步增加，加之一些新建商业设施的不断开业，将助力新区市场消费的平稳增长。预计 2017 年浦东新区消费将保持平稳增

长，表现将和2016年持平，商品销售总额增长率和社会消费品零售总额增长率将达到8%左右。

（二）2017年浦东新区经济发展指标预测

在前述定性分析的基础上，经过定量分析工具测算，2017年浦东新区主要宏观经济指标及实际增长率结果如表3所示。

表3　2017年浦东新区主要宏观经济指标

单位：亿元，%

2017年浦东新区GDP增长率(实际)	8.5
GDP总量(现价)	9298.14
第二产业增加值增长率(实际)	1.7
第二产业增加值总量(现价)	2390.6
工业增加值增长率(实际)	1.4
工业增加值总量(现价)	2259.3
第三产业增加值增长率(实际)	10.4
第三产业增加值总量(现价)	6845.8
金融业增加值增长率(实际)	12.5
金融业增加值总量(现价)	2729.2
社会消费品零售总额增长率(实际)	8.0
社会消费品零售总额总量(现价)	2197.3
固定资产投资增长率(实际)	3.5
固定资产投资总量(现价)	1886.5
外贸进出口总额增长率	1.8
外贸进出口总量(现价)	17500.5

（三）具体对策建议

1. 深化自贸试验区改革

一是在全区范围内推广自贸区制度创新经验。自贸区战略实施三年来，取得了积极进展，浦东要在自贸区三周年总结的基础上尽快推广并复制成功的经验至全区范围，推动全区营商环境的优化和改善。二是创新自贸区改革与综合配套改革联动发展机制。要把自贸试验区改革与综合配套改革结合起来，对标国际高标准投资贸易规则，对接市场和企业实际需求，以完善营商环境为着力点，建设成高度开放的自贸试验区。要聚焦政府职能转变，按照地方政府的要求，探索基础制度，形成制度框架体系。要用自贸试验区理念改造传统的政府流程和行为。三是加快自贸区改革创新步伐。尽管自贸区改革取得了进步，但是，受诸多体制性因素和外部条件变化的影响，自贸区改革明显慢于预期，仍有值得反思与改进的空间。例如，一度引发关注的“个人自由贸易账户”至今仍无下文，市场对“负面清单”的态度也从“热议”变成了“冷看”。因此，接下来，浦东要进一步对标国际标准，找到创新突破口，加快制度创新步伐。

2. 大力推动产业结构优化升级

一是提升先进制造业的内涵与质量。引导制造业产出服务化，实现价值链以制造为中心向以服务为中心转变。引导有基础的制造企业通过深层次的管理创新和业务流程再造，逐步向产业链两端延伸，提升技术研发、咨询服务等服务产品的核心价值，增强上海产业全球资源配置能力。鼓励制造企业通过互联网手段整合市场需求，推动生产模式由“先生产、再营销”向“先收集需求、再生产”转变。根据用户的个性化需求，部署产品的设计与生产制造，加快形成动态配置的生产方式，提升个性化、柔性化制造的生产能力。二是优化现代服务业结构。目前，金融占服务业比重超过36%，要继续支持金融业的发展，同时要加快核心业务和创新产品的发展，提升金融抗波动、逆周期发展的能力。航运要改变以物流运输为主的格局，加快发展高端航运服务业。商贸业要巩固现有优势，发展新型贸易。生活性服务业要向精细化和高品质转变。三是促进生产性服务业与制造业之间的互动发展。更好地将产业链上下的资源有效整合，浦东需要完善互动模式，扩大生产性服务业与制造业之间的互动范围，多鼓励外包加工的生产模式，提高资源利用效率。鼓励引进国内外知名生产性服务企业，鼓励跨国公司设立地区总部、服务中心、研发中心等，大力提升服务外包层次水平，进而拓宽浦东生产性服务业与制造业的产业发展空间。

3. 大力推进科创中心核心功能区建设

一是继续加快推进张江综合性国家科学中心建设。集聚一批世界级的科学大平台、大装置、大设施，特别是要继续大力推进上海光源二期、国家蛋白质中心、超强超短激光等重点建设任务，着力吸引更多国际化高端科研机构、大学，搭建顶级的公共研发中心，支持在地科研机构组建国家实验室，支持区内机构承接国家科技重大专项。二是加快推动科技成果转移转化和产业化。完善服务全国的国际化创新公共服务体系，升级改造现有的科技创新公共服务体系。一方面，使其具备为全国的科技创新提供公共服务的机制和能力；另一方面，着力提升创新公共服务体系的国际化水平。尤其注重构建以孵化器建设为核心的创新生态系统。加大风险投资机构的引进与扶持力度，完善投资机构激励机制。鼓励扶持各类企业的孵化及投资机构的发展，鼓励大型企业集团依托自身业务需求，以企业自身为主体，积极搭建专业化孵化器平台。三是加快推进配套环境建设。一方面，最大限度地重视人才队伍建设。聚焦领军人才和专业技术人员两个重点人群，力争在全市乃至全国范围内形成又一互联网人才高地。另一方面，注重培育形成良好的创新环境与氛围。加强知识经济的知识产权保护，营造有利于创新的舆论氛围，培育形成尊重创造、锐意进取、敢冒风险、宽容失败的创新创业文化。

参考文献

《中国经济增长报告（2015～2016）》，社会科学文献出版社，2016。

《浦东新区国民经济和社会发展第十三个五年规划纲要》，2016。

历年《浦东新区统计年鉴》。

《浦东新区统计月报》，2016 年 1～9 月。

B.2

2016年浦东核心功能区建设新进展及新挑战

徐美芳　陈芳芳*

摘　要：　浦东核心功能区建设不仅是浦东经济成功转型发展的关键，而且对上海在2020年基本建成“四个中心”和基本形成科技创新中心意义深远。2016年浦东在核心功能区建设方面取得显著进展，表现为：拓展并建立了各类人才培养机制、大学与智库加盟促进产学研一体化机制进一步深化、政府职能转变助推政企合力有效形成、陆家嘴金融城体制改革启动加快浦东进一步集聚各类金融要素、电子商务发展迅猛，等等。浦东面临的挑战有：政府主导型的体制机制有待进一步深化、四个中心与科创中心之间的互动需要加强、以土地开发为主的模式必须调整。报告还认为，浦东有条件率先实现政府与市场关系调整、加强“四个中心”与“科创中心”互动。

关键词：　核心功能区　四个中心　科创中心

浦东“十三五”规划明确提出，2020年基本建成“四个中心”核心功能区，基本形成科技创新中心核心功能区框架。2016年是“十三五”规划

* 徐美芳，经济学博士，上海社会科学院经济研究所副研究员，主要研究方向为发展经济学与金融；陈芳芳，上海社会科学院经济学专业在读硕士。

的关键之年，也是浦东新区建设核心功能区的关键之年。“四个中心核心功能区”及“科技创新中心核心功能框架”的新进展及新挑战，对浦东实现“十三五”规划目标意义重大。

一　浦东加强核心功能区建设的宏观背景

“四个中心”和具有国际影响力的科创中心建设，既是国家战略，也是我国改革发展的关键阶段，国家赋予了上海艰巨而又光荣的历史使命。浦东新区推进“四个中心”核心功能区建设，形成科技创新中心核心功能框架，既是浦东发展转型的主要任务，也是上海发展转型的重要支撑，关系中国经济未来的发展趋势。

（一）金融核心功能区建设初创阶段

在“四个中心”核心功能区建设中，最早提出的是金融中心核心功能区建设，始于“十五”期间。伴随浦东开放开发，“十五”期间，浦东按照将上海建设成国际金融中心的国家战略和上海金融业发展“聚焦浦东”的重大部署，着力建设金融核心功能区。“十五”期末，金融业成为浦东的支柱产业。资料显示，2005 年浦东金融业增加值占全区生产总值的比例达 11.8%，税收超过 100 亿元，各类金融机构数量逾 350 家。

明确提出浦东要建设成为金融核心功能区的时间，是 2006 年。2006 年，浦东新区出台《上海浦东金融核心功能区发展“十一五”规划》，明确了浦东要建设成为金融核心功能区的定位。正是在这样的定位下，“十一五”期间，浦东金融业得到飞速发展，其作为浦东支柱产业的核心地位基本确立并得到巩固。2010 年，金融业增加值达 900 多亿元，占浦东 GDP 的 17.9%，比 2005 年增长了 6 个百分点。“十一五”期间，浦东金融机构集聚效应也日益增强，截止到 2010 年底，603 家金融机构集聚浦东，比 2005 年多了 242 家。也是在这一时期，浦东金融服务产业功能逐渐增加，“一行三局”的大格局形成。除了上海证交所、上海期交所、中国金融期交所等全国性金融要素市场外，中国人民银行总部、上海银监会、上海保监会和上海证监会相继入驻浦东。资料还显示，“十一五”期间，浦东金融创新继续深化、金融后台基地建设也不断完善。可以说，“十一五”期间，浦东充分发挥了在加快建设上海国际金融中心方面的核心作用。

（二）国际金融中心和国际航运中心核心功能区建设阶段

继国际金融中心核心功能区建设提出之后，浦东在“十一五”规划后期，又提出了建设国际航运中心核心功能区的战略设想，从此，浦东进入了“两个中心”核心功能区建设阶段。

“十一五”规划后期，中国经济转型发展进入关键期，美国次贷危机导致全球金融危机爆发。正是在这种国内外经济环境并不理想的情况下，在市委、市政府的领导下，浦东提出了建设上海国际金融中心核心功能区和上海国际航运中心核心功能区的目标。标志性的事件有：2009 年 4 月 14 日，国务院发布了《关于推进上海加快发展现代服务业和先进制造业建设国际金融中心和国际航运中心的意见》（国发〔2009〕19 号）；5 月 8 日，上海市政府出台了《贯彻国务院〈关于推进上海加快发展现代服务业和先进制造业建设国际金融中心和国际航运中心的意见〉的实施意见》（沪府发〔2009〕25 号）；7 月 24 日，浦东新区政府制定了《浦东新区关于加快推进上海国际金融中心核心功能区建设的实施意见》和《浦东新区推进上海国际航运中心核心功能区建设实施意见》。

《浦东新区关于加快推进上海国际金融中心核心功能区建设的实施意见》明确提出“努力把浦东建设成为上海国际金融中心建设的核心功能区”，目标是“到 2020 年基本形成国际金融中心核心功能区的空间布局、基本形成陆家嘴金融城和张江银行卡产业园前后台联动的产业布局、基本形成比较完善的配套环境”。与此同时，《浦东新区推进上海国际航运中心核心功能区建设实施意见》明确提出“大力增强航运综合竞争力和影响力，打造上海国际航运中心核心功能区”，并提出“至 2020 年，港口吞吐量力争保持全球领先，航运产业成为新区现代服务业发展和经济转型的重要支撑，航运辐射体系基本完善，中转比例明显上升，国际航运重点企业区域总部集聚，船舶融资、交易、保险等高端航运服务市场形成规模，航运资源配置具有全球影响力。”正是在上述意见的指导、推动下，“十二五”期间，浦东新区在推进“两个中心”核心功能区建设方面取得了突破性的进展。在推进上海国际金融中心核心功能区建设方面，表现为金融市场体系更加完善，如黄金、外汇、期货等一批国际金融交易平台正式运行，金融机构集聚效应进一步明显，国际金融机构也纷纷加入。在推进上海国际航运中心核心功能区建设方面，也可谓成果显著。“十二五”末，浦东已初步形成船公司、航运服务企业、航运物流企业、国际航运中介组织和机构等组成的较为完善的航运产业和服务体系。2005 年和 2010 年，以浦东为核心的上海港货物吞吐量和集装箱吞吐量分别超过新加坡港，货物吞吐量和集装箱吞吐量相继成为世界第一。

（三）“四个中心”及“科创中心”核心区协同发展阶段

建设具有全球影响力的科技创新中心，是上海适应全球科技发展和竞争新趋势、落实国家“创新驱动、转型发展”战略的目标定位，也是上海推进城市功能提升、全面深化改革的战略举措。2015 年 5 月，中共上海市委十届八次会议通过《关于加快建设具有全球影响力的科技创新中心的意见》，对上海建设具有全球影响力的科创中心做出具体部署。在这样的时代背景下，2015 年 1 月，浦东新区召开的市委十届七次全会明确提出，加快向具有全球影响力的科技创新中心进军。作为排头兵中的排头兵，浦东新区也给了自己一个明确定位：要成为上海建设全球影响力的科技创新中心的核心功能区。2015 年 9 月，浦东新区出台《上海建设具有全球影响力的科技创新中心浦东行动方案（2015 ~ 2020）》，进一步明确浦东要“努力成为上海建设具有全球影响的科技创新中心的核心功能区”。从此，浦东的核心功能区建设，除了原有“四个中心”之外，又新增了“科创中心”——充分利用自贸试验区制度创新优势和改革溢出效应，加强张江国家自主创新区核

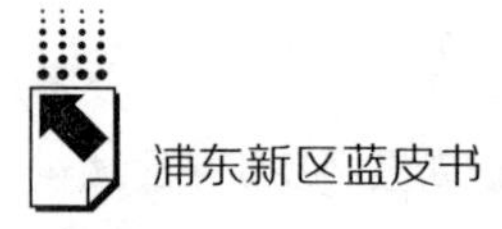

心园的科技体制改革创新。

目前，“科创中心”与“四个中心”核心区协同发展，已成为浦东“二次创业”转型升级的主要推动力。资料显示，在这个时间，各类机构继续向浦东集聚，商业贸易模式不断得到创新。如2015年，金砖国家新开发银行在浦东设立，中国保险投资基金落户浦东，商品销售总额近3万亿元。仅2015年，浦东新增3000家金融机构。目前，浦东的融资租赁、大宗商品现货交易、跨境电商、平行进口汽车等新型贸易模式不断涌现，外贸进出口总额近2万亿元。另外，航运枢纽功能进一步增强，如体现服务业水平的国际中转箱量和洋山港水水中转占比指标分别达到9.5%和48.9%。与此同时，自贸试验区和自主创新示范区联动发展也取得一定成效，如浦东提出药品上市许可持有人制度试点获得批准，设立在浦东的股权托管交易中心科技创新板开盘，浦东还新增4家市级公共技术服务平台。

二 2016年浦东核心功能区建设现状

从上文可见，浦东推进核心功能区建设已历经三个“五年计划”。在这个过程中，浦东新区逐步明确了核心功能区建设的定位和目标，也为上海“四个中心”和科创中心建设及国家战略的实现做出表率作用。但核心功能区建设的重任远没有完成，任重而道远。2016年浦东新区继续稳步推进“四个中心”核心功能区和科创中心建设，并取得了一系列成果，为浦东新区的转型发展、上海“四个中心”和“科创中心”建设及中国的改革发展提供了有力的支撑。

（一）“科创中心”核心功能区建设新进展

“人才”和“智力”是科创中心核心功能区建设的关键。2016年，浦东新区高度重视高科技人才培养和成果转换。从现状看，国际化、顶尖化、制度化和平台化等特征更为明显。

1. 科技型企业家培养凸显国际化和本土化相结合特点

毫无疑问，改革开放30多年，浦东新区吸引了一批高端人才，浦东新区也为高端人才创造了较好的生活环境和工作环境。但从已有资料来看，以往浦东新区的高端人才大多是从国外引进或送到国外去培养，人才引进成本或培养成本相对较高，引进或培养的人才规模相对有限。2016年，浦东新区在高科技人才培养方面探索了一条国际化和本土化相结合的道路。

2016年4月22日，浦东新区召开了“首期民营企业家国际化研修班”。这是浦东相关部门结合新区科技人才创业需求和浦东落实上海市《关于加快建设具有全球影响力的科技创新中心的意见》的基础上进行的一项创新举措——不出国门的国际化培养。资料显示，该期研修班对标新加坡，聘请了新加坡的顶尖教授和跨国企业总裁。经过挑选，36位本土民营企业家参加了该期培训班，与国际顶尖教授、跨国企业总裁面对面交流企业国际发展经验，实现不出国门接受国际化高水平培训。实践证明，这种国际化与本土化相结合的培训，受到科技型企业家的热烈欢迎。

培养本土企业家的同时，浦东新区还探索外籍专家（高管）本土化道路。2016年9月8日，浦东新区在中欧国际工商学院召开“首期外籍专家（高管）本土化研修班”，来自浦东重点外资企业、科研机构的22名外籍专家参加研修班。这在浦东、上海甚至在全国也是一个创举，以往更多的是中国向国际学习，如今，国外专家也要向中国学习，体现了浦东服务科创中心建设、加快集聚国际化高端人才的战略定位。

这种科技创新创业的氛围，使浦东不仅成为科技企业家的摇篮，也成为民营企业家的福地。2016年1月15日，在第六期“浦东新区企业家创新领导力发展计划”中，共有117名科技企业家顺利完成学业，其中，浦东民营企业家占比80%，获得了“优秀学员”证书的有13人。

2. 大学、智库加盟促进产学研一体化机制进一步深化

浦东要建设科创中心核心功能区，必须依靠、充分利用上海及全国的科技力量，群策群力。为此，从2013年起，浦东新区就开始布局大学、智库加盟产学研一体化体系。截至2016年，有的开花结果，有的进行了大的突破，成为浦东建设科创中心核心功能区的中坚力量。

以上海科技大学为例。2013 年 9 月，上海科技大学在浦东新区正式建立，由上海市人民政府与中国科学院共同举办、共同建设。2015 年底基本建成，2016 年开始声名鹊起。首先，该校的目标定位明确。“发挥上海科技大学的体制机制优势，加快物质、生命、信息等领域特色研究机构建设，开展系统材料工程、定制量子材料、干细胞与再生医学、新药发现、抗体药物等特色创新研究，建设科研、教育、创业深度融合的高水平、国际化创新型大学。”其次，该校区位优势明显。整体校园位于张江，与国家级科研机构和大科学装置融为一体，与张江高新区的产业界、投资界有机衔接。上海光源、国家蛋白质科学中心（上海）等都与上海科技大学为邻。再次，教授团队顶尖化。截至 2016 年 3 月，该校拥有“国家千人”计划 1 人，“上海千人”计划 8 人，“青年千人”计划 21 人。在这样的有利条件下，上海科技大学为浦东、上海乃至全国培养了三种人才：一是科学家，有志于从事前沿研究的；二是领军人才，属于专业技术领域的；三是创业人才，今后有志于从事创业的。如今，这些人才都已成为建设上海张江综合性国家科学中心的重要力量。

2016 年 5 月 22 日，“上海科创中心产业研究基地”在张江成立，由上海社会科学院部门经济研究所、中国金融信息中心及张江平台经济研究院共同发起成立，从宏观经济研究、企业案例调研、信息媒体发布三个方面进行合作。当天，该基地还举办了“发挥企业创新主体作用，推动科创中心建设”论坛。

3. 相关操作性制度和措施出台、落实推动了法治建设

法治化环境最能聚人聚财、最有利于社会发展。因此，法治建设是现阶段制度建设的重点和难点，也是浦东科创中心核心功能区建设的重要保证。借中国（上海）自由贸易试验区建设之东风，2016 年浦东法治建设创新举措也再次扩容。

检察机关方面。2016 年 4 月，陆家嘴、自贸区管委会保税区、金桥、张江和世博五个管理局，分别与浦东新区检察院签署法治建设合作行动备忘录，旨在提高自贸区法治建设水平，同时提升检察机关服务中国（上海）自由贸易试验区、服务浦东的能力和水平。同月，浦东新区检察院还发布《关于充分发挥检察职能全力服务保障上海建设具有全球影响力的科技创新中心的十二条意见》（以下简称《意见》）。该《意见》明确指出，要从增强责任、精准服务、延伸职能、人才培养等四方面提高服务水平。实践表明，该《意见》进一步提升了检察机关 2016 年在营造和谐稳定的社会环境方面的服务能力和水平，推动了浦东新区良好的科技创新秩序的形成。另外，该《意见》出台后，浦东检察机关突出打击互联网新兴金融产业领域的金融犯罪活动，推动浦东互联网新兴金融产业健康发展，实现了浦东新区互联网金融与传统金融错位发展，促进浦东互联网金融在国际金融中心建设过程中发挥积极作用。

知识产权保护是科创中心是否能够实现的关键。2016 年浦东法院着力加强知识产权的制度保护。例如，在 2015 年 6 月公布的《服务保障上海建设具有全球影响力的科技创新中心的意见》基础上，浦东新区法院于 2016 年研究制定了 20 项具体措施，通过制定细则，落实严格的知识产权司法保护，并深化知识产权审判体制机制改革，从而更好地发挥司法保护知识产权的主导作用，在浦东加快建设具有全球影响力的科技创新中心过程中充分发挥了法律的服务保障作用。

4. 政府职能转变助推政企合力有效形成

推动政府职能转变是中国改革开放以来一贯的目标和举措。2016 年，在浦东科创中心核心功能区建设过程中，更加快速推动政府职能转变，并以此为契机进一步引导企业投入科创中心建设形成较强的政企合力。

2016 年初，《张江高科技园区管委会关于加快推进具有全球影响力的科技创新中心和“双自联动”工作行动方案》正式出台并开始实施。该方案提出，2 ~ 3 年内，综合性国家科学中心和张江科技城建设的框架要基本形成，有效集聚创新资源和国内外人才，在推动创新创业成果涌现的基础上，进一步夯实创新研发投入和创新经济增长基础，率先在某些重点领域形成具有全球竞争力的科技优势。为此，张江高科技园区加大推动力度。首先，

2016年5月，张江高科技园区内正式成立团工委，以凝聚张江高科技园区青年科技人才，助力科创中心建设。其次，上海市浦东新区科技和经济委员会于8月成立，以期推动科技和经济社会发展的深度融合，打通从科技强到产业强、经济强、区域强的通道。

政府在加快职能转变方面的努力，也得到企业认可并以实际行动参与浦东科创中心核心功能区建设。首先，积极参与市场建设。资料显示，由北航国家大学科技园与上海张江科技创业投资有限公司所属上海张江企业孵化器经营管理有限公司合作建设的北航张江众创空间投入运营两个月，就聚集了近十家创业企业，并且开展了相关的路演投资。4月，15家企业在上海股权托管中心挂牌登陆“科技创新板”，充分利用资本市场，在板块融资、企业宣传、价值发现等方面取得了突破，为创新型中小企业发展提供了样板，也切实推动了科创中心核心功能区建设。其次，政企合作搭建平台。2016年3月，张江高科技园区管理委员会与阿里云计算有限公司共同签署“阿里云创客+”基地战略合作协议，并合作设立了创新创业孵化基地。该基地将成为张江企业输送阿里资源的核心中枢。4月，周浦镇与临港集团签署全面战略合作协议，建设临港周浦新兴科技产业园、合作推进老工业厂房和地块更新改造、合作建设先租后售的园区公租房。另外，上海张江高新技术创业服务中心与上海力贺邦众创空间管理有限公司签约，拟共建韩国REHOBOTH上海张江国际孵化器；创e空间与园区6家合作伙伴签约，拟搭建园区创新创业全周期服务平台；文化控股与芒果TV签约成立骅伟基金，为“文化+科技”领域的种子期、初创期项目提供资本支持；张江文化控股与上海话剧艺术中心签约，促进话剧这一时尚宠儿在张江“落地开花”等。类似这样的平台，引进了专业开发经营团队，不仅充分利用阿里、临港集团的品牌和资源优势，而且快速带动平台登上产业新高地，有效服务了张江科创中心建设等国家战略。

（二）“四个中心”核心功能区建设新进展

2016年，浦东新区“四个中心”核心功能区建设也有新进展，特别是在人才培养、环境完善等方面有新突破。

1. 陆家嘴金融城体制改革推动了浦东各类金融要素的进一步集聚

2016 年浦东新区正式启动陆家嘴金融城体制改革，即在陆家嘴金融城推行全国首创的“业界共治 + 法定机构”的公共治理架构。这不仅有利于各类金融要素在浦东集聚，而且标志着浦东核心功能区建设在体制建设上的新突破。

在该框架下，社会、企业、政府等多元主体共同参与陆家嘴金融城建设，体制改革后的陆家嘴金融城将直接对标国际通行规则，打造国际一流金融城和全球最佳的 CBD，为中国资本市场与国际市场的融合提供载体和舞台。在新的治理模式下，陆家嘴金融城加快与国际金融市场接轨的步伐。9 月，陆家嘴金融城与国际资本市场协会联合举办“中国与国际资本市场融合圆桌会”，并进一步探讨了陆家嘴金融城专业化运作，公共事务实施和协调机制，组织和落实业界共治的相关事项。我们相信，随着陆家嘴金融城体制改革的不断深入，陆家嘴金融城在促进上海“四个中心”核心功能区建设中的作用也将越来越大，并将有效推动金融、贸易、航运等领域制度创新和对外开放。2016 年也是浦东金融法治建设年，随着陆家嘴金融城体制改革及浦东新区政府职能转变的深入，浦东金融业逐步建立全链条的事中事后监管体系，并通过陆家嘴金融城法定机构的试点，努力搭建金融企业、行业协会等共同参与的新型业界共治平台。

借助体制改革及长期积累的金融优势，2016 年浦东金融业发展呈现“量能齐升”的态势。截至 2016 年上半年，浦东金融业增加值达 1179.9 亿元，在新区生产总值中的占比达 29%，在全市金融业增加值中的占比达 49.1%，对浦东新区经济增长的贡献率达 59.5%。其中，浦东在集聚各类金融要素方面取得了突破性进展。截至 2016 年 7 月，落户浦东的银、证、保等监管类金融机构总数达 928 家，股权投资机构及管理企业达到 5387 家，融资租赁企业 1785 家，财富管理企业 551 家。其中，以下几个事件具有里程碑式的意义：第一，2016 年 3 月，金砖国家开发银行正式启动人才招聘工作，意味着金砖国家开发银行进入实质性运转阶段；第二，2016 年 6 月，上海保交所开业运营，意味着上海已集齐股票、债券、黄金、外汇、期货和保险等各类金融要素市场。第三，上海国际黄金交易中心有限公司和上海国际能源交易中心在浦东正式挂牌，极大地提升了浦东市场的国际化水平和金融要素的丰富程度。

浦东在集聚各类金融要素的过程中，浦东国际金融中心硬件实力也在不断提升。调研发现，上海国际金融中心初具雏形，其最高一幢塔楼于9月实现200米结构封顶，预计2017年底将全面竣工，投入使用。

2. 国际航运中心核心功能区建设再上新台阶

目前，上海国际航运中心建设取得的成绩最为显著，浦东国际航运中心核心功能区建设的成效也颇为有效并富有特色，例如上海港建设达到全球领先水平，2010年和2015年上海货物吞吐量和集装箱吞吐量超过新加坡跃居世界第一。但不可否认的是，面对全球经济衰退、全球航运运力过剩等现状，上海国际航运中心建设也遇到前所未有的挑战，浦东国际航运中心核心功能区建设面临的任务也更加艰巨。正是在这种机遇和挑战并存的时期，浦东明确提出加快推进国际航运中心核心功能区建设。

首先，国际航运中心核心功能区的硬件水平更上一层楼。2016年是上海自贸试验区建设三周年，也是“十三五”规划开局之年。为进一步探索航运中心建设新动力，浦东新区在2016年加快推进建设具备“一核两翼三创新”功能布局的国际航运中心核心功能区。其中，作为国际航运枢纽港的洋山深水港第四期工程在2016年底基本完成，预计2017年可具备试生产条件；国际航空枢纽港之一——上海浦东国际机场继续在航班起降量、航空旅客吞吐量和货邮吞吐量三大指标方面领跑之外，浦东机场“航空城”建设也有了实质性进展。经过多年的筹划，2016年1月上海“两会”期间，浦东正式提出规划建设高水平航空城，2月，《沪通铁路二期相关设施专项规划》公布中明确，沪通铁路二期选址在浦东机场，“航空城”将作重点开发。不少专家预测，未来5年以陆家嘴、张江高科技城和航空城为主轴，金融、国内客货运、飞机制造等总部和功能性机构将进一步集聚浦东。其次，大型综合性航运服务企业落户浦东，浦东国际航运服务能力进一步提升。航运服务业特别是高端航运服务业一直是上海国际航运中心建设的短板，也是浦东国际航运中心核心功能区建设必须面对的挑战。2016 年，浦东重点引进顶尖、高水平的航运服务企业，以带动浦东航运服务业整体水平提升。2 月，由中远和中海两大央企联合成立的中国远洋海运集团落户中国（上海）自由贸易试验区陆家嘴片区；同月，上海国际航运和国际金融产业基地入驻自贸区世博区；4 月，全球第一大国际船舶管理公司威仕船舶（V－Ships）在陆家嘴注册成立的卫狮船舶管理（上海）有限公司正式开业。截止到 2016 年 10 月，航运企业总部、海事服务、航运金融、航运保险、功能性机构、科研教育培训等近 1000 家中外知名航运机构和高成长性航运企业集聚在陆家嘴。现代航运服务集聚区在浦东粗具规模，一方面标志着全球顶尖航运服务企业对浦东的认可，另一方面也将促进本地航运要素深度对标国际标准。

3. 电子商务助推浦东国际贸易中心核心功能区建设

2016 年上海市出台《关于本市大力发展电子商务加快培育经济新动力的实施方案》，浦东新区充分发挥电子商务在推进供给侧结构性改革中的独特作用，有效促进电子商务与经济社会各领域更广泛更深度融合，助推浦东国际贸易中心核心功能区建设，为上海建设全球电子商务中心城市打下坚实基础。

2016 年 3 月，“上海市跨境电子商务示范园区”在外高桥保税区成立，这是我国首批成立的 12 个国家跨境电子商务综合试验区之一，也是首批示范园区，不仅标志上海市跨境电子商务综合改革试点进入一个新阶段，也意味着上海国际贸易中心核心功能区建设进入一个新阶段。例如，在保税进口方面，浦东探索推进保税集货、线上线下互动等多元化运作方式；在保税出口方面，将着眼于构建保税区域“外贸 + 互联网”全产业链，高度重视吸引集聚展会交易、市场采购、分销体系、信用担保、供应链管理 + 互联网应用的各类型电子商务企业，并大力促进网上国际贸易中心、离岸贸易中心发展，支撑外贸转型升级。2016 年 7 月，上海市认定首批 94 家贸易型总部，范围覆盖全市 13 个区县，浦东新区贸易型总部企业数量最多。

4. 拓展并建立了各类人才培养机制

人才短缺，特别是复合型人才短缺一直是困扰上海“四个中心”建设的难题之一。2016 年，浦东新区整合已有资源、充分落实上海市政策，在人才培养方面取得新进展。

（1）职业教育“立交桥”逐步成形，高素质复合型人才为“四个中心”添砖加瓦。应对产业升级的需求，2014 年起上海推出“中本贯通”的中招试点。当年共有 5 所学校参与试点，坐落在浦东的上海第二工业大学与上海工业技术学校联合开展机械工程“数控技术”专业的中本贯通试点。按照当年的愿景，上海先进制造业进一步发展需要大量高素质的职业技术人才，但我国以往的高职、本科培养的技术型人才，动手能力却较弱，应充分发挥上海第二工业大学机电学院教育部特色专业的“机械工程”本科优势，试点“中本贯通”，可以为浦东、上海乃至全国培养卓越的工程师。2016 年，浦东新区又有 5 所中职校获得 1 个“中本贯通”专业和 5 个“中高职贯通”专业资格，分别占全市的 10% 和 25%。三年来，浦东新区共建设了“中本贯通”专业 4 个，“中高职贯通”专业 11 个，标志着职业教育“立交桥”正在浦东这片改革热土上逐渐成形，而它培养的高素质复合型技能人才，将为新区的产业发展和“四个中心”建设添砖加瓦，具体如“金融营销”等专业服务于国际金融中心建设，“民航安全技术管理”等专业服务于国际航运中心建设，“电子商务”等专业服务于国际贸易中心建设。

（2）高端专业人才培养计划进一步完善。2016 年 3 月，中国交通运输部职业资格中心、英国皇家特许船舶经纪学会（ICS）、上海市浦东新区航运服务办公室推动成立的中国（上海）自由贸易试验区国际航运人才“双认证”试点项目一期培训在浦东落幕，标志着浦东与世界顶尖国际航运中心实现联动对接，正式落地。3 月，上海交通大学高级金融学院浦东校区正式启动，并与陆家嘴管委会签订战略合作协议。上述协议或合作项目，都为浦东高端人才的培养提供了极好的平台，也为浦东“四个中心”建设提供了更加有力的人才保障。

(3) 浦东原有资源的充分利用。坐落在浦东的上海海事大学创建于1909年，具有百年办学历史和文化积淀，以航运、物流、海洋为特色。国际航运中心建设、国家“一带一路”战略的实施、上海自由贸易试验区建设都需要大量高端的航运、物流、贸易等专业人才。2016年上海海事大学围绕航运、物流、海洋等特色领域在上海本科计划招生1400人，在工学、管理学、经济学、法学等特色专业的招生计划数占所有招生计划数的70%以上。

三 浦东核心功能区建设面临的新挑战

不可否认，浦东“四个中心”核心功能区建设及科创中心建设仍面临许多挑战，其中，开发模式、体制机制及“四个中心”和“科创中心”间的互动性三个问题最为显著。2020年浦东要基本实现核心功能区建设，必须在这些方面取得突破。

(一) 进一步深化体制机制创新

1. 有待进一步创新政府主导型的体制

上海“四个中心”建设和建设全球影响力的科创中心，是国家战略，受到中央、上海各级政府高度重视，相关部门大力支持乃至实践主导不足为奇。如洋山深水港建设，在资金筹集、港口用地、人才引进等方面都是政府起着主导作用。浦东核心功能区建设无疑也受到该体制的影响。如前所述，2016年浦东核心功能区建设所需求的人才、平台、规划等方面，政府主导发展的痕迹比较明显。但是，这种做法与经济运行环境和国际通行规则及做法相比存在一定差距，导致核心功能区建设在与国际接轨过程中存在不少体制障碍。当然，必须看到的是，浦东已初步建立起了“小政府、大社会”的行政管理体制，核心功能区建设也逐渐发挥社会治理的功能和作用，如陆家嘴金融城体制改革，明确提出要充分发挥“社会、企业、政府等多元主体作用”。

2. 进一步厘清各级政府的权责利

需要进一步分清中央、上海和浦东三级政府在“四个中心”和全球影响力的科创中心建设中的地位和分工。在国家战略实施过程中，中央政府的推动是必不可少的。如国际航运中心建设是伴随浦东开发开放过程中提出、推进的，国家给予上海重任的同时，也给予上海在国际航运中心建设特别是前期建设的大力支持。同样，浦东在打造核心功能区的时候，既是上海对浦东的重托，也是浦东面临的历史机遇，浦东作为中国首个综合配套改革试验区，在人才、土地、政府管理等方面享受了政策优惠。但不可否认的是，随着核心功能区建设的深入，不少关键性问题也受到这种体制的约束。例如金融体制改革过程，因金融政策的制定、实施，大部分权力是浦东没有的，甚至上海也不具备，而中央在考虑金融政策的制定和实施时，需要考虑金融的特殊性、全国经济及全球经济环境，层层审批、多角度的考虑，必然增加国际金融中心核心功能区建设压力。

总之，只有进行体制和机制创新才能进一步释放经济和社会发展的潜力和活力，也才能推动“四个中心”和“科创中心”核心功能区建设的加快发展。

（二）“四个中心”以及“科创中心”间的互动性不强

1. 融“四个中心”和“科创中心”于一体的政策或文件较少

如表1所示，“四个中心”和“科创中心”的文件或政策通常是单独的，“四个中心”建设也是分别叙述的。从现有的文件或政策来看，除《浦东新区国民经济和社会发展第十三个五年规划纲要》外，类似于2009年19号文把上海国际金融中心和国际航运中心建设放在一起的较少，更常见的是，各中心建设是单独出台文件或政策，如《十三五上海国际航运中心建设规划》《上海建设具有全球影响力的科技创新中心浦东行动方案》等。这种形式的文件，有其一定合理性，但在很大程度上表明“四个中心”或“科创中心”建设的互动性不强。事实上，经济、金融、贸易和航运“四个中心”的建设是“四位一体”、不可分割的，四者之间具有很强的互动性和依赖性，是相辅相成、互为条件、相互促进、动态发展的关系。

表1 浦东核心功能区建设相关的文件或政策

文件名称	相关的“中心”	出台时间
《浦东新区国民经济和社会发展第十三个五年规划纲要》	四个中心、科创中心	2016年2月2日
《张江高科技园区管委会关于加快推进具有全球影响力的科技创新中心和“双自联动”工作行动方案》	科创中心	2016年3月17日
《服务自贸试验区建设和科创中心核心功能区建设2016年行动计划》	科创中心	2016年4月7日
《上海建设具有全球影响力的科技创新中心浦东行动方案》	科创中心	2015年9月30日
《浦东新区加快推进上海国际贸易中心核心功能区建设“十二五”规划》	贸易中心	2012年2月20日
《浦东新区加快推进航运中心核心功能区建设“十二五”规划》	航运中心	2012年2月28日
《浦东新区加快推进国际金融中心核心功能区建设“十二五”规划》	金融中心	2011年9月29日
《浦东新区关于加快推进上海国际金融中心核心功能区建设的实施意见》	金融中心	2009年7月24日
《浦东新区推进上海国际航运中心核心功能区建设实施意见》	航运中心	2009年7月24日
《上海浦东金融核心功能区发展“十一五”规划》	金融中心	2007年4月4日

资料来源：笔者整理。

2.“科创中心”和“四个中心”的实践互动有待加强

科技是第一发展力，是经济、金融、贸易和航运所有领域发展的动力，两者是互为条件、更是互为嵌入的。但从目前来看，“四个中心”和“科创中心”分别有主战场——各种园区（见图1），科创中心以张江高科技园区为主，金融中心以陆家嘴为主，航运中心以洋山港为主，贸易中心以外高桥、世博场馆为主，等等，这种空间上的划分，阻碍了功能或作用的融合，更不利于“四个中心”与“科创中心”的协同发展。

图1　“四个中心”及“科创中心”核心功能区建设区位

3. “经济中心”内涵需要进一步厘清

在“四个中心”建设过程中，经济中心建设的内涵一直存在争议。20世纪80年代，因只有经济中心一个中心的提法，所以经济中心包含着金融、贸易等概念；20世纪末，金融、航运、贸易中心的提出，使经济中心侧重于制造业；近几年，经济中心建设单独被提到的并不多，但“四个中心”建设提及时总会提到经济中心，有研究认为经济中心应该涵盖其他几个中心。总之，经济中心内涵的不确切，不利于上海经济中心建设，也在一定程度上给协调四个中心建设增加了困难，同样，在浦东“四个中心”核心功能区建设过程中，也面临经济中心核心功能区建设不确切的问题。

（三）开发模式仍有待突破

土地、人才是国际化大都市建设普遍面临的要素制约。经过十多年的发展，浦东的商务成本已迅速提高，受土地、能源等要素资源的制约也日趋严重，开发模式必须有实质性调整。

1. 浦东发展空间面临重大约束

城市发展空间有限是上海发展面临的约束瓶颈之一，也是浦东核心功能区建设必须面对的重大课题。《上海市浦东新区土地利用总体规划（2010～2020年）修改》明确规定，2020年，浦东建设用地总规模控制在831平方公里之内，但在2013年底，浦东新区建设用地已达780平方公里，因此，目前实际净增空间只有50平方公里。额外的空间必须通过集中建设区外建设用地减量化腾挪指标释放出来，这无疑给浦东核心功能区建设增加了难度。首先，建设用地减少倒逼浦东经济发展方式转变，例如土地吸引外资投资的政策难以实施，土地供给减少可能引起房价上涨，等等，这些给企业带来的经营困难必然给浦东经济发展带来挑战；其次，浦东必须对集建区外散乱、废弃、损毁、闲置、低效的建设用地投入资本进行整治，这项工作不同于原有的开发开放工作，与社会治理、与民生息息相关，而且拆迁成本越来越高，因此必须调整原有的模式。

2. 高端复合型人才仍然紧缺

必须承认，浦东出台的人才政策在上海范围内是最多、最吸引人的。但与人才在浦东发展的需要或与部分其他省市、国际城市相比，浦东人才政策仍存在一定的完善空间。与浦东经济发展需要相比，高端复合型人才在浦东仍然是紧缺的。

截至2016年7月，浦东累计引进国家“千人计划”197人，上海“千人计划”204人，浦东“百人计划”56人。这些高级人才普遍拥有丰富的原创、核心或关键技术，有着广泛参与国际研发、合作及竞争的经验，对吸附资本、凝聚团队、推动提升浦东“四个中心”及“科创中心”建设能起到重要作用。尽管如此，这些人才仅能部分满足生物医药、微电子、软件、航天科技等领域，与浦东承担的国家使命相比，这些人才的数量及专业范围是远远不能满足需要的。另外，高端复合型人才更是缺口明显，金融、航运、贸易等中心建设，不仅需要国际视野而且需要实践经验，对这样的人才的引进、培养工作，同样需要提到议程上来。

四　建议

（一）进一步调整好政府与市场的关系

首先，进一步厘清政府与市场的边界，政府该退出坚决退出，同时还应梳理中央、上海和浦东各级政府的权责利，在此基础上，进一步理顺政府与各个园区和自贸区的关系。其次，率先发挥社会团体在核心功能区建设中的作用，社会在西方市场经济国家中发挥着重要作用，中国长期是“强政府、弱市场”状态，但在近年来市场经济改革过程中，部分领域又出现市场与政府都不到位的情况，因此，浦东新区在体制机制改革过程中，必须充分发挥社会团体的作用，让逐步完善的社会治理协助政府成为有为政府，促进市场成为有效市场。最后，充分发挥企业在“科创中心”核心功能区建设中的作用。关于科创中心的主体，目前并没有一致的观点，有观点认为科创中心建设需要投入大量资金，政府是主体，有观点认为科创中心的实现关键是成果转换，企业是主体。本报告认为，不管是资金投入还是成果转换，政府与企业都很重要，因此，必须充分发挥企业在“科创中心”核心功能区建设中的积极性。

（二）率先实现“科创中心”与“四个中心”的协同发展

首先，要从观念上真正认识、理解和认可“科创中心”与“四个中心”建设的协同发展关系，不能把科创中心建设简单地理解为“四个中心”之外新增一个“中心”，应该认识到两者并不是简单的平行发展关系，而是具有现代服务经济与市场功能建设的内在联系。其次，要切实找到一些突破口推进“四个中心”协同发展。浦东在建设核心功能区建设过程中，应该最具备条件推进“四个中心”协调发展。以航运金融为例，浦东金融业和航运业与国际对标度最高，洋山港建设或船舶建造均需要大量资金，中国远洋海运集团等航运大企业还有大量财务管理需求，这些都为航运金融发展提供了可能。最后，搭建更多的创新创业梦空间，为不同领域的人才提供交流沟通机会。上海建设具有全球影响力的科创中心，其重心也在浦东，有条件充分利用空间上优势让张江高科技园区、陆家嘴等园区的人才、特别是青年更多交流、沟通，从而促进“科创中心”服务于“四个中心”，让“四个中心”助推“科创中心”。

参考文献

上海市人民政府发展研究中心课题组：《上海建设具有全球影响力科技创新中心战略研究》，《科学发展》2015 年第 4 期。

《关于加快推进中国（上海）自由贸易试验区和上海张江国家自主创新示范区联动发展的实施方案（送审稿）》。

《国务院关于推进上海加快发展现代服务业和先进制造业建设国际金融中心和国际航运中心的意见》，2009。

《上海市人民政府贯彻国务院〈关于推进上海加快发展现代服务业和先进制造业建设国际金融中心和国际航运中心意见〉的实施意见》，2009。

上海市人大常委会：《上海市推进国际金融中心建设条例》，2009。

浦东新区人民政府：《浦东新区加快推进国际金融中心核心功能区建设“十二五”规划》，2011。

严旭：《浦东推进上海国际金融中心核心功能区建设的探索与实践》，硕士学位论文，上海交通大学，2014。

深化双自联动篇

Reports of Interactive Development of Free Trade Zone and National Innovation Demonstration Zone

B.3 上海自贸试验区事中事后监管制度创新研究

陈建华*

摘　要：经过三年的运作，上海自贸试验区整合监管资源，优化政府职能机构配置，持续推进“社会共治”，构建开放型大监管格局，初步建成事中事后监管的基本制度，初步构筑了网上政务大厅、综合监管平台和公共信用信息服务平台三大基础设施，充分借助信息化手段提升政府服务能力，有力地推动了“技术＋制度”的全新事中事后监管支撑网络的发展。然而，上海自贸试验区的监管机构需要进一步整合，事中事后

* 陈建华，经济学博士，上海社会科学院经济研究所副研究员，主要从事政治经济学研究。

监管体系的完整性亟待提高，监管制度需要进一步建设，监管方式有待改进，监管效能有待提高，监管与服务有待进一步结合，综合监管与专业监管亟待整合。因此，应着力构建以政府部门联动为基础，以信息化技术为支撑，以法治为保障，借用国际通行惯例规则和社会中介有效评估政府监管、市场主体自律、行业自治、社会参与监督的“四位一体”的事中事后监管体系。

关键词：　上海自贸试验区　事中事后监管　制度创新

一　自成立以来上海自贸试验区事中事后监管制度创新的现状和成效

目前，上海自贸试验区事中事后监管制度创新主要集中在社会信用体系制度、信息共享和综合执法制度、企业年度报告公示和经营异常名录制度、社会力量参与市场监督制度等四个方面，上海自贸试验区在全国率先、系统地迈出了政府事中事后监管制度创新的步伐，形成了以下的制度创新与成效。

（一）初步建成事中事后监管的基本制度

经过三年的探索与运作，上海自贸试验区初步建成事中事后监管的基本制度，已经在市场运作监管方面建立起完善的覆盖事前、事中与事后全过程的监管制度。上海市人民政府出台了《上海人民政府贯彻〈国务院关于促进市场公平竞争　维护市场正常秩序的若干意见〉的实施意见》（沪府发〔2014〕77号）和《进一步深化中国（上海）自由贸易试验区和浦东新区事中事后监管体系建设总体方案》（沪府发〔2016〕30号），这对上海自贸试验区事中事后监管制度的建设具有重要意义。

在反垄断审查制度方面，上海自贸试验区积极配合国家相关部委做好安全审查和反垄断审查工作，实施《自贸区反垄断协议、滥用市场支配地位和行政垄断执法工作办法》、《自贸区经营者集中反垄断审查工作办法》和《自贸区外商投资国家安全审查试行办法》等，形成了自贸试验区反垄断工作联席会议制度。

上海自贸试验区建立并深化了企业信息公示制度，以企业信用作为重要抓手促进企业守法经营。上海自贸试验区于2014年3月1日起率先创设企业年检改年报公示制度及经营异常名录制度，并于2014年10月1日起在全国复制、推广。采取“双随机”方式，先行先试对企业年报信息和即时信息的抽查，推动提高公示信息的公正性、真实性、有效性。同时，发挥体制改革优势，探索构建年报公示与高风险企业信用分类管理相结合的机制，明确食品生产等风险系数高的十大行业为企业年报公示的重点行业，公示率均超过98%，加强了对高风险行业的信用监管和风险防控。上海自贸试验区出台了经营异常名录信用约束专项规定，于2016年5月制定《关于加强经营异常名录企业信用约束的意见》，该意见覆盖了“四合一”市场监管的全部职能，细化了“一处违法、处处受限”的惩戒原则，成为全国较早出台的关于经营异常名录制度信用约束的专项规定之一，弥补了当前制度体系设计中的空白点。

上海自贸试验区贯彻落实《关于上海市“证照分离”改革试点总体方案》，逐项明确相应的事中事后监管措施，制定监管项目清单。目前，上海自贸试验区正在深化落实市层面关于133个相关行业、领域、市场事中事后监管的具体工作要求，按照《上海市相关行业、领域、市场事中事后监管工作方案清单》的要求，制订浦东新区相关行业、领域、市场事中事后监管工作方案清单，按照时间节点和工作路线图，抓好方案的实施。

在投资监管方面，上海自贸试验区完善与负面清单管理和商事登记制度改革相配套的投资监管制度。针对商事登记制度改革，率先创设企业年检年报公示制度及经营异常名录制度，并在全国复制推广。

在贸易监管方面，三年来上海海关先后推出31项创新制度，包括简政放权、保税监管、通关便利、企业管理和稽核查等各个业务领域。同时，上海海关推出“国际贸易单一窗口”服务机制，以及以试点“货物状态分类监管”为代表的监管模式创新，探索推进亚太示范电子口岸网建设。上海自贸试验区海关推出了31项创新制度，形成了公开透明的规范标准，创新效果较为显著，目前已有21项在全国海关复制推广。上海出入境检验检疫局先后推出“检验检疫24项改革举措”以及“十检十放”分类监管新模式。据相关统计数据，上海自贸试验区内实际进、出境平均通关时间较上海关区平均通关时间大大缩短，区内海关通关作业无纸化率大幅度提高，贸易便利化效果显著。

在金融监管方面，上海自贸试验区建立了金融协调机制，加强跨部门与跨行业的业务监管协调和信息共享，强化风险监测、分析和预警。建立以自由贸易账户为核心的跨境资金流动检测管理系统，对跨境资金流动的企业和个人进行24小时实时监测，实现对企业境外融资的自动监测预警以及跨境资金流出流入的宏观预警。上海自贸试验区建立了“反洗钱、反恐怖融资、反逃税”的监测分析和管理体系，与国家和上海城市职能部门一起做好打击跨境洗钱犯罪活动的工作。

目前，上海自贸试验区正在针对首批22个行业、领域和市场，制定具体的监管内容，逐项研究制定诚信管理办法、分类监管办法和风险监管办法，梳理和明确联合惩戒事项，明确可以行业自律的具体内容。

（二）整合监管资源，初步形成综合监管的体系与机制

1. 整合政府监管主体，优化政府职能机构设置

三年来，上海自贸试验区坚持推进监管体制改革，根据“职能转变”“制度创新”的总体要求，通过大部制改革的推进和综合执法体制的完善，整合监管资源、提供监管效能，初步形成了综合监管的体制与机制。通过政府部门间相同或相近执法职能的整合，优化机构设置，归并执法机构，统一执法力量，提高监管能力和效率，在市场监管、城市管理和知识产权等领域建立起综合执法体系。浦东新区系统开展行政审批相对集中改革，推进审

批、监管、执法适度分离。完善综合执法体制，正在初步形成“全过程”“一体化”“大服务”“大监管”的体制机制，推出了一系列体制与机制创新事项，取得了良好效果。

2013 年 9 月，浦东新区在全市率先启动市场监管体制改革试点，于 2014 年 1 月 1 日，完成工商、质监、食药监三局合一，正式设立浦东新区市场监管局；同年 10 月又增加价格监督检查职能。2016 年 3 月 1 日，上海市工商局自贸区分局和上海市质监局自贸区分局整合进入浦东新区市场监管局，在浦东市场监管局挂牌“中国（上海）自由贸易试验区市场监督管理局”，进一步完善了自贸区市场监管综合执法体制。目前，作为商务部“国内贸易流通体制改革发展综合试点”区域之一，上海自贸试验区正在研究推进商务执法纳入市场监管综合执法的改革，市场体制改革将继续扩容升级。

目前，上海自贸试验区正在开展行政审批相对集中改革，推进审批、监管、执法适度分离。推进大部门制改革，探索区级部门内部行政审批相对集中的具体操作方式。在区级职能部门和开发区设立新的职能机构——行政审批处，把相关部门的行政审批事项集中到行政审批处。浦东新区 20 家承担社会类行政审批事项的区级机关，已通过“撤（并）一建一”或在现有内设机构上增挂牌子的形式，设立了行政审批处。

2. 持续推进“社会共治”，构建开放型大监管格局

三年来，上海自贸试验区遵循国际惯例，积极探索社会力量参与事中事后监管的方式与途径，持续推进“社会共治”，促进社会力量参与上海自贸试验区协助监管。上海自贸试验区试图通过企业年报制度公示，以社会信用为抓手，加强和促进社会力量参与市场监督等制度的建设，探索政府、企业和社会组织多种社会主体共同参与的事中事后监管基本制度框架。

三年来，上海市与上海自贸试验区的职能部门先后出台了社会力量参与监管的制度框架：2014 年 9 月，上海出入境检验检疫局发布《关于在中国（上海）自由贸易试验区进口法检商品（重量）鉴定工作中采信第三方检验鉴定结果的通知》，上海海关发布《上海海关关于引入社会中介机构辅助开展中国（上海）自由贸易试验区保税监管和企业稽查工作的公告》《上海海关关于在中国（上海）自由贸易试验区实施区内企业自律管理的公告》，与此同时，中国（上海）自由贸易试验区管理委员会发布了《中国（上海）自由贸易试验区促进社会力量参与市场监督的若干意见》的征求意见稿。

2014 年 9 月 29 日，由上海自贸试验区企业和相关社会组织，依照《中国（上海）自由贸易试验区条例》的有关规定自行发起组成的“社会参与委员会”正式成立。上海自贸试验区成立该委员会的目的，旨在促进对行业协会、商会、基金会、民办非企业单位、专业服务机构等参与自贸试验区的企业与市场的管理，这个自治组织也是企业和社会组织参与市场监督与管理的信息交流平台。目前，中共上海市委和市政府决定在陆家嘴金融城开展体制改革试点，在全国率先实施“业界共治 + 法定机构”的公共治理架构。

上海自贸试验区在加强社会力量参与市场监督方面的工作重点是，发挥行业协会和专业服务的作用，以扶持引导、购买服务、制定标准等工作，促进这些机构在自贸试验区在行业准入、过程监督、评审评估、认证鉴定、标准制定以及市场秩序维护等方面发挥作用。如在建筑业监管方面，推进建设工程审批制、工程总承包模式、招投标监管模式、保障住房审批优化流程等建筑业改革举措。率先试点“建筑师负责制”和“建筑领域认可人士制度”等。

（三）三大信息化监管运作平台基本形成

三年来，上海自贸试验区积极探索推进“互联网 + 政务服务”模式，初步构筑了网上政务大厅、综合监管平台和公共信用信息服务平台三大基础设施，充分借助信息化手段提升政府服务能力，初步实现了政务数据的归集、公开、共享、开发，有力地推动了“技术 + 制度”事中事后监管信息支撑网络的发展。各部门信息共享平台为企业、行业组织、社会和政府顺利

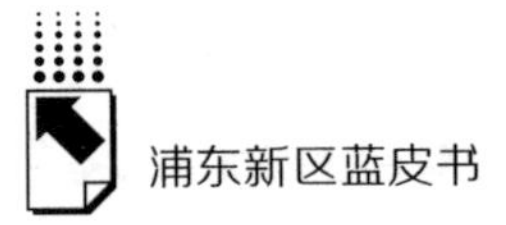

开展监管工作提供了充分的信息资源和强大的技术支持。

2015 年 11 月 25 日，上海自贸试验区公共信用信息服务平台上线运作。公共信用信息服务平台初步为社会信息记录与查询以及信用约束提供了可借鉴的信息记录。目前平台已归集新区 20 多个部门的 1000 多万条信用信息，并已经开通对外服务窗口，面向社会提供信用信息查询服务。公共信用信息平台将加大包括资格资质、认证认可等基本信息，违法违规、欠缴欠费等失信信息的归集力度，对失信主体在土地供应、招投标等方面依法依规予以限制或者禁止，形成“一处失信、处处受限”的效应。

2016 年 6 月 27 日，上海自贸试验区的事中事后综合监管平台在全市率先上线运作。事中事后综合监管平台将原本分散在各部门的监管信息有机整合到统一的监管信息平台上，实现了各领域综合监管信息的实时传递和无障碍交换。根据“6 + 2”的功能架构设计，实现跨部门之间“信息查询、协同监管、联合惩戒、行刑衔接、社会监督、数据分析” + “双告知、双随机”的功能。截至 2016 年 9 月 5 日，共有 66 家单位登录、使用该信息平台，累计登录量 2638 次，平台各项应用功能累计使用 16384 次，综合监管效能初步显现。目前，正在进一步加快促进事中事后综合监管平台与区政务信息资源动态共享交换体系的数据对接。浦东先行先试的综合监管平台建设，为全市事中事后综合监管平台建设提供了可复制、可推广的模板。

2016 年 3 月上海出台了《上海市政务数据资源共享管理办法》，对于上海自贸试验区具有重要意义，此外，浦东新区的网上政务大厅的成功运作也为上海自贸试验区事中事后监管提供了较好的信息化支持，在数据提供和提供政府部门运作效率方面起到了较好的作用。浦东新区网上政务大厅正式对外运营，整合相关政府部门实行网上“一口受理”。同时，浦东新区的网上政务大厅，以“单一窗口”实现政务数据资源共享，在跨部门联合审批上实现突破，有效地推动了审批服务流程的简化与优化。目前，上海自贸试验区正在探索规划卫生、统计、海关、国土、环境保护、检验检疫、商品质检、安全生产、公安、税务、劳动人事、知识产权等政府管理部门信息的互联互通、共享，扩大“单一窗口”对外办公的范围。

（四）优化监管流程与技术，进行监管模式创新

上海自贸试验区按照现代监管的要求，以动态监管、分类监管、自律监管和综合监管等理念为指导，逐步建立适应自贸试验区的“横向到边、纵向到底、关口前移、重心下移”的现代化市场监管模式。围绕构筑权责明确、公平公正、透明高效、法制保障的信用监管体系，通过强化信用手段以达到对市场主体的约束作用，促使市场实现自我约束、自我净化，在企业经营异常名录和严重违法企业“黑名单”、信用分类监管等方面初步形成了一批新的突破点。大力运用“互联网 +”、大数据与智能远程等技术手段，实现多元参与、更加动态与精准的监管模式创新。

三年来，上海自贸试验区坚持“放、管、服”结合，系统创新政府监管流程。上海自贸试验区已推出在全国、全市领先的准入、服务创新制度 35 项。2016 年，上海自贸试验区积极推进“证照分离”改革试点，对 116 项行政审批事项进行改革。上海自贸试验区还将对区级 441 项行政审批事项进行改革。针对完全取消审批的 10 个事项，采取加大事中检查、事后稽查处罚力度等办法确保管理措施落实到位；针对审批改备案的 6 个事项，逐项制定备案管理办法，明确“无备案经营”的法律责任；针对实行告知承诺制的 26 个事项，重点对企业履行承诺情况进行检查，针对强化准入监管的 33 个事项，在事中事后监管阶段加大检查和处罚力度。

上海自贸试验区以“互联网 +”和大数据技术为支撑，大力推进“互联网 + 监管”模式创新，为市场主体自治、行业自律、社会监督共治提供有效支撑。一是通过信息开放，汇集各单位可以向社会公示的监管过程或结果等信息，对接网上政务大厅向社会公示；二是鼓励社会参与，将社会第三方在监督检查中产生的相关信息纳入平台，如行业协会开展的行业信用评价信息、第三方检测机构的检测信息等，推送到综合监管平台供各单位在监管工作中使用。比如与网络订餐平台联手，共享政府部门掌握的市场准入、监

管等信用信息，督促经营者自觉接受社会监督；与第三方征信机构芝麻信用合作尝试联合惩戒，通过共享经营异常名录等信息，打通企业与个人信用信息共享通道。

以智能、远程等技术手段为支撑，对特定对象实行精准和动态监管。如在试点区域开展电梯远程监测试点、加装远程监测系统，实现电梯远程监测、日常管理、维护保养、应急救援为一体的集约化监管。在学校食堂、婴幼儿乳粉企业、重大活动保障中运用远程视频监控系统。为进一步保障食品安全，在迪士尼度假区周边建立“明厨亮灶”试点。为应对瞬息万变的企业经营活动，提高风险预警、过程纠偏提供了监管手段，切实提升了动态监管、信息化监管的效能。

（五）形成一批可复制与可推广的事中事后监管制度创新与经验

上海自贸试验区围绕“改革开放的排头兵、创新发展的先行者，排头兵中的排头兵、先行者中的先行者”的定位，将继续为面上改革提供可复制可推广的创新方案，体现上海自贸试验区作为全国改革试点的担当和作为。经过三年多的运作，上海自贸试验区在事中事后监管方面，初步建立起以“市场主体自律”为基础，以“信用监管”为核心，以“部门协同”“社会共治”“风险防控”“专业监管”为重点的事中事后监管体系。上海自贸试验区在监管体制改革和机制创新过程中，始终将积累可复制、可推广经验作为改革的中心点。

上海自贸试验区事中事后监管工作强调流程再造、制度创新，注重以规范化、常效化的政策文件、制度模板固化创新成果；着力以“清单式”“项目化”管理，推动重点改革事项取得突破；坚持“先试点、再推广”的创新流程，在点上突破的基础上，逐步向自贸试验区外扩展，促进在全市乃至全国复制推广，确保了改革的科学性与有效性。如在市场监管领域，三年来上海自贸试验区市场监管局的制度创新成果，已有28项在全国、全市推广，共先行先试改革创新举措99项，其中90%以上形成了各个层面的制度文件，近1/3已经在全市乃至全国复制推广。在贸易监管领域，三年来上海自贸试验区海关推出的这31项制度中，已有21项在全国海关复制推广，其中

“先进区后报关”“自行运输”“三自一重”等改革成果在区域海关通关一体化和全国海关通关一体化改革中发挥了重要作用。

二　现阶段上海自贸试验区事中事后监管过程中存在的问题和难点

上海自贸试验区从挂牌到2015年5月扩区，试验区内有各类企业和经营组织7万多家。从数量上看，政府监管机构及人员的数量远远低于自贸试验区内企业与市场运营所需的监管数量要求。政府对企业与市场的事中事后监管包括投资、贸易、金融、规划国土、建设、绿化市容、环境保护、劳动人事、知识产权、文化、卫生、统计、海关、检验检疫、工商、质检、公安、税务等20多项内容，并涉及数百项具体监管事项。因此，对于人数有限的政府工作人员来说要对7万多家企业进行监管是十分艰巨的任务。在互联网技术与城市交通不断发展的情况下，许多企业注册地与办公地不一样，也给事中事后监管带来更大难度。

（一）监管机构亟须进一步联动，事中事后监管体系的完整性亟待提高

在上海自贸试验区内，各个监管机构之间存在着不一致的地方，尚未达到无缝对接的水平，多头管理的现象还存在。监管机构如海关、检验检疫、市场监督管理、税法、公安司法机构部门之间的协调与合作还远未达到无缝对接的程度，完整与快速动态反应的事中事后监管体系与网络尚未形成，即事中事后监管体系的完整性亟待提高。这些机构尽管利用网上政事大厅初步实现一口式对外办公，但是距离部门一体化办公仍有一段距离。因此，应当尽快建立政府部门之间信息共享与共用机制，加强数据的开发与运用，实现企业经营信息在政府部门之间共享与共用。应当加强政府部门之间的协调，促进各个政府职能部门既各司其职又相互联动，形成一个有机的整体，形成纵横联动与快速处置的动态监管体系与机制。

（二）监管制度需要进一步建设，监管方式与效能亟待进一步提高

上海自贸试验区事中事后监管的制度需要进一步透明化与法治化，尚需建立多项监管制度和制定一批相关法律法规。政府职能需要进一步转变，建立负面清单的审批制度，在简政放权的条件下，对于需要审批与监督的事项应当进一步提高透明度，以法治化方式加以明确，建立相应的惩戒制度。政府应当努力做到监管制度简单、透明、有效。政府各个部门在事中事后监管方面要做到有法可依、有章可循。另外，上海自贸试验区事中事后监管的职能部门数量有限，在这种情况之下，需要对监管方式进行创新与发展，提高监管效能。上海自贸试验区到2015年5月扩区后，试验区有各类企业和经营组织7万多家。监管力量还不能满足上海自贸试验区的需求。如果依靠政府单一监管的模式必然会出现监管不到位、监管乏力、监管不落实的状况。特别是，新技术、新产业、新业态和新模式对上海自贸试验区的事中事后监管提出了更高的要求。因此，上海自贸试验区的监管方式有待改进。如果以垂直式、抽查式与运动式进行监管，那么将不能适应新时代自贸区经济发展的要求。这是因为传统的依靠命令与服从的监控方式缺乏监督者与被监督者的双向沟通与互动。依据文书传递与行政垂直方式管理的行政制度存在一定缺陷。点状式与碎片化的监管已经不适合目前上海自贸试验区信息化经济状况。扁平化与互动式的事中事后监管方式应当成为新的监管方式。

（三）监管与服务有待进一步结合，综合监管与专业监管亟待整合

上海自贸试验区事中事后监管的综合监管与专业监管需要进一步整合。执法人员目前不同程度地存在知识结构不匹配、专业能力不适应新情况、监管能力亟须提高等问题。目前，上海自贸试验区的监管与服务之间的结合还不够。对于小微企业的监管，如果按对待大企业和成熟企业的标准进行监管，容易导致管得过严过死，增加了小微企业的管理成本，也间接抑制了它

们的活力和对创新的投入。因此，上海自贸试验区的监管与服务有待进一步结合，综合监管与专业监管亟待整合。

（四）监管信息共享平台需进一步健全和优化

目前，上海自贸试验区的监管信息共享平台如浦东网上政府办事大厅、公共信用信息服务平台以及事中事后综合监管平台的信息与数据还需要进一步提炼与细化，信息的使用频率亟待提高，信息的质量也亟待提高，信息反映企业经营状况的全面性与准确性还需要大幅度提高。特别是，各个部门如海关、检验检疫、市场监督管理、税务、公安司法机构的监管信息共享平台需要对接与整合，这些监管主体之间的信息平台整合以及信息共享应用问题还没有得到实质上的解决。

（五）社会力量辅助监管的作用尚未充分发挥

在上海自贸试验区中，行业协会与社会参与委员会在事中事后监管方面的作用尚未得到充分发挥。行业协会不能有效协调本行业企业的经营行为，维护行业信誉，鼓励公平竞争等，行业内部的自律管理还相对不足。目前不是所有的行业都有组织规范的行业协会，政府和企业对行业协会的定位也不是很清晰，导致行业协会一直没有发挥出企业与政府之间的桥梁和纽带作用。市场、社会和消费者对企业年报公示、经营异常名录等制度的运用还需要提高。

三　构建“四位一体”的上海自贸试验区事中事后监管体系

上海自贸试验区的事中事后监管体系，应当以建设政府各管理部门互联互通、信息共享的大数据平台为抓手，推动各部门相互配合，强化信息共享，优化管理流程，推进监管执法严格化、政府服务高效化、社会监管多元化，形成权责明确、透明高效、快捷便利的监管机制。上海自贸试验区应着力构建以政府部门联动为基础，以信息化技术为支撑，以法治为保障，建立政府监管、市场主体自律、业界自治、社会参与和监督“四位一体”的事中事后监管体系与格局。厘清政府、市场、企业与社会的权责边界，明确各方在综合监管格局中的定位与职能，调动各方面的积极性，引导企业、行业协会、商会和社会团体与个人共同参与事中事后监管，形成政府、行业、企业与社会“四位一体”多元共治与协调有序的综合监管制度体系。①

（一）推动政府职能进一步转变，进一步构建纵横联动与快速处置的综合监管体系与动态反应机制

应当注意政府机构的系统集成，提高部门之间的协调水平，特别是建立紧密性的中央与地方协同机制和地方政府部门之间的协调机制。首先是明确政府的监管职能，建立政府部门的权力清单与责任清单制度。“谁审批、谁监管，谁主管、谁监管”的原则，确保事有人管、责有人负，形成全方位覆盖的事中事后监管体系与格局。完善综合执法体制，通过政府部门间相同或相近执法职能的整合，优化机构设置，归并执法机构，统一执法力量，提高监管能力和效率，促进行政与司法相衔接。增强政府各部门的行政管理协同能力，形成分工明确、职责清晰、沟通顺畅、齐抓共管、高效快捷的政府监管体系与机制。

在“四位一体”的监管体系之中，最重要的是政府对监管的主导作用。上海自贸试验区的综合监管体系与机制的构建关系到上海自贸试验区事中事后监管的成功，地方政府部门之间、中央与地方之间的部门协调能否畅通，监管体系起到关键性的作用。因此，应当加强政府部门“条块”之间的协调，防止政府各个职能部门各自为政与多头管理状况的发生，必须对政府职能部门简政放权不同步、监管机制不健全、监管手段不完善和监管合作联动不积极等问题做出针对性的措施，促进各个政府职能部门各司其职又相互联动，形成一个有机的整体，形成纵横联动与快速处置的动

① 蒋硕亮、刘凯：《上海自贸试验区事中事后监管制度创新：构建“四位一体”大监管格局》，《外国经济与管理》2015 年第 37 卷。

态监管体系与机制。这需要通过制度来保障部门之间的协作并能起到刚性约束作用。应当以制度为依据，以监管信息平台为技术支持，实现自贸试验区各职能监管部门信息的互通和共享，加强部门间的协同监管与合力，促进综合执法，增强监管合力，形成跨部门联动反应、综合执法与信息互通的监管机制。

（二）加紧顶层设计与制度建设，建立持续监管与跟踪的精准监管机制

应当建立简明、统一、规范与标准清晰的管理制度与负面清单管理模式。抓紧制定一些关键性制度，杜绝制度真空与监管盲区。推进监管标准规范制度建设，推进负面清单的管理制度与模式。一是在投资监管制度方面，深化与负面清单管理、商事登记制度改革相配套的投资监管制度，完善企业年报公示和经营异常名录制度；二是在国际贸易监管制度方面，深化以安全高效管住为底线的国际贸易监管制度创新，以关检联动和国际贸易“单一窗口”等为重点，进一步优化贸易监管，在长三角等更大范围内推动监管创新，完善“双随机”布控查验、“中介机构协助稽核员”等制度；三是在金融监管制度方面，加强跨部门、跨行业、跨市场金融业务监管协调和信息共享，强化风险监测、分析和预警，加强本外币跨境资金流动的实时动态监测监控，完善警银合作等工作机制，配合国家有关部门做好反逃税、反洗钱、反恐怖融资等金融监管工作；四是在行政审批事项改革之后的监管方面，确保简政放权后管理不松懈，逐项明确相应的事中事后监管措施，制定和完善监管项目清单。

依靠法治手段，促进自贸试验区事中事后监管走向制度化、常规化、动态化、全面化与精准化。为此，要继续加强监管的制度建设，深化与负面清单管理、商事登记制度改革相配套的投资监管制度，完善企业年报公示和经营异常名录制度，深化以安全高效管住为底线的国际贸易监管制度创新，建立适应上海自贸试验区发展和上海国际金融中心建设联动的金融监管机制。

强化风险监测、分析和预警，建立持续监管与跟踪的精准监管机制。利用互联网技术，整合监管部门，优化监管流程，强化监管效能，实现即时监督监测，提高监管效率，建立持续监管与跟踪的精准监管机制。

（三）促进市场主体自律，推动行业自律和社会共治

强化市场主体责任，推动企业成为自律自治的实体，明确法人的责任制，促进市场主体遵纪守法，促使市场自我约束与自我净化。建立完善市场主体首负责任制，促使企业和居民加强自我监督、履行法定义务。同时，以社会信用评估以及市场评价机制推动企业提高自律自治性。

充分发挥行业协会和商会对促进本行业规范发展的重要作用，推进政府监管和业界自治的良性互动，推动行业协会和商会成为企业的管理力量与主体。通过政府购买服务等方式，支持行业协会商会开展行业信用评价工作，建立健全企业信用档案，完善行业信用体系，让行业协会与商会成为上海自贸试验区事中事后监管的重要主体。

继续探索“社会参与委员会”运作机制，采信第三方检验检测认证结果，发挥公众和舆论的监督作用。深化上海自贸试验区社会参与委员会改革试点，不断完善业界参与治理的路径和方法。探索第三方专业人士、专业机构监督机制，鼓励开展信用评级和第三方评估，采信第三方检验检测认证结果，提高专业监管的水平与能力，培育发展社会信用评价机构，加强对第三方检验检测认证机构的监督管理，发挥会计、法律、公证、仲裁等专业机构的监督作用。在国际相关规则的认可方面，促进上海自贸试验区的监管制度与规则同国际上通过规则相互认可。发挥舆论监督作用，发挥公众监督在事中事后监管中的作用，利用新媒体等手段畅通公众监督投诉渠道，保障公众的知情权、参与权和监督权。

（四）创新监管方式和手段，注重监管和服务的有机结合

建立和完善试验区监管信息共享数据平台是整个事中事后监管工作的基础和重点。改变过去政府管理部门各自为政与数据孤岛的弊端，实现高效、

透明与便捷的信息共享与监管。运用现代化信息化技术与手段，创新监管的方式与手段，积极利用“互联网＋”和大数据等现代化信息技术，促使监管更为便捷化、快速化和动态化。因此，要继续完善推进上海自贸试验区网上政务大厅、综合监管平台和公共信用信息服务平台三大基础设施建设，提高协同的部门条线管理以及“一站式”企业网上办事的网络信息功能，提高数据质量、可靠性、稳定性与权威性，促进数据能更多地反映企业经营的全貌，增加平台的使用覆盖面。

同时，在上海自贸试验区之中，事中事后监管与对企业的服务应当是有机统一的而不是对立的，政府职能部门和社会方面应当坚持监管、监督与服务的统一，促进自贸试验区更好更有效率地运作，为企业发展提供良好的服务，为自贸试验区之内的企业服务。

事中事后监管需要综合监管与专业监管相结合，需要从事监管的公务人员具有相关的专业知识与法律常识，具备应有的行业监管素质与法律准备，提高监管的业务素质。因此，必须加强事中事后监管人才队伍建设，加强培训学习。努力提升监管执法队伍的综合素质，增强监管执法队伍责任心和工作的积极性、主动性和创造性。

应当推进公务人员绩效管理制度改革，建立激励机制，建立科学完善的考核机制。实现公务员的权利与职责对等，职务与职级并行、职级与待遇挂钩，充分调动监管人员的工作积极性，保障公务员队伍的相对稳定，建设一支专业化、高水平的事中事后监管公务员队伍。

（五）提升监管中的社会参与水平，加强国际和地区间的监管互认与合作

由于政府的监管力量较为有限，单纯依赖政府监管主体不足以做好上海自贸试验区的事中事后监管工作。因此，应当发挥社会的力量参与上海自贸试验区的事中事后监管，包括居民、行业协会、社会参与委员会和相关企业。相互竞争性的企业可以起到监督对方是否真的遵守我国相关法规。上海自贸试验区已有较多成熟的行业协会，可以发挥它们的作用，如上海航运保

险协会、浦东现代物流协会、浦东外资协会、浦东医疗器械协会等。同时，发挥市场专业化服务组织的监督作用，完善政府购买社会服务机制。此外，应当发挥公众和舆论的监督作用，健全公众参与自贸试验区企业与市场运营的监督激励与约束机制等。

为节省监管力量，促进上海自贸试验区与国际贸易相关规则对接，可以利用国际已经运作成熟的通行惯例与规则，运用国际通行标准，通过承认国际上其他监管机构的报告，适时启动和完善监管互认机制，从而推动上海自贸试验区的国际化。如与其他国家特别是法治国家进行进出口货物或入境货物数据交换，相互认可对方的监管结果。

（六）加强风险监测、预警和防范，建立事中事后监管的前导机制

建立事中事后监管的前导机制，加强风险监测、预警和防范，是提高事中事后监管与监督有效性的重要方式。通过信息技术平台，利用信息共享与应用技术，采用大数据分析方法，建立信息预警系统，根据过去发生事件的性质与概率，建立警报与预警机制。政府各个职能部门，根据过去的数据并结合国内外相关数据与案例，采用现代大数据分析技术，对事后监督过程中发现的各类风险进行判断识别、鉴定分类，预测风险发生的可能性并做出风险监测预警，以强化事前、事中的风险防范，提高事中事后监管的分析预警水平与能力，防止重大事故的发生，把事故消灭在萌芽状态。特别是，对于自贸试验区内高危行业与重点工程，需要建立风险监测评估、风险预警跟踪、风险防范联动机制。建立相关工作机制定期开展风险与危险点的梳理与排查，把事中事后监管前置，使得监管人员在事前就已经注意到，恰当地分配监管力量，加强对即将发生违法违规的环节的监管，对于可能发生问题的领域与事件进行重点监管，减少事故与违法违规案件的发生率，保证上海自贸试验区安全生产与正常运转。

参考文献

蒋硕亮、刘凯：《上海自贸试验区事中事后监管制度创新：构建“四位一体”大监管格局》，《外国经济与管理》2015 年第 37 卷。

陈奇星：《强化事中事后监管：上海自贸试验区的探索与思考》，《中国行政管理》2015 年总第 360 期。

张建华：《上海自贸区加强事中事后监管的实践与思考》，《中国工商报》2015 年 8 月 4 日，第 003 版。

闫明：《上海自贸区发展与事中事后监管实践机制研究》，《中国浦东干部学院学报》2015 年第 5 期。

B.4
上海自贸区金融监管制度创新的现状、问题和对策

李桂花*

摘　要：上海自贸区的金融监管创新的成果主要包括三个方面：市场准入方形成了以负面清单为基础的金融机构的事中事后报告制度，监管模式方面形成以自由贸易账户为核心的账户监管模式，监管手段方面推出了综合监管和功能监管模式。不过，以账户监管为核心的监管体制实施的效果并不理想，主要根源是自贸区功能定位不清晰，以及国内分业监管体制的局限。据此，本文认为，突破路径有两大方面，即一破一立。确立自由港的定位，突破账户监管模式。

关键词：自贸区　金融监管　自由港　账户监管

2013年9月29日，中国（上海）自由贸易试验区（以下简称“上海自贸区”）正式挂牌。2014年5月，自贸区总面积由原来的28.78平方公里扩大到120.72平方公里。范围由原来的4个海关特殊监管区域扩展至陆家嘴、金桥和张江三个片区。从国内的改革进程来看，上海自贸区是继深圳特区以来的第二次里程碑意义上的改革开放实践，是我国改革进入深水区之际，开

* 李桂花，经济学博士，上海社会科学院经济研究所副研究员，主要研究方向为制度经济学和行为经济学。

拓的一条积极创新的路径。从国际上看，当前的国际贸易自由化的大背景是从商品间的关税减免走向服务贸易的自由化。因此，在保税区基础上成立自由贸易试验区，也是继加入 WTO 之后，我国经济发展的又一次重大机遇。在服务业的开放中，金融领域的开放是其中的关键环节，而金融监管的创新对于金融和贸易的发展起着核心的作用。本文在总结上海自贸区金融创新的现状基础上，总结经验、提出问题，以便探讨更适合上海自贸区未来发展的金融监管的方向和措施。

一　上海自贸区金融监管制度创新的现状

上海自贸区的金融监管创新，由三块基石奠定：①《中国（上海）自由贸易试验区总体方案》，简称“51 条”；②《进一步推进中国（上海）自由贸易试验区金融开放创新试点、加快上海国际金融中心建设方案》，简称“金改 40 条”；③《发挥上海自贸试验区制度创新优势开展综合监管试点探索功能监管实施细则》，简称《实施细则》。由此，形成了上海自贸区三方面的金融监管创新：①市场准入方面，以负面清单理念为基础的金融机构的事中事后报告制度；②监管模式方面，以自由贸易账户为核心的账户监管模式；③监管手段方面，在分业监管已经不利于风险防范的环境下，主管部门即将推出的综合、功能监管模式。其中，账户管理是上海自贸区的金融监管的核心。

（一）市场准入的创新

上海自贸区成立初期，以负面清单为特色的简政放权成为舆论的亮点，激发了国内外关注者的热情。

2013 年 9 月 18 日，国务院发布《中国（上海）自由贸易试验区总体方案》。随后，中国人民银行、银监会、证监会、保监会相继出台了支持自贸区建设的 51 条意见，这些意见和实施细则共同构成了上海自贸区金融创新的大框架（见表 1）。

表1　一行三会支持自贸区建设的51条意见中的金融监管创新的主要方面

单位：条

监管机构	意见(条)	基本内容
中国人民银行	30	坚持金融服务实体经济，着力、有序推进改革试点；稳步推进利率市场化；创新有利于风险管理的账户体系、探索投融资汇兑便利、扩大人民币跨境使用深化外汇管理改革等
银监会	8	支持中、外资银行入区经营发展；支持民间资本进入区内银行业；鼓励开展跨境投融资服务；支持区内开展离岸业务；简化准入方式、完善监管服务体系
证监会	5	同意筹建上海国际能源交易中心股份有限公司；支持自贸区内符合一定条件的单位和个人、区内企业的境外母公司，投资于境内外证券期货市场或在境内发行人民币债券；支持区内证券期货经营机构面向境内客户开展大宗商品和金融衍生品的柜台交易
保监会	8	促进外、中资专业性、功能型保险机构的聚集和产品创新；支持自贸区保险机构开展境外投资试点、扩大境外投资范围和比例；支持上海完善保险市场体系，推动功能型保险机构建设等

资料来源：根据上海金融网站相关文件内容整理，http：//sjr. sh. gov. cn/Category/Index?categoryid = 53&pagedIndex = 2&tabCagegoryId = 0。

上海自贸试验区设立三年来，自贸区对金融机构的准入逐步放开，金融简政放权和负面清单管理效果明显，区内金融机构数持续增长。据统计，截至2016年7月末，已有9家银行采用事后报告制新设16家支行，8家银行在9家支行的迁址或范围变更中也运用了采用事后报告制。上海自贸区银行业不良贷款率为0.80%，关注贷款率、逾期90天以上贷款与不良贷款比例都远低于全国银行业平均水平①。由此，金融机构数量稳步增长。以银行业为例，截至2016年7月末，上海自贸区内的银行业金融机构数量共计464家，比2015年4月上海自贸区正式扩区时增加了34家。其中分行级及以上机构数量164家（见表2），法人机构和分行级机构在全辖区占比分别为69%和63%。区内机构存款、贷款在全辖区占比分别为77%、76%②。

① 王媛：《上海自贸区将迎来3周年、中外资银行尚需协同发力》，《上海证券报》2016年9月19日，第002版。

② 沈则瑾：《上海自贸区银行业机构增至464家》，《经济日报》2016年9月20日，转引自国研网。

表 2　截至 2016 年 7 月末，上海自贸区内的银行业金融机构数量

单位：个

时间	上海自贸区内的银行业金融机构类别	
2016 年 7 月末	分行级及以上机构	分行以下
	164	300

资料来源：根据报道数据计算所得。沈则瑾：《上海自贸区银行业机构增至 464 家》，《经济日报》2016 年 9 月 20 日。

2016 年 8 月 5 日，上海市政府办公厅发布《进一步深化中国（上海）自由贸易试验区和浦东新区事中事后监管体系建设总体方案》。这意味着，上海自贸区事中事后监管体系有了系统框架。

（二）自由贸易账户管理

2014 年 5 月 22 日，中国人民银行上海总部发布《中国（上海）自由贸易试验区分账核算业务实施细则》，规定了自由贸易账户的开立、账户资金使用与管理方式。2015 年 4 月，正式启动了自由贸易账户的外币服务功能。银行、证券、保险等金融机构和企业都可以接入这个系统，自由贸易账户可以提供经常项下和直接投资项下的外币服务，实现与境外金融市场的融通。

2015 年 10 月，《进一步推进中国（上海）自由贸易试验区金融开放创新试点、加快上海国际金融中心建设方案》（“金改 40 条”）的发布，使 FTA 账户成为本外币一体化账户，提供包括跨境融资、跨境并购、跨境理财、跨境发债等在内的经常项目和资本项下的本外币一体化金融服务。此外，自由贸易账户还支持“黄金国际板”和自贸区航运指数及大宗商品衍生品中央对手清算业务等。由此，基本形成了以自由贸易账户（FT 账户）为核心上海自贸区金融监管模式创新体系。

截至 2016 年 8 月底，自贸区“累计发生人民币境外借款 287 亿元，393 家企业累计开展跨境人民币双向资金池业务收支总额 6997 亿元，经常项下人民币集中收付业务收支总额 176 亿元，跨境电子商务人民币结算 29 亿元。

区内跨境人民币结算总额2.23万亿元”。[①] 企业“通过自贸账户获得的本外币融资总额折合人民币6331亿元，平均利率为3.93%，融资成本大幅降低”。[②]

笔者梳理了一下“金改40条”中的主要内容，按照账户管理、对内对外开放、风险防范与加强监管进行了三个方面的分类，具体见表3。

表3　“金改40条”中金融监管创新的主要内容

账户管理方面	对内对外开放方面	风险防范与加强监管方面
①启动自由贸易账户本外币一体化各项业务，拓宽境外投资者参与境内金融市场的渠道 ②扩大人民币境外使用范围，推动资本和人民币“走出去”；准备启动合格的境内个人投资者境外投资试点 ③实现人民币资本项目可兑换、扩大人民币跨境使用	①不断扩大金融服务业的开放，加快金融市场国际化建设 ②支持民营资本进入金融业 ③允许外资金融机构在自贸区设立合资证券公司，外资持股不超过49% ④支持具备资格的商业银行在自贸区扩大离岸业务	①建设宏观审慎管理框架下的境外融资和资本流动管理体系 ②完善金融监管体制，探索本外币一体化监管体系 ③完善跨境资金流动的监测分析机制 ④加强金融监管协调，探索功能监管

资料来源：根据“上海金融”网站相关文件内容整理，http://sjr.sh.gov.cn/Category/Index?categoryid=53&pagedIndex=2&tabCagegoryId=0。

（三）综合、功能监管

鉴于在上海自贸区的发展过程中金融创新受到机构管理和分业管理的监管体制的束缚，上海自贸区探索试点了金融综合监管和功能监管。

2015年10月发布的“金改40条”提出要加强自贸区金融监管的协调，探索功能监管。上海自贸区2016年7月18日公告称[③]，上海市政府印发了

① 施琍娅：《依托自由贸易账户体系，大力推动金融开放创新》，《上海证券报》（特刊）2016年9月29日。

② 何欣荣：《上海自贸区迎挂牌三周年，四大制度创新成效显现》，新华网，http://news.xinhuanet.com/fortune/2016-09/29/c_1119649197.htm，2016年9月29日。

③ 《上海自贸区探路综合金融监管，全覆盖机构和金融产品》，中国网，http://finance.china.com.cn/news/20160719/3818095.shtml，2016年7月19日。

《发挥上海自贸试验区制度创新优势开展综合监管试点探索功能监管实施细则》（简称《实施细则》）。《实施细则》将所有的金融服务业均纳入监管，强化行业、属地管理职责，重点对金融监管的真空、交叉地带进行补漏，实现机构、人员、业务、风险全覆盖，同时对涉及的金融服务、监管信息实现共享。另外，根据《实施细则》，上海将建立金融综合监管联席会议制度，加强组织领导、提升协调效率。[①]《实施细则》在一行三会分业监管的基础上，更大程度地发挥自贸区制度创新优势，探索综合监管和功能监管。关于实现金融监管全面覆盖的措施主要包括三个方面（见表4）。

表4　《实施细则》关于实现金融监管全面覆盖的三方面措施

<table>
<tr><td>全面覆盖经营机构</td><td colspan="2">编制“分业监管机构清单”,明确了相应的监管或主管部门</td></tr>
<tr><td>全面覆盖金融产品</td><td colspan="2">支持行业协会建立理财产品登记和信息披露制度,重点推进互联网金融产品信息披露平台建设</td></tr>
<tr><td rowspan="3">强化综合监管、功能监管</td><td>需要经过市场准入许可的行业领域</td><td>由相关监管或主管部门负责日常监管</td></tr>
<tr><td>无需市场准入许可,但有明确监管或主管部门的行业领域</td><td>由相关监管或主管部门牵头负责日常监管</td></tr>
<tr><td>没有明确监管或主管部门的行业领域,难以直接定性的与金融有关的经营活动</td><td>由联席会议明确相关工作牵头部门</td></tr>
</table>

资料来源：《上海自贸区金融监管全面覆盖，搭建监管信息共享机制》，中国金融信息网，http：//rmb. xinhua08. com/a/20160719/1650577. shtml，2016 年 7 月 20 日。

二　问题和瓶颈

中国自由贸易试验区在三年时间里进行了一系列金融监管方面的创新，取得了很大成就，得到了国家层面认可，并在扩区的基础上成功复制到广

① 《上海自贸区金融监管全面覆盖，搭建监管信息共享机制》，中国金融信息网，http：//rmb. xinhua08. com/a/20160719/1650577. shtml，2016 年 7 月 20 日。

东、福建和天津自贸区。但客观地说，它还没有全面完成所担负的试验任务，账户监管不利于上海自贸区的国际竞争力，开放力度不明显，改革效果慢于预期。从客观上看，问题主要是外部制度的局限性造成的。

（一）现有监管制度难以实现自由贸易

账户监管没有体现自贸区的试验功能。受诸多体制性因素和外部条件变化影响，自贸区改革明显慢于预期。在对接国际市场、以开放倒逼改革方面不明显。市场对“负面清单”的预期有所冷淡，一度引发关注的“个人自由贸易账户”相关配套细则至今没有出台。

据有关研究的统计，“2016 年上半年，上海自贸区完成外贸进口增长 4.6%，出口增长 7.9%”①。从内、外资企业结构来看，来自内地的中资企业和投资总规模占到各自由贸易试验区总企业数和总规模的 75% ~90%，而外资规模仅占总规模的 10% ~25%②。中国欧盟商会主席伍德克在 2015 年 9 月指出：“我认为欧洲企业是对中国的现状有点不知所措而不是丧失信心，它们需要找到自己的位置。需要等待进一步政策出台，比如上海自贸区服务业开放方面。”③

很多来自自贸区的企业反映，对于企业融资、资本的跨境流动管制过多，导致其融资渠道非常受限，资本流通也非常慢。据有关学者调查，2015 年上海自贸区的贷款余额几乎没有增长，远远低于境外同期的银行业的贷款余额的增长幅度④。同时，账户管理下的套利情况非常严重，比如，“‘在做跟自贸区有关的融资租赁，设备和船报两三倍的价钱。很容易几亿美元来来回回进出了’。其他包括高科技产品、服务贸易等也容易出现虚假贸易”⑤。

---

① 周汉民：《上海自贸区建设迈向崇高目标》，《文汇报》2016 年 9 月 29 日，第 005 版。

② 佟家栋、刘程：《中国自贸试验区的未竟任务》，《上海证券报》2016 年 9 月 20 日，转引自中国债券信息网，http：//www.chinabond.com.cn/Info/24552386。

③ 刘胜军：《自贸区创新的六大突破口》，《企业观察家》2016 年第 10 期。

④ 施佳：《浅论我国自贸区金融监管法律制度的完善》，《广东经济》2016 年第 5 期。

⑤ 刘东：《上海自贸区镜鉴：哪些可复制、哪些可推广、哪些可超越》，《世纪经济报道》2015 年 3 月 2 日，第 002 版。

既然是自由贸易试验区，为什么还要对账户进行监管呢？尤其在国际自贸区竞争如此激烈的情况下。据相关统计，“从全球来看，自贸区的发展趋势不可阻挡，世界上已有119个国家建立超过2300个自贸区，出口总额超过2000亿美元，创造1亿个直接和间接就业岗位。而我国自由贸易区的发展滞后，与中国全球第二大经济体和第一大贸易国的地位极不相称”①。笔者认为，账户监管是计划经济导致的路径依赖。

（二）金融决策权瓶颈

金融决策权与自由贸易试验区的发展不配套，是影响上海自贸区金融监管改革力度的重要因素。

这方面可以结合国际金融中心的定位来一起思考。在上海国际金融中心的建设和发展过程中，金融决策是非常关键的环节，一般表现在中央银行与执行机构的设置方面。无论是自然集聚模式形成的国际金融中心，还是政府推动模式形成的国际金融中心，基本是中央银行总行或地区总部的所在地。以英国为例，伦敦早期作为金融中心的成功主要得益于英镑作为储备货币地位的增强和英国的富强。后来，虽然英镑的地位被美元替代，但伦敦依然是一流的全球金融中心，这与其高效的决策体系是分不开的。“如英格兰银行的成立，使金融资源快速积聚于伦敦，促进了伦敦发展为国际金融中心。纽约最终成为全球金融中心，与纽约联邦储备银行的特殊地位和作用密不可分。法兰克福能成为金融中心，原因之一就是德国央行在那里，而欧洲央行的落户，则进一步巩固了其作为金融中心的地位。”②

而我国金融领域的基本立法和监管权限分别集中于全国人民代表大会和中央。尽管实施细则中就加快推进上海国际金融中心建设提出了具体的任务和措施，但缺乏落地的措施和制度配套，金融决策与金融市场仍旧存在脱节的问题。针对上海自贸区的金融监管，我国制定了很多相关的制度。其中最

---

① 中央党校省部级干部进修班（第57期）“战略思维与领导能力”研究专题第一课题组、周汉民：《我国四大自贸区的共性分析、战略定位和政策建议》，《理论视野》2015年第8期。

② 王山：《从国际金融中心的形成看中央银行组织人事体制》，《河北金融》2009年第10期。

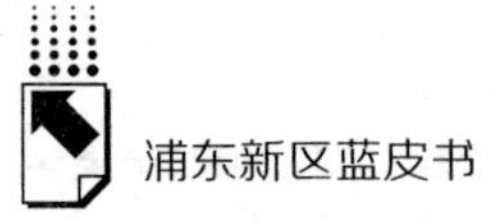

重要的是《国务院关于印发中国（上海）自由贸易试验区总体方案的通知》，在宏观层面上确定了自贸区所提供金融服务的总体目标。但由于缺少具体的实施细则，使得自贸区的发展中仍存在着很多潜在的交易风险，容易引发纠纷。比如，《中国人民银行关于金融支持中国（上海）自由贸易试验区建设的意见》规定，账户之间可以在自贸区内自由流通，然而这种流通性是建立在经常的项目之下，而本国货币同外币之间的兑换条件仍然较高，在实际运作过程中，人民币的兑换仍然具有一定程度的限制，因此并没有使资金流通达到真正便捷高效的目的。

可见，自贸区要想真正能因地制宜地进行金融监管方面的创新，必须要突破金融决策体制的瓶颈，加强上海自贸区和上海国际金融中心的决策地位。

（三）法律瓶颈

笔者从调研中发现，由于法律法规的不配套，自贸区内很多金融创新只有空名，根本无法落实，例如资产证券化。政策层面对资产证券化一直积极鼓励，但在实践中，由于相关法律之间存在冲突，资产证券化遭遇法律瓶颈。

首先，面临《物权法》和《合同法》之间的不一致。按照《物权法》的规定，资产属于银行，可以自由转让。但是，按照《合同法》的规定，资产证券化后必须告知每个债务人。由于资产证券化的特殊性，债务人数量庞大，如果银行与每个债务人都需要单个沟通达成共识，显然将大大增加资产证券化的成本，以致不可实施。因此，关键是统一法律标准，并且出台明晰的司法解释。要么统一在《物权法》下，视同债权人的产权而无须告知；要么，明确在《合同法》的规定下但应清晰告知的标准。例如，台湾的做法是以邮局的告知挂号信的凭证为依据，而不需要每个被告知方签收。

其次，SPV的合法性问题。资产证券化在实践中一般采用SPV。SPV指特殊目的载体（Special Purpose Vehicle）。SPV在飞机、船舶公司和公司并购中广为应用，为每个飞机、船舶、并购业务单独成立一个公司，可以达到破产隔离、降低风险的目的。SPV有SPC（Special Purpose Company，特殊目的公司）和SPT（Special Purpose Trust，特殊目的信托）两种主要表现形式。资产证券化中多采用SPT。据有关研究，“目前在中国以SPT方式实施资产证券化，主要存在如下两个问题。第一，作为基础资产受托人的信托机构是否能发行信托受益凭证。第二，如果信托机构并不直接发行信托受益凭证，而是与投资者签订资金信托合同，以资金信托合同代替信托受益凭证”①。当前，SPV还不被中国法律所认可。这就对资产证券化的风险管理和避免重复征税造成了影响，提高了门槛。同样，这种瓶颈也存在于航运等领域，对自贸区业务是不利的。

三　成因

（一）自贸区功能的内在定位存在冲突

功能定位是否准确，关系上海自贸区金融监管改革的成败。笔者认为，上海自贸区金融制度创新必须在促进服务业自由化、对接国际服务新规则、探索金融制度这一大背景和大方向下进行，而不能脱离这一背景和方向来片面追求所谓局部的和表面的“制度创新”。

中国启动上海自贸区建设，可以看作类似当年启动深圳特区一样的第二次改革开放的窗口。其中，金融领域放开资本项目管制、利率市场化、汇率市场化等是大势所趋，同时又是改革的难点。自贸区一开始探讨时，曾有人建议做成飞地，视同境外的管理，效仿英属维尔京群岛和开曼群岛成为一个自由港。但是，出于香港和上海之间的平衡等各种因素，上海自贸区后来没有走根本性制度创新这个路，而是在原来制度大框架下的小修小补。如此一来，使得上海自贸区没有体现出期待中的改革开放力度，向全国复制也就没

① 王冠、孙璐璐：《加快资产证券化立法：厘清现存法律冲突》，《21世纪经济报道》2014年4月21日，第031版。

有权威影响。实践下来，账户监管对金融创新和贸易自由化都有一定的限制作用，没有达到预期的开放效果，同时，还出现了短期游资投机的风险增大的现象。当前，其他几个自贸区所实施的制度创新，并没有完全复制上海的账户管理制度。

这种现象的出现在于顶层设计的不清晰，导致自贸区功能定位的几个目标之间存在内在冲突。最典型的是开放与可复制之间的平衡。如果按照开放前沿的设置，上海自贸区应以彻底的负面清单来对接服务贸易自由化，以去行政化来完善市场机制，以宽松监管来吸引国际机构和资本，也就是以自由港来定位。然而，短期内“可复制”的要求又会兼顾国内现有的法制环境和监管模式，从而在原有监管框架下进行小修小补。这样一来，虽然复制性大大提高了，但是开放型和创新性就下降了。这样一来，与国际市场接轨、开放倒逼改革的功能被淡化，而屈从于现有框架只进行局部创新。“可复制可推广在自贸区发展过程中，实际上变成了一个‘框’，例如像免税商店。但海南岛一个岛都可以开，但自贸区的开放程度难度比海南岛还差？试点又有什么意义？开始出发的时候没有错，但后来理解却割裂和对立了，改革跟政策突破应该是连在一起的。”①

出现这个现象，是基于“可复制”内涵的不清晰。笔者认为，如果是现在这个层面的创新，达不到自由贸易实验区的要求。况且，深圳当年的改革开放开社会风气之先河，一时之间如同境外的制度创新，在实验成功后自然“复制”到了全国。这是基于制度创新的溢出效应，当局部的制度创新越彻底，就越能突破原有的框架，建立一个交易成本更低的制度，从而产生更好的效益。由于制度的交易成本低了，自然就有竞争力，就会潜移默化地改变原来经济系统的共有信念，从而酝酿出制度复制的非制度的运行基础。

总之，关于上海自贸区的定位，需要在顶层设计上更加清晰。要处理好

---

① 刘东：《上海自贸区镜鉴：哪些可复制、哪些可推广、哪些可超越》，《世纪经济报道》2015年3月2日，第002版。

三方面的平衡：在开放和稳定之间的平衡、在创新和可复制之间的平衡、在短期利益和长远利益之间的平衡。

（二）国内分业监管体制的局限

在现阶段，上海自贸区仍沿用“一行三会”为主导的分业监管体系。这个体系在对自贸区的金融监管中容易出现扭曲和漏洞。

首先，分业监管框住了金融创新，各行业间存在着一道隐形的壁垒，没有了行业间的接触和融合，就很难出现金融业务的创新。

其次，当考虑监管部门的既得利益时，又必然会产生规则的扭曲。由于分业监管是各行业分开监管，每个主管部门都代表了各自行业的利益，从而拘泥在自身的职业管理的格局中，导致了寻租可行性增大。另外，容易被管理本位的思想绑架，出现三个利益的不平衡：①局部利益覆盖整体利益，各自为政；②眼前利益大过金融业可持续发展的长远利益；③行业利益超越了实体经济的利益，脱离服务实体经济的本位。

最后，虽然有“部际协调会议”作为决策的领导集体，但行政决策的效率比较低，影响了各项政策的配套出台，往往在出现危机以后，另一个行业的监管部门才发觉。

关于分业监管模式的改革，已成共识。关键是怎么改？是成立大一统的监管机构，还是加强一行三会之间的协调？当前，学界和监管部门的主流倾向是综合监管和功能监管。这种方式是在原有体制下加大覆盖范围、增强监管部门之间的协调。我们认为这种做法不彻底。真正的金融监管的创新不只是突破行业壁垒，更重要的是去行政化、放松监管，以促进金融创新和金融服务贸易的自由化。

综合协调是一个有很高交易成本的制度安排。历史上，协调机制的建立不是没有过，国家在弥补分业监管的不足方面做出了多种尝试。2000 年 9 月，中国人民银行曾尝试与证监会、保监会建立监管联席会议制度，但实际上没有起到什么作用。2008 年 6 月，建立金融旬会制度，会议每隔十天左右举行一次旨在加强“一行三会”的协调配合。2013 年，国务院要求一行

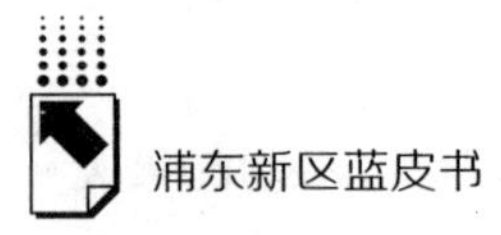

三会定期沟通。然而，监管联席会议机制空有制度框架，细则的颁布跟不上政策的脚步。监管联席会议机制仅停留在松散的交流与商量的层面，始终未能取得预期效果。根本原因在于利益博弈。各监管部门都有本行业的既得利益。由于三大监管机构行政级别相同，谁也无法约束谁，难以突破现有的政策博弈的利益格局。

总之，监管体制的改革是一个艰难的博弈过程，是一个改革进入深水区后关键的系统工程。上海自贸区的金融监管创新在整体框架下必然受制于制度瓶颈，除非可以作为“飞地”单独立法或者实施。

（三）金融监管理念上的路径依赖

长期以来，在我们的舆论中，一谈到放松管制就谈虎色变。笔者认为，这是受计划体制的影响，在思想意识形态中形成的路径依赖，是对金融风险与监管的关系的误解。上海自贸区要放开手脚进行金融监管创新，首先要厘清对金融监管和风险的认识。

1. 金融市场有化解风险的内在机制，这也是金融创新的动力来源之一

金融业诞生以来就与风险并存，市场化的发展必然会产生相对应的制度安排和技术产品来对冲风险或者提升管理水平。这个过程中，短期的波动可能会增加，但长期下来，才有可能提升交易个体的市场理性，才可能不断降低市场运行的交易成本、提升运行效率。

2. 金融监管不等于行政控制

由于金融行业的特殊性，为了避免系统性风险、规范信息不对称下的金融机构的道德风险，各国都是要进行监管的。但金融监管不等于行政控制。很多人在谈监管时容易理解成对金融企业的业务范围和经营方式的控制，这就本末倒置了。监管的本质是维护公平、保护合法经营的企业主体和金融消费者。这一点完全可以通过法律的规范来达成。法治监管才是促进金融市场规范发展、激励金融创新的制度基础，行政化的手段只会干预金融企业的经营，并且形成寻租空间，是不利于金融监管的客观目标的真正实现的。金融业也是市场经济的一部分，运行规律是一致的。行政干预对市场秩序的负面影响，以及法治基础上市场化决定资源配置的效果，已经在近40多年的改革历程被证明。因此，在上海自贸区的实验中，应该大胆突破原有的金融监管理念，与国家规则接轨，实施法治化的监管。

3. 当前中国的金融市场风波并非来自监管的宽松，而是扭曲的“放开”所导致的

有一种观点认为，从现实观察，中国在推进金融监管创新过程中确实呈现了市场波动加大的风险。但这是一种似是而非的判断。首先，单一的创新是否有相配套的制度安排？其次，是否人为地选择要“创新”的制度？实施中是否有行政干预？以2015年5月的股灾为例，单方面容许融资，却不容许融券，本身就是一个倾斜的监管机制，这种做法不是放开和宽松，而是另外一种干预。

4. 国际成功的自贸区中有完全放开金融监管而成功的例子

自贸区的特殊性完全可以大胆创新而不必担心影响全国。仅在试验区进行金融监管的宽松，风险是影响不到全国的。典型的如英属维尔京群岛和开曼群岛，以放松监管来吸引国际资本、增强竞争力。这些自贸区由于是视同境外的飞地，可以不受国内制度的约束而进行大胆创新、全面放松管制，从而成为国际资本的天堂。而且由于其是境外“飞地”，风险也没有波及本土，是一种成功的自贸区模式。当前的研究中，多拘泥在以新加坡或者伦敦、纽约作为模型探讨上海自贸区的制度创新，主张实行“一线放开、二线管住”的账户监管。实际上，忽略了国际自贸区还有另外的自由港的模式。

5. 近代经验表明国际金融中心的基础是宽松的监管

上海近代的金融中心得益于监管的放松，在上海近代国际金融中心的形成过程中，金融自由化起到了关键作用。“在北洋军阀政府时期和南京国民政府初期，军阀政府缺乏现代意识，也没有足够的控制力实施监管。金融机构设立时向财政部呈请注册登记或当局极少法规的公布，并不意味着政府有能力实施监管。公共监管的缺失意味着规则自由、营业自由、创新自由，市场充满活力。所谓规则自由，不是说可以各行其是，而是说整个行业可以根据市场的情况制定和修改自己的规则。实际上，当时的法制和监管更多地表现为金融业同业公会之类组织依习惯法的自我治理"①。

综上所述，应该在法治基础上去行政化，不能再以风险为由拒绝放松管制。否则，无法实现自由贸易区的功能定位，也无法和其他国家的自贸区和国际金融中心相竞争。如果不能更新理念、摆脱金融监管上的路径依赖，我国对外开放会失去一个非常关键的契机。

四 对策

（一）以自由港定位上海自贸区

在两年半的"实验"之后，关于上海自贸区的定位，中央有了明确的要求。2016 年 3 月，习近平总书记指出，上海自贸区的核心任务是"制度创新，要对照国际最高标准、最高水平的自贸区，深化完善基本体系，突破瓶颈、疏通堵点、激活全盘，聚焦商事制度、贸易监管制度、金融开放创新制度、事中事后监管制度等，率先形成法治化、国际化、便利化的营商环境，加快形成公平、统一、高效的市场环境，加快建立同国际投资和贸易通行规则相衔接的制度体系"②。

笔者对这段讲话的理解为：在上海自贸区的发展方向上，应大胆突破现有顶层设计。因此，上海自贸区定位在"自由港"式的境外开放区，是完全有政策依据、符合中央的精神的。关键是，这才是真正符合改革开放的大局的。在金融监管创新方面，自由港的定位主要涉及两方面：金融决策权和自主立法权。

---

① 杜恂诚：《近代以来沪港成为国际金融中心的启示》，《社会科学》2008 年第 11 期。

② 《习近平总书记在 2016 年 3 月 5 日参加全国人大上海代表团审议时的讲话》，转引自周汉民《上海自贸区建设迈向崇高目标》，《文汇报》2016 年 9 月 29 日，第 005 版。

1. 金融监管的飞地

金融监管体制改革是个大的系统工程，举足轻重，不可能轻易达成。但是，我国金融业的对外开放又迫在眉睫，金融领域的改革如果要进行较大突破，必须在金融决策权上进行改革①。不过，这种金融决策权并不需要以中国金融监管的整体改革为前提。上海自贸区正好可以充当试验田。上海自贸区的金融监管的创新没必要跟国内金融监管改革同步。

为了上海自贸区的金融业务的发展，在顶层设计上，需要授予其与自贸区经济活动有关的金融决策权。可以将上海自贸区做成一个金融监管制度的飞地，不受制于国内改革的进度。此时，区内的金融监管视同境外，就像现在的香港一样。

上海自贸区可以在现有框架下，以飞地方式建设自由港。按照自由港的定位，虽然会增加监管部门对新增的境内外经济活动的统计和监测的工作量，但不会碰触到现在一行三会的金融监管的大框架，改革的难度不大。

如此一来，上海自贸区完全有可能进行大胆的尝试，推行与国际接轨的贸易和金融服务的自由化。在国际化背景下，结合上海国际金融中心的定位，进行实质性的制度创新，完全放开金融管制，以法治来规范金融经济活动和企业行为。

2. 立法和司法解释的自主权

要想促进金融创新，吸引国际金融机构，上海自贸区需要拥有相对独立的立法权和司法解释权。

上海自贸区内的金融监管的创新，目前受制于法律法规之间的不配套，难以落实，导致自贸区对国际资本和机构缺乏吸引力。

就像前文所举的资产证券化的例子一样。在上海自贸区，这类的金融创新显然是该大力推进的。但是，由于我国大陆法系的法律制度，改变法律是一个漫长的过程。可行的方法是上海自贸区对相关金融创新进行专门立法，或者出台独立的司法解释。这是金融监管改革的一个至关重要的制度创新。

---

① 张竞怡、夏妍：《上海自贸区三年得失》，《国际金融报》2016年9月26日，第001版。

但自贸区这样做面临着难以逾越的法律瓶颈。因此，从突破法律瓶颈来看，上海自贸区也应该建设成自由港，拥有相对独立的立法权和司法解释权。这样一来，上海自贸区就可以不受制于国内体制大框架，根据本区的实际情况自主立法，或者出台司法解释。例如，对资产证券化，既可以按照《物权法》，债权人有权不需告知债务人而自行实施；也可以依照《合同法》，债权人在资产证券化时需告知债务人，但是效仿台湾的方法，以邮政凭证为准，而免除了跟每个债务人单独沟通和确认的成本。同样，SPV 也可以在上海自贸区先行批准，由此，可以接轨国际规则，降低国际贸易和金融业务的风险、避免重复征税，活跃自贸区经济。这种模式一旦成功，便可以推广和复制，引领中国的第二次改革开放。

（二）取消账户监管

取消行政控制，吸引国际资本和国际机构。正如前文所述，习近平总书记要求“对照国际最高标准、最高水平的自贸区，深化完善基本体系，突破瓶颈……加快建立同国际投资和贸易通行规则相衔接的制度体系”。笔者认为，上海自贸区应该重新定位，大胆创新。从第二次改革开放的窗口的定位出发，应在上海自贸区全面放开金融管制，取消账户监管。

当前以账户为核心的监管制度，没有体现以企业为本，而且，由于每个企业不只有一个账户，也容易被不法企业钻漏洞。账户监管容易产生短期游资风险，激发国际国内资金的投机倾向。因此，我们认为，需要对账户监管进行改革，由账户监管转向企业主体监管。在具体做法上，上海自贸区可以借鉴自由港，比如英属维尔京群岛和开曼群岛，其管制宽松的现状为培育金融创新提供了丰富的“土壤”，吸引了大量国际资本进行投资。

目前在国际金融中心中，英属维尔京群岛和开曼群岛属于最成功的自由港式自贸区。2016 年 1 ~ 5 月，上海自贸区实际对外投资额 55.8 亿美元，而开曼群岛和英属维尔京群岛分别占企业投资目的地的第 2 位和第 3 位。①

---

① 张卓敏：《上海：对外投资步入全球产业布局时代》，《国际商报》2016 年 7 月 25 日。

开曼群岛已成为世界上最重要的基金中心之一，“全球新成立的离岸基金中55%以开曼群岛为基地，几乎每天都有新基金在开曼成立”。[①] “共同基金选址开曼群岛的重要原因之一在于开曼群岛宽松、适度的基金监管制度，此外开曼群岛基金业的自律性监管也是其基金监管体系的一部分”[②]。

在所有自贸区中，英属维尔京群岛注册要求最低，公司无注册资本最低限制，任何货币都可作为资本注册。除每年缴纳营业执照续牌费外，不需要再缴任何税。在英属维尔京群岛没有外汇管制，资金转移不受任何限制，保密程度高。“设立注册资本在5万美元以下的公司，最低注册费为300美元，加上牌照费、手续费，当地政府总共收取980美元，此后每年只要交600美元的营业执照续牌费就可以了。”[③] 依靠这些优势，英属维尔京群岛（BVI）很快成了受国际资本欢迎的自由贸易港和离岸金融中心。

借鉴前面两个国际自贸区的经验，上海自贸区的金融监管制度创新应该回到“深化完善基本体系，突破瓶颈”方面，大胆突破和制度创新。在金融监管领域，必然体现为放开金融管制，取消账户管理，实现真正的自由贸易试验区的功能。

当然，放开金融监管不是什么都不管，而是放开了行政干预，抓住了法治监管。区内的金融监管机构需要统计在区内注册的国内外金融机构的业务范围，对企业境内外经济活动的合法性进行监控。例如，在英属维尔京群岛，“如果银行或信托公司觉得有一笔交易很可疑，比如资金来自声誉很差、政局动荡的国家，就会做出预警，将情况上报给BVI的金融调查机构。后者拥有专门的数据库”[④]。

综上所述，本文主张上海自贸区取消账户监管、定位在自由港的功能上

---

① 盛宝富、陈瑛：《英属维尔京群岛及开曼群岛自由贸易区》，《国际市场》2014年第2期。

② Naborough, C., Regulating Cayman Island Mutual Funds, *International Financial Law Review*, 1993, 12 (8): 32-33. 转引自丛彦国《开曼群岛基金监管法律制度解析》，《天津商业大学学报》2015年第2期。

③ 荆莲：《热恋英属维尔京群岛的神秘理由》，《大经贸》2004年第5期。

④ 曾颂、宋佳燕：《BVI亚洲办事处负责人Elise：英属维尔京群岛不是金融“法外之地”》，《21世纪经济报道》2015年6月4日，第011版。

进行相关的金融监管创新、突破制度瓶颈。

客观上，上海自贸区一旦打造自由港，就形成了“第二个香港”。这或许会增加香港的竞争压力，但是从全国来看是有利的。首先，大量的国内企业就可以直接在上海的自由港注册了，即可以享受税收和金融开放的待遇；其次，一些与上海有贸易往来的国外企业也不用绕道香港了，节省了这些企业的时间和成本。这有利于中国的对外开放和国际化。同时，建设自由港对于上海建设国际金融中心也是至关重要的。放开了金融管制，才能激发金融创新，才能吸引国际金融机构和资本。从而，促进国际金融中心和深水港的功能相叠加，带来大量的资金流、贸易流、高端人才，提速上海的四个中心的建设。

参考文献

周汉民：《上海自贸区建设迈向崇高目标》，《文汇报》2016 年 9 月 29 日，第 005 版。

杜恂诚：《近代以来沪港成为国际金融中心的启示》，《社会科学》2008 年第 11 期。

裴长洪：《中国自贸试验区金融改革进展与前瞻》，《金融论坛》2015 年第 8 期。

陈胜：《上海自贸区金融监管如何创新》，《法人》2013 年第 10 期。

廖凡：《自贸区建设要与顶层设计相协调》，《经济参考报》2015 年 2 月 13 日。

高雪菲、赵超：《上海自贸区金融创新监管体系初探》，《金融经济》2014 年第 20 期。

贺小勇：《TPP 视野下上海自贸区的法治思维与问题》，《国际商务研究》2014 年第 4 期。

徐晨杰：《上海自贸区金融监管现状及几点建议》，《品牌》2015 年第 9 期。

王茜、张继：《我国金融服务业的开放与法律监管问题研究——基于上海自贸区的分析》，《上海对外经贸大学学报》2014 年第 3 期。

中国高技术产业发展促进会知识产权战略研究课题组：《我国的综合性离岸金融中心部署战略几点思考》，《科技促进发展》2014 年第 2 期。

盛宝富、陈瑛：《英属维尔京群岛及开曼群岛自由贸易区》，《国际市场》2014 年第 2 期。

王冠、孙璐璐：《加快资产证券化立法：厘清现存法律冲突》，《21 世纪经济报道》2014 年 4 月 21 日，第 031 版。

B.5
上海自贸区投资管理制度的创新实践

王 畅*

摘 要： 在全球经济治理模式转型和国际投资贸易规则重构的新形势下，投资管理创新是全面提高开放型经济水平的必要举措。作为上海自贸区制度创新的重要环节，经过三年自贸区的试验，投资管理制度创新在外商投资负面清单管理、境外投资管理改革、服务业制造业扩大开放、商事制度改革深化等方面取得了一定的经验。尽管投资管理体制改革仍面临顶层设计有待进一步深化、改革试点任务推进待进一步增强、服务业开放力度待进一步加大等问题，但上海建设“四个中心”建设、“双自联动”和科创中心建设、对接系列国家战略为制度改革创新提供了前所未有的机遇，上海自贸区的投资管理制度改革的先行先试的成果势必在构建开放型经济体系的进程中大有作为。

关键词： 上海自贸区 投资管理制度 负面清单

一 上海自贸区投资管理制度创新的战略背景

（一）投资管理创新是全面提高开放型经济水平的必要举措

当前世界经济仍处于“后危机”时代的阵痛期和转型期，发达国家和

* 王畅，硕士，中共浦东新区区委党校教学处教师，主要研究方向为“一带一路”战略、人文外交、浦东区情。

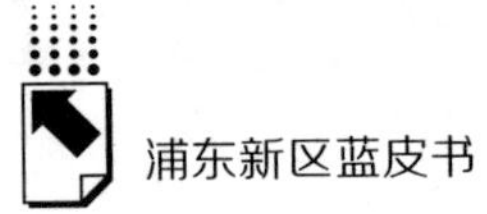

发展中国家的国际力量对比随着全球治理体系的深刻变革而趋于平衡，但是，传统的多边贸易体制正在遭受区域性高标准的自由贸易体制挑战，如美国等西方国家主导的 TPP、TTIP 等正在构建国际投资贸易新的规则体系，使得中国从既有的外向型经济转轨为构建开放型经济新体制的议程日趋紧迫，统筹国内国际两个大局、利用国际国内两个市场的重要性更加凸显。

传统外向型经济以出口为导向，一国往往展开赶超型的对外开放战略。在外向型经济体制中，全球性的生产和消费活动产生分离，而政府推动是其主要动力，依托低成本、廉价劳动力来发挥出口的规模经济和范围经济优势。但是在对外开放新格局中，开放型经济体制更多强调参与性，经济增长的主要动力转变为企业推动，一国依托体制机制的改革创新来占据全球价值链的中高端，从而拓展价值链的增值空间。在新的全球经济治理大背景下，开放型经济已经成为各国的主流选择。

在市场配置资源的机制要求下，为实现国际国内两种要素有序自由流动、资源在全球范围内高效配置、国际国内两个市场深度融合的目标，就必须率先对投资管理的相关体制机制进行改革，从而逐步淡化内资和外资企业的身份差异，提供主题和标准基本统一、各方公平竞争的投资制度环境，因此，聚焦“引进来”和“走出去”的投资管理制度的创新，具有不言自明的重要意义。2015 年 9 月，中共中央、国务院出台《关于构建开放型经济新体制的若干意见》，在创新外商管理体制和建立促进“走出去”战略的新体制等方面进行了投资管理的顶层设计，其中诸多条款源自对自贸区先行先试经验的阶段性总结，对上海自贸区投资管理制度进一步创新探索具有重要的指导意义。2016 年 3 月，《中华人民共和国国民经济和社会发展第十三个五年规划纲要》第十一篇指出“完善法治化、国际化、便利化的营商环境，健全有利于合作共赢、同国际投资贸易规则相适应的体制机制”①，分别对营造优良的营商环境和完善境外投资管理体制进行了顶层设计。

---

① 《中华人民共和国国民经济和社会发展第十三个五年规划纲要》，新华网，2016 年 3 月 17 日。

（二）投资管理制度创新是上海自贸区制度创新的重要环节

中国（上海）自由贸易试验区的关键词之一在于“试验”，肩负着“以开放倒逼改革”的战略使命，在构建开放型经济新体制的背景下，其作为深化改革和扩大开放的试点，意义不仅关乎上海建设“四个中心”、科创中心和全球城市，更是中国打造经济升级版的缩影，代表中国参与新一轮的国际劳动分工和经济竞争的先行者和排头兵。

上海自贸区是我国自贸试验区的 1.0 版本，其先行先试主要表现为“一个核心、两个结合、五大任务”。“一个核心”是指制度创新，即投资、贸易、金融、政府管理四个重点领域的制度创新，分别探索：①以负面清单为核心的投资管理制度；②以贸易便利化为重点的贸易监管制度；③以资本项目可兑换和金融服务业开放为目标的金融创新制度；④以政府职能转变为核心的事中事后监管制度。通过这四项制度的先行先试，为全面深化改革和扩大开放探索新途径、积累新经验。“两个结合”是：上海自贸区是世界上通行的自由贸易园区（FTZ）和制度创新的结合体。“五大任务”则是按照《中国（上海）自由贸易试验区总体方案》的规定，在加快政府职能转变、扩大投资领域的开放、推进贸易方式转变、深化金融领域的开放创新和完善法制领域的制度保障等五大领域把体制改革同扩大开放相结合，以形成与国际投资及国际贸易通行规则相衔接的基本制度框架。其中，在投资管理制度方面，上海自贸区的重点是提高投资便利化水平，其落脚点是探索落实“准入前国民待遇加负面清单”的外商投资管理制度和构筑对外投资服务促进体系的境外投资管理制度。上海自贸区对扩大投资领域开放的制度设计涵盖进一步扩大服务业开放、探索建立负面清单管理模式和构筑对外投资服务促进体系等三个方面。

投资管理制度创新作为自贸区制度创新的一个重要环节，对于占市场经济主体地位的企业来说，无疑降低了其创新创业的制度门槛和准入条件，促进了资本等多项要素的自由流动，有利于打造投资便利化的营商环境。通过上海自贸区的先试先行、制度创新，逐步将其“大胆闯、大胆试、自主改”

的探索经验复制、推广到全国其他自贸区，更好地发挥示范引领、服务全国的积极作用。

二　上海自贸区投资管理制度创新的亮点

2015 年，上海自贸区扩区至 120.72 平方公里，迎来了上海自贸区“2.0 时代”。扩区纲领《进一步深化中国（上海）自由贸易试验区改革开放方案》在投资管理制度创新方面，对关于构建深化与扩大开放相适应的投资管理制度创新部署了新的要求：一是进一步扩大服务业和制造业等领域开放；二是推进外商投资和境外投资管理制度改革；三是深化商事登记制度改革；四是完善企业准入“单一窗口”制度。上海自贸区成立三年以来，在投资管理制度创新方面进行了多项有益尝试，例如在投资促进方面，对外商投资实行负面清单管理模式，对境外投资实行备案制；在投资保护方面，投资者可以申请行政复议、行政诉讼和商事纠纷解决机制；在投资规制方面，实行注册资本认缴制、先照后证、安全审查和反垄断审查、知识产权保护、企业年度报告公示、信用信息制度等。具体亮点表现在以下三个方面。

（一）形成外商投资负面清单管理模式

我国的外商投资管理体制在自贸区的负面清单出台之前，法律上基于《中华人民共和国外资企业法》《中华人民共和国中外合资经营企业法》《中华人民共和国中外合作经营企业法》（即“外资三法”）的规定，除了相关法规外，我国对外商投资准入的管制主要依据《外商投资产业指导目录》（2011 年修订）（以下简称《目录》）。《目录》将外商投资市场准入划分为鼓励类（正面清单）、限制类（居于正面与负面清单之间）、禁止类（负面清单），使其模糊了主导原则的界限，无法明确定性到底是正面清单还是负面清单。但是国务院的《指导外商投资方向规定》（2002 年）指出“外商投资项目分为鼓励、允许、限制和禁止四类”。那些不属于鼓励类、限制类和禁止类的外商投资项目，为允许类外商投资项目，它不列入《外商投资产业指导目录》，仅就这一规定来看，它倾向于“法无明文规定即许可”的“白名单”解释逻辑。上海自贸区在外商投资管理制度上的创新聚焦在以下三方面。

1. 外商投资准入前国民待遇

在国际投资法中，国民待遇并非国际习惯法，而是一项以条约为基础的义务。我国对外资企业实行国内待遇的内容包括投资领域、开业权与开业条件、企业获得生产要素的条件、企业经营活动中享有的各方待遇、企业投资者权利保障待遇等几个方面①。按照其投资阶段分为准入前国民待遇和准入后国民待遇两大类。是否给予准入前国民待遇是传统投资体制的控制模式与开放投资体制的自由模式的显著差别（见表1）。

表1　国民待遇标准的分类及特征

国民待遇标准		特征
准入前国民待遇	有限的	东道国保留较大的自由裁量权
	无限的	适用法律上和事实上的国民待遇，除对国际经济至为重要的特定产业或幼稚产业予以例外保护
准入后国民待遇	有限的	选择正面清单：除非经东道国特别同意，其产业和活动在准入阶段不适用国民待遇原则，外国投资者在清单内可享有国民待遇
	全面的	选择负面清单：东道国保留对清单内的产业或措施制定不符国民待遇原则的权限

资料来源：王海峰，《外商投资准入国民待遇和负面清单模式研究》，《中国（上海）自由贸易试验区建设（干部读本）》，第95页。

区域经济贸易合作往往构建于区域经贸合作协定机制的基础上，而投资自由化在区域经贸协定中占有重要地位，它是深化各个成员之间经济、贸易、金融联系与促进区域打造经济一体化的重要途径。纵观世界版图诸多区域贸易协定可以发现，越是区域一体化程度较高的协定，越倾向于追求制定更高水平的投资规则，而投资准入上有更宽泛的国民待遇就是其中表现之

① 杜贤中、许望武主编《中国外资企业管理》，北京大学出版社，2003。

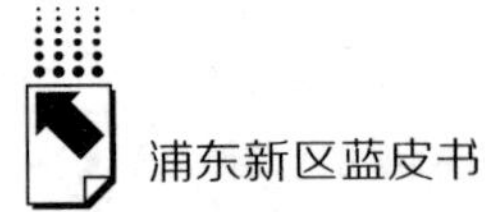

一。我国特殊的历史发展路径决定了在市场准入方面，一直以来更多带有行政许可色彩，而不是完全意义上的自由化机制。目前，我国在外交上进行双边或多边投资协定谈判时，诸多发达国家乃至发展中国家往往要求在外资准入方面采取“负面清单”的方式来促进投资自由化。而且就国内市场经济发展和改革开放深化的态势来看，政府进一步放宽管制、逐步减少对民营企业和外资企业的准入限制是促进公平竞争的大势所趋。上海自贸区的“先行先试”无疑将政府对市场的干预程度降到最低，从而在根本上保证市场准入的自由化。《自贸区管理办法》第 10 条规定：“自贸试验区根据《中国（上海）自由贸易试验区总体方案》，在金融服务、航运服务、商贸服务、专业服务、文化服务和社会服务等领域扩大开放，暂停或者取消投资者资质要求、股比限制、经营范围限制等准入限制措施。”除了服务业外，2015 年上海自贸区扩区将开放领域增至制造业，旨在营造有利于各类投资者平等准入的市场环境。

2. 负面清单管理

对外商投资实行准入前国民待遇和负面清单是目前以《北美自由贸易协定》（NAFTA）为代表的国际通行规则，对市场开放程度的要求更高，也是我国传统外商投资管理模式亟待改革的地方。上海自贸区率先探索外商投资的外资准入特别管理措施，即负面清单制度。这一创新制度实施的目的，一方面是减少和取消对外商投资准入的限制，另一方面意在提高开放度和透明度。上海自贸区的负面清单制定借鉴国际通行规则，实行更加积极主动开放的管理举措。对比“正面清单”，虽一字之差，却蕴含着管理理念的根本转变。两者区别如表 2 所示。

表 2　正面清单与负面清单的区别

类目	国民待遇义务水平	例外安排设置的难易程度	透明度	对政府执政水平和执政能力的要求
正面清单	低	易	低	低
负面清单	高	难	高	高

对市场主体来说，负面清单无疑为企业提供了一个“法无禁止皆可为”的法治、公平、开放的营商环境。企业投资将更多基于对市场发展的研判，而非跟着政府的产业指导目录和产业优惠目录“指挥棒”打转。同时，划定禁区之后，比起之前的投资审批制度可以提供给企业更为明确的预期，释放了企业投资的活力、拓展了企业发展的空间。

上海自贸区近三年来，负面清单管理模式在探索中不断升级，负面清单从2013第一版涵盖国民经济18个行业门类，涉及89个大类、419个中类和1069个小类的190条，缩减到第三版15个行业门类50大类的122条，清单中不断“瘦身”（见表3）显示出负面清单的调整是一个动态发展的过程，新版清单的出台，较之旧版有以下特点：一是分类方式调整不仅是简单的删减，更是“合并同类项”的操作；二是开放度逐渐提高，不断有实质性取消和实质性放宽的条款；三是更注重内外资的一致性，内外资更加一视同仁；四是措辞减少模糊性表述。可以说，负面清单逐渐扩展与国际接轨的范围，大幅增强了市场准入的透明度，提高了投资便利化和规范化水平。

表3　上海自贸区负面清单政策三年对比

负面清单	第一版	第二版	第三版
政策名称	中国(上海)自由贸易试验区外商投资准入特别管理措施(负面清单)(2013年)	中国(上海)自由贸易试验区外商投资准入特别管理措施(负面清单)(2014年修订)	自由贸易试验区外商投资准入特别管理措施(负面清单)
颁布时间	2013年9月29日	2014年6月30日	2015年4月8日
颁发主体	上海市人民政府	上海市人民政府	国务院
适用范围	上海自贸区	上海自贸区	上海自贸区、天津自贸区、广东自贸区、福建自贸区
条款数量	190条	139条	122条

3. 清单外实施备案制

根据“总体方案”的部署，上海自贸区外商投资管理模式的改革，在负面清单之外的领域，按照内外资一致的原则，将外商投资项目由核准制改为备案制（国务院规定对国内投资项目保留核准的除外），由上海市负责办理。上海自贸区的设立，就是要给市场主体一个平等竞争的机会，使各市场主体具有平等的关系形态，负面清单所列举的事项，是对外商投资主体的限制，但是在负面清单之外，外商投资主体与我国的市场主体具有平等的关系形态①。

同时，外商投资企业合同章程审批改为由上海市负责备案管理，备案后按国际有关规定办理相关手续。备案管理对政府事中、事后监管的要求更高。传统的外资审批制属于事前管理范畴，即需要对投资主体资格、投资金额、投资方式、投资领域行业、公司合同章程等合法性进行审查认可；与此不同，负面清单模式下的备案制需要掌握投资主体资格、投资领域行业等基本信息，但同时具备高效稳定的信息共享平台和综合监管机制来完善事中、事后监管，如此依法合规经营的主体责任回归到外资企业本身，政府则更加着力于加强信用监管和营造公平竞争的营商环境。

自上海自贸区在负面清单外实施备案制之后，外商投资办理时间由 8 个工作日缩减到 1 个工作日，超过 90% 的投资项目均以备案方式新设，无须再审批，新设企业中的外资企业占比从设立初的 5% 上升到近一年来的 20%。同时，积极推进适用于各类市场主体的市场准入负面清单试点。实践证明，市场准入门槛在不断降低，投资便利度得到明显提升。

（二）进行境外投资管理改革

1. 项目核准改备案制为主

国家发改委 2014 年第 9 号令发布《境外投资项目核准和备案管理办法》，是对原有 2004 年第 21 号令《境外投资项目暂行管理办法》（已废止）的巨大变革，确立了发改委对中国企业境外投资项目以备案为主的管理方式，同时下放备案管理权限，极大地简化了备案程序。其中，自贸试验区的先行先试无疑为政策的改革提供了压力测试的土壤，这些积极的变化将有利

① 张淑芳：《负面清单管理模式的法治精神解读》，《政治与法律》2014 年第 2 期。

于解决境内审批程序与境外交易时间表之间的冲突，并在一定程度上解决境内审批给境外交易所带来的不确定性问题，从而给中国企业进行境外投资带来极大的便利。

目前，境外投资备案事项已经下放到自贸试验区受理，试验区外的浦东新区境外投资项目下放至浦东新区受理，可确保在 3 个工作日内完成备案。上海自贸区境外投资备案制度的推进有三个重要时间节点。第一，2013 年 9 月上海自贸区成立后，企业境外投资备案由市商务委委托下放至自贸区管委会。管委会可以独立完成备案，打印《企业境外投资证书》，办理时限为 5 个工作日。浦东新区以外的全市其他行政区域仍按照区级初查后，转报市商务委备案的形式进行。第二，发改委 2014 年 9 号令明确，“对涉及敏感国家和地区、敏感行业之外的境外投资项目，中央管理企业实施的境外投资项目、地方企业实施的中方投资额 3 亿美元及以上境外投资项目，由国家发展改革委备案；地方企业实施的中方投资额 3 亿美元以下境外投资项目，由各省、自治区、直辖市及计划单列市和新疆生产建设兵团等省级政府投资主管部门备案”①。2015 年 4 月，扩区后境外投资备案区域也扩展到扩区区域，市商务委委托浦东新区商务委对扩区区域内企业境外投资进行备案。新区商务委在市民中心新设 9 号窗口，专门用于受理企业境外投资备案的咨询、纸质材料受理和发证工作。办理时限从 3 ~ 6 个月缩短至 3 个工作日。第三，2015 年 10 月，上海市人民政府发布《上海市人民政府关于下放浦东新区一批行政审批的决定》（沪府发〔2005〕56 号），将企业境外投资备案委托下放给新区商务委，备案范围也扩大到整个浦东新区内的企业。这些改革措施使得上海自贸区成为国内企业“走出去”的桥头堡，根据上海自贸区管委会的统计，截至 2016 年 4 月底，累计办结境外投资项目 1047 个，中方投资额累计达到 375 亿美元。截至 2016 年 6 月底，上海自贸区累计办结境外投资备案 1262 项，备案中方对外投资额近 431 亿美元。仅 2016 年前两季度，区内办理备案就达 443 项，备案中方对外投资额近 156 亿美元，同比增长 76%。

---

① 《境外投资项目核准和备案管理办法》（国家发改委 2014 年第 9 号令）。

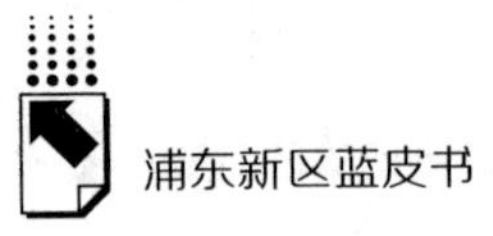

2. 打造境外投资服务平台

中国（上海）自贸试验区境外投资已从设立之初以投资管理体制改革为核心的1.0版本、以金融改革为核心的2.0版本，向以构建境外投资管理服务链为核心的3.0版本迈进。上海自贸区于2014年9月2日启动“中国（上海）自由贸易试验区境外投资服务平台”（www. shftz. cn），由自贸试验区管委会委托上海外联发商务咨询有限公司负责建设并开展日常运营，其业务职能与功能涵盖了综合咨询、投资区域介绍、投资行业分析、投资项目沟通、境外投资备案、境外投资专业服务等多个方面，为中国企业和个人“走出去”提供高效、专业、便捷的“一站式”服务。其中，最为突出的有四大亮点。

亮点一是在线备案、实时跟踪。用户可以足不出户，就能网上填写并提交境外投资备案申请，并可实时追踪备案的办理进程；同时，平台配备专业人员提供备案咨询和辅导，极大地提升了用户使用平台的便捷性和体验度。

亮点二是交互关联、信息共享。用户经由首页的世界地图点击进入其关注的投资国，即可浏览涉及该国的所有信息。平台通过信息交互关联设计，有效扩展用户的浏览视野，充分发挥和展现平台各类信息的共享作用。

亮点三是投资指南、全程指导。平台按照投资生命周期理论，将境外投资分为六个阶段。根据各阶段的不同特点，指导投资者加强规划和统筹，促进企业提高自主决策水平，并有效防范和控制风险。

亮点四是资源整合、个性服务。平台二期即将推出一项特色功能，即用户可向任意平台服务机构发出需求征询，服务机构据此为用户量身定制专业的服务方案。该功能整合服务机构的优势资源，以集约化的服务机制、专业化的服务水平、高标准的服务质量，为投资者提供个性化服务。

2015年4月，上海自贸试验区正式扩区后，平台也积极拓展服务范围，全面对接陆家嘴金融片区、金桥加工片区、张江高科技片区等扩区后的企业，让扩展区域的投资者也能享受到平台的一站式服务。服务企业数量从原来28.78平方公里内的2.8万家增加到了120.72平方公里内的5.8万家。

上海市工商局自贸区分局的数据显示，新设企业也在迅速增加，截至8月，2016年上海自贸区新设企业11186户，注册资本（金）总量为6976.6亿元。

3. 集中资源成立境外投资服务联盟

伴随着中国（上海）自由贸易试验区内境外投资的迅猛增长，跨境投资的服务平台再添新军。2015年9月28日，中国（上海）自由贸易试验区、浦东新区对外投资服务产业联盟由上海外联发商务咨询有限公司、上海易界云软件有限公司、上海长盈股权投资管理中心（有限合伙）、上海第一财经报业有限公司、海际金控有限公司、灏飞信息科技（上海）有限公司共同发起成立。

对外投资服务联盟是境外投资服务平台的升级版，为企业提供融合线上线下的全生命周期服务体系，助力跨境投资的功能再提升。它以“中国（上海）自由贸易试验区境外投资服务平台”为依托，着力为企业提供“事前、事中、事后”全程配套服务，并朝着平台功能不断拓展、资本项目多元对接、积极配合国家战略等三个方向发展。各方将共同推进境外投资项目库、资金库、信息库的建设，实现跨境投资全链条的信息共享、协力推进。

上海自贸区境外投资服务联盟将打造境外投资公共服务平台，整合律师事务所、会计师事务所、咨询机构、评估机构、融资服务机构等各类专业服务力量，推进境外投资项目库、资金库、信息库的建设，实现政府、中介结构与企业的有效链接与信息共享，打造全国领先、与国际接轨的境外投资全过程服务链。截至2015年9月，平台集聚的专业服务合作机构有30家，其中包括为境外投资企业提供金融支持的银行、为境外投资企业提供法律支持的律师事务所、为境外投资企业提供财税支持的会计师事务所、为境外投资企业提供风险承保支持的保险机构等。此外，平台合作的投资促进机构达12家，包括大韩贸易投资振兴公社、日本贸易振兴机构等。平台和联盟无疑是上海自贸区构筑对外投资服务促进体系的两个重要抓手，体现了政府职能转向服务型的必然要求。

（三）商事制度改革不断深化

上海自贸区率先探索实践商事登记制度的改革创新，为降低企业准入门槛、提升投资便利化程度打造了更便捷、高效、公平的营商环境。在自贸区试验之前，“强审批、弱监管，重事前准入、轻事中事后监管和服务”是我国工商行政管理的状况。2013 年 10 月 22 日，《关于中国（上海）自由贸易试验区内企业登记管理的规定》由上海市工商局发布，开始了在商事登记制度的改革。2013 年 10 月 25 日，国务院常务会议上，李克强总理主持并部署若干改革事项的推进，其中包括公司注册资本登记制度改革这一议程。党的十八届三中全会审议通过的《中共中央关于全面深化改革若干重大问题的决定》指出，“实行统一的市场准入制度，在制定负面清单基础上，各类市场主体可依法平等进入清单之外领域。探索对外商投资实行准入前国民待遇加负面清单的管理模式。推进工商注册制度便利化，削减资质认定项目，由先证后照改为先照后证，把注册资本实缴登记制逐步改为认缴登记制。推进国内贸易流通体制改革，建设法治化营商环境”①。2013 年 12 月 28 日，我国修改《公司法》，改革公司注册资本登记制度。2014 年 2 月 19 日，国务院公布《关于废止和修改部分行政法规的决定》，进一步推进商事登记制度改革。2014 年 6 月初，国务院常务会议针对清理和压缩工商登记现有前置审批事项进行部署，逐步由“先证后照”改为“先照后证”。至此，我国商事登记制度已逐步在全国铺开②。

上海自贸区推进商事登记制度改革的举措主要有以下几点。

1. 从市民中心“一门式”办理到单一窗口“一口式”办理

2013 年 10 月 1 日，中国（上海）自由贸易试验区企业准入“单一窗口”正式上线，通过自贸试验区网上服务平台连通互联网和各部门业务网，实现电子信息的实时推送和共享，大幅缩短了企业在准入阶段的办事时间，是自

---

① 《中共中央关于全面深化改革若干重大问题的决定》，人民出版社。

② 杨峰：《商事登记改革》，中国社会科学网，2014 年 9 月 3 日。

贸试验区投资管理制度改革的重要内容之一。2014 年 12 月 21 日，国务院《关于推广中国（上海）自由贸易试验区可复制改革试点经营的通知》中将企业准入“单一窗口”列为可复制推广的改革事项之一。2015 年自贸区扩区后，还推行了“单一窗口”服务模式由企业主体资格的注册登记向进出口经营资质的备案登记延伸，还将企业设立时的共性办事事项（印铸刻字准许证、法人一证通）纳入其中，大大简化了办事流程，缩短了办事时限①。

2. 从注册资本实缴制到认缴制

上海自贸区内率先试行注册资本认缴登记制，这一先行先试的举措推进了国务院关于注册资本登记制度改革方案的出台，其亮点在于除了法律和行政法规规定的对公司有明确的注册资本实缴要求的之外，其他公司试行注册资本认缴登记制。试行认缴登记制后，工商部门不再像过去那样登记公司的实收资本，而是转为登记公司全体股东、发起人认缴的注册资本或认购的股本总额（即公司注册资本）。自贸区内同时还创新试验放宽注册资本登记条件，这一先行先试的制度最后也体现在国务院的相关文件中，《国务院关于印发〈注册资本登记制度改革方案〉的通知》中规定“除法律、行政法规、国务院决定对特定行业注册资本最低限额另有规定的外，取消有限责任公司最低注册资本 3 万元、一人有限责任公司最低注册资本 10 万元、股份有限公司最低注册资本 500 万元的规定；不再限制公司设立时全体股东（发起人）的首次出资额及比例；不再限制公司全体股东（发起人）的货币出资金额占注册资本的比例；不再规定公司股东（发起人）缴足出资的期限”。②这一改革进程推进了 2014 年 3 月 1 日正式实施新《公司法》的出台，“认缴”并没有弱化出资人应履行的出资义务，也不是要免除公司注册资本，更不是要转化公司对第三人的承诺或者忽视企业发展的社会责任。这要求公司的股东（发起人）在认缴出资时要充分考虑到自身的投资能力，理性地做出认缴承诺。

---

① 《上海自贸区保税区域启动企业准入“单一窗口”》，凤凰财经，2015 年 11 月 12 日。

② 《国务院关于印发〈注册资本登记制度改革方案〉的通知》（国发〔2014〕7 号），http://www.gov.cn/xxgk/pub/govpublic/mrlm/201402/t20140218_66641.html。

3. 从年检制改为年报公示制度

上海自贸试验区内也率先试行了企业年度检验制度变为企业年度报告公示制度，这一改革推进了2014年2月7日国务院《注册资本登记制度改革方案》的出台。“企业应当按年度在规定的期限内，通过市场主体信用信息公示系统向工商行政管理机关报送年度报告，并向社会公示，任何单位和个人均可查询。企业年度报告的主要内容应包括公司股东（发起人）缴纳出资情况、资产状况等，企业对年度报告的真实性、合法性负责，工商行政管理机关可以对企业年度报告公示内容进行抽查。经检查发现企业年度报告隐瞒真实情况、弄虚作假的，工商行政管理机关依法予以处罚，并将企业法定代表人、负责人等信息通报公安、财政、海关、税务等有关部门”①，即“一处违法，处处受限”。

4. 从三证联办到七证联办、“三证合一”、“一照一码”

上海自贸区率先在外资准入上实行“一口受理”，同时工商营业执照、机构代码证和税务登记证“三证联办”的办理模式为“一表通用、一窗受理、并联审批、三证同发、档案共享”。通过开展外资企业登记“五证联办”到“七证联办”试点，最终实现“三证合一”。所谓“三证合一”，是指原有的企业注册申请过程分别经过工商部门、质监部门、税务部门三家单位分别核发证照，转变为现在营业执照仅仅由工商部门一次性核发，业务流程实行“一次申请、一口受理、一套材料、一表登记”。2015年6月17日，《法人和其他组织统一社会信用代码制度建设总体方案》也正式对外公布。这一方案是推动社会信用体系建设的一项重要改革措施，也是进一步深化商事制度改革，实现“三证合一”“一照一码”的基础和前提。正如国家工商总局副局长刘玉亭表示，“一照一码”是真正意义上的“三证合一”，“照”就是营业执照，“码”是统一的社会信用代码。“一照一码”将极大地推动企业设立便利化，并将会带来监管等各环节的便利化。

---

① 《国务院关于印发〈注册资本登记制度改革方案〉的通知》（国发〔2014〕7号），2014年2月18日。

5. 从“一址一照”到“一址多照”集中登记

在企业注册的物理空间上，浦东已经在自贸区内先行先试“集中登记制度”，对无须前置审批并符合条件的企业，允许在企业营业执照上，加载其他企业经营地址，免于分支机构登记①。“一址多照”突破了以往一个地址只能登记一家市场主体的限制，既免去企业管理多个证照的麻烦，又有助于整合分支机构资源，实现企业规模化发展，为个体工商户、小微企业、大学生创业提供了便利。

6. 从“先证后照”到“先照后证”

根据相关政策，上海自贸区率先试行“先照后证”登记制，除特殊规定（包括法律、行政法规、国务院决定等）的企业登记前置许可事项以外。“试验区内企业向工商部门申请登记、取得营业执照后即可从事一般生产经营活动；经营项目涉及企业登记前置许可事项的，在取得许可证或者批准文件后，向工商部门申领营业执照；申请从事其他许可经营项目的，应当在领取营业执照及许可证或者批准文件后，方可从事经营活动。”② 上海自贸区率先在2015年1月推出了“先照后证”的12项改革措施，此后也已在全国推广。这可谓是商事制度改革的2.0版本，进一步明确了商事主体权利，把商事主体和经营主体分离。

7. “证照分离”改革稳步推进

目前，浦东新区自主推进461项区级行政审批事项改革，如表4所示。

表4　浦东新区自主推进区级改革事项

单位：项

取消审批	审批改备案	告知承诺	提高透明度和可预期性	加强准入管理	总计
38	55	93	194	81	461

资料来源：上海自贸区管委会。

① 包永婷：《浦东推进市场登记制度改革“一址多照”拓展创新发展空间》，《浦东时报》2015年6月4日。

② 《国家工商总局出台意见支持中国（上海）自由贸易试验区建设》，《中国工商报》2013年10月8日。

2015 年 12 月国务院决定深化“先照后证”改革，在浦东新区开展“证照分离”试点，着力缓解办证难，激发“大众创业、万众创新”的市场活力，批复同意《上海市开展“证照分离”改革试点总体方案》。共涉及 116 项行政许可事项，其中根据许可事项的不同，推进试点的种类划分为 5 种具体情况。第一类是取消审批的事项：包括设立可录光盘生产企业审批、户外广告登记等 10 项行政许可事项。第二类是取消审批改为备案的事项：包括加工贸易合同审批、营业性棋牌室设立许可等 6 项行政许可事项。第三类是简化审批、实行告知承诺制的事项：包括机动车维修经营许可、设立外商投资电影院许可等 26 项行政许可事项。第四类是提高审批的透明度和可预期性的事项：包括国际船舶管理业务经营审批、道路客运及货运经营许可证核发等 41 项行政许可事项。第五类是对涉及公共安全等特定活动，加强市场准入管理的事项：包括设立经营性互联网文化单位审批、开办药品生产企业审批等 33 项行政许可事项（见表 5）。同时，还加强协同监管、分类监管、自律监管、社会监督和动态监管的有机统一，强化全过程监管，以切实提升监管效能。

表 5　国务院批准浦东新区改革事项

单位：项

取消审批	审批改备案	告知承诺	提高透明度和可预期性	加强准入管理	总计
10	6	26	41	33	116

资料来源：上海自贸区管委会。

三　上海自贸区制度创新的下一步展望

（一）改革试点任务推进难度进一步增强

上海自贸区先行先试三年以来，尽管在投资管理制度、贸易监管制度、金融创新制度、事中事后监管制度等多方面取得了创新性、突破性的进展，但是对市场主体，尤其是民营企业及创业企业来说，它们对政策的“获得感”并不强。自贸区内企业对制度的感知力不强，故而在实际操作中仍然突破不了发展的瓶颈，尚未达到自贸区建立之前我们预期的发展效果。因此，对改革试点任务还需进一步推进，在打破固有“政策洼地”思维局限之余，继续不断探索自贸区改革的各项制度的创新，真正实现“制度高地”。

投资管理体制改革还面临顶层设计需进一步深化的问题，仅就负面清单来说，在与国际分类标准衔接上、与国家部委文件整合上还有进一步完善的空间。国际上对外商准入的自由贸易协定主要针对服务业开放，大多采用世界贸易组织《服务部门分类清单》（GNS/W/120）或者《联合国临时中心产品分类目录》（CPC）分类法，与我国《国民经济行业分类》的标准并不相同。另外，负面清单作为地方政府的规章，是否能够调整中央部委既有的管理措施，存在法律上的障碍。如果要完善负面清单，不但要理清负面清单与国家部委条例或意见之间的关系，确立负面清单的权威性和解释力，还需要衔接现行的配套行政管理体系①。

正如习近平同志所说，“目前中国改革已经进入攻坚期和深水区，我们将以壮士断腕的勇气、凤凰涅槃的决心，敢于向积存多年的顽瘴痼疾开刀，敢于触及深层次利益关系和矛盾，把改革进行到底”。为进一步“激发市场活力、释放改革潜力、促进协调发展，我们将继续创新体制机制、突破利益固化藩篱，全面推进依法治国，更好发挥市场在资源配置中的决定性作用，更好发挥政府作用”。② 自贸区作为国家的试验田的地位再一次凸显，它绝非地方政府的自留地，因此在涉及深化改革的进程中更需要提升跨部门改革协同性，这也是目前制约综合配套改革的难点所在。

---

① 任冰：《中国（上海）自由贸易试验区的投资管理制度分析》，硕士学位论文，苏州大学，2015。

② 习近平：《中国发展新起点全球增长新蓝图——在二十国集团工商峰会开幕式上的主旨演讲》，《中国经济周刊》2016年9月12日。

（二）深化“双自联动”、服务全国和地方发展战略

首先，上海自贸区将进一步加强改革创新的各项系统集成，在制度供给方面做文章，为经济转型发展提供高质量的制度创新供给。比如完善企业准入“单一窗口”、深化商事制度改革、名称管理制度改革、开放市场准入负面清单试点都有进一步探索创新的空间，上海自贸区将继续承接国家层面需要试行探索的改革事项，突破单点推进改革事项的“连通一公里”问题。

其次，上海自贸区将为上海“四个中心”建设提供市场活力。2020 年，上海要基本建成国际经济中心、金融中心、贸易中心、航运中心。无论是“总体方案”，还是“扩区方案”，二者均强调自贸区要加强与上海国际经济、金融、贸易、航运中心建设的联动机制。自贸区的制度创新为实现“四个中心”功能提升与弥补短板提供了市场主体活力。

最后，“双自联动”是加快推进具有全球性影响力的科技创新中心建设的切入点。上海自贸区的制度创新将为各类科技创新类企业提供制度平台，使创新型企业可以利用制度创新更好地开展科技创新活动、提升自主创新能力。在促进跨境研发活动便利化、创新资本跨境流动便利化、发挥外资的技术溢出效应、破除制约“四新”产业发展的制度瓶颈等方面均可进行探索有效改革措施，对接企业需求，服务构建体现市场导向、遵循创新规律、符合国际惯例的科技创新体系。

（三）对接国内外战略，助推构建开放型经济体系

上海自贸区的溢出效应在于进一步发挥制度创新功能，发挥国内长江经济带的龙头优势，将引领长三角发展和对接国家“一带一路”战略置于重要地位，全面融入国家对外开放和区域发展新格局，完善对外开放布局，健全对外开放体制机制，提升利用国际国内市场、资源的效率和效益，加快确立在国际经济合作和竞争中的新优势。上海自贸区将进一步加强与其他“3＋7”家自贸试验区的联动协作，发挥其在长江经济带的辐射带动效应和在“一带一路”战略中的支点作用，使国内外地区与经济实现互联互通、

共融共通。

目前，在开放型经济体系的构架下，需要进一步完善以负面清单为核心的投资管理制度和安全审查制度，加快推进金融领域开放创新。在上海自贸区压力测试的范围可以延伸到的竞争中立、知识产权、环境保护、投资者—东道国争端解决机制等“边界内措施”和敏感议题上进行探讨，以契合我国在中美、中欧双边投资协定和区域自贸区创设等重大涉外谈判的需要，增强我国在新一轮国际竞争中的话语权和影响力。

参考文献

杜贤中、许望武主编《中国外资企业管理》，北京大学出版社，2003。

张淑芳：《负面清单管理模式的法治精神解读》，《政治与法律》2014 年第 2 期。

沈开艳、周奇等：《自贸试验区建设与中国经济创新转型发展》，上海社会科学院出版社，2016。

《中华人民共和国国民经济和社会发展第十三个五年规划纲要》，新华网，2016 年 3 月。

《中共中央关于全面深化改革若干重大问题的决定》，人民出版社。

杨峰：《商事登记改革》，中国社会科学网，2014 年 9 月 3 日。

《上海自贸区保税区域启动企业准入“单一窗口”》，凤凰财经，2015 年 11 月 12 日。

包永婷：《浦东推进市场登记制度改革“一址多照”拓展创新发展空间》，《浦东时报》2015 年 6 月 4 日。

任冰：《中国（上海）自由贸易试验区的投资管理制度分析》，硕士学位论文，苏州大学，2015。

习近平：《中国发展新起点全球增长新蓝图——在二十国集团工商峰会开幕式上的主旨演讲》，《中国经济周刊》2016 年 9 月 12 日。

《国务院关于印发〈注册资本登记制度改革方案〉的通知》（国发〔2014〕7 号），2014 年 2 月 18 日。

《国家工商总局出台意见支持中国（上海）自由贸易试验区建设》，《中国工商报》2013 年 10 月 8 日。

B.6

上海“双自联动”政策的形成、成效与趋势分析*

熊玉清　徐全勇**

摘　要：“双自联动”政策是自由贸易试验区的开放倒逼改革政策与国际创新中心建设政策的叠加与联动，它将加速浦东创新资源集聚，便捷高科技产品与原材料进出口，加速创新平台的发展等。政策实施以来短短的一年时间，其初步效应得到较好显现。但是政策协同性、耦合性、内外联动性，以及创新治理体系建设还不够，需要进一步加强政策的细化与完善。

关键词：“双自联动”　自由贸易试验区　科创中心

一　“双自联动”政策的诞生与特点

（一）“双自联动”的诞生

上海张江国家自主创新示范区的前身是经国务院批准的上海高新技术产业开发区，2006 年 3 月，国务院批准更名为上海张江高新技术产业开发区，

---

* 本文是上海市委党校课题“上海市开放式创新平台的网络结构与运行机制”的中期成果之一。

** 熊玉清，中共浦东新区区委党校副教授，主要研究方向为经济学、社会学；徐全勇，经济学博士，中共浦东新区区委党校教学处副处长，副教授，主要研究方向为开放经济。

2011 年 1 月，国务院批准上海张江高新技术产业开发区建设国家自主创新示范区，是全国第三个国家自主创新示范区，其范围包括浦东的张江高科技园区（俗称“小张江”）以及遍布全市的其他 22 个园区，面积达 531 平方公里。为了发挥自主创新示范区的示范引领作用，我国中央政府与地方政府分别对张江自主创新示范区出台了大量鼓励创新的政策，政策的覆盖面十分广泛，具体包括股权和分红激励、科技与成果收益权处置、支持创新的税收激励、科研项目经费管理、科技金融以及创新人才吸引与居留等方面，粗略估计，有关张江自主创新示范区的政策多达上百项①，但是这些政策创新总体表现为底层化、细碎化特征，创新的成效不够突出。

2015 年 4 月，国务院颁布《关于印发〈进一步深化中国（上海）自由贸易试验区改革开放方案〉》（国发〔2015〕21 号），上海自由贸易试验区开始扩区，张江高科技片区（37.2 平方公里）正式被纳入自由贸易试验区范围。2015 年 5 月，上海市市委、市政府审议并通过《关于加快建设具有全球影响力的科技创新中心的意见》，提出了上海建设具有国际影响力的科技创新中心的目标以及具体措施。为了进一步发挥张江自主创新示范区与自由贸易试验区的双重作用（即“双自联动”），2015 年 11 月，上海市政府发布《关于加快推进中国（上海）自由贸易试验区和上海张江国家自主创新示范区联动发展的实施方案》（以下简称“双自联动”方案）。“双自联动”方案提出了张江自主创新示范区的发展目标，到 2020 年要建成“创新环境开放包容、创新主体高度集聚、创新要素自由流动、若干创新成果国际领先的科技城”。到 2030 年要成为“具有全球影响力的创新资源配置中心、创业孵化中心、技术贸易中心、科技创新中心的重要载体和示范区域”。

（二）“双自联动”政策的主要内容与简要特征

“双自联动”方案政策的主要内容分五个方面 18 条具体措施。第一个方面是符合国际惯例的创新型治理体制建设，包括科技创新型企业培育机

① 郭戎等：《国家自主创新示范区科技创新政策评价》，《科技创新导报》2014 年第 15 期。

制，行业准入机制，政府管理体制与社会参与机制。第二个方面是推进创新机构的集聚政策，包括创新企业、产业与创新平台。第三个方面是创新的金融政策，主要是上海自由贸易试验区独特的金融开放政策服务于创新活动。第四个方面是创新的知识产权政策，即促进知识技术的跨境双向流动与保护的国际惯例的建设。第五个方面是创新的人才政策，重点是探索国际接轨的人才跨境流动制度，创建国家级人才改革试验区。

“双自联动”政策最大的特点“联动”，笔者认为“双自联动”是自贸区的开放倒逼改革政策与国际创新中心建设政策的叠加与联动，要找到两者交集与耦合路径，突破自主创新体制机制的难点与重点，从而加快上海国际创新中心的建设。具体来说，发挥自贸区开放倒逼改革的作用，以原有自由贸易区改革开放先行为基础，进一步促进与自主创新有关的金融、贸易、人才以及其他方面的开放改革，一方面通过开放促进与国内自主创新有关的管理与治理机制的完善，建设与国际创新发展趋势相适应的，且有中国特点的制度体系，提高政府在创新方面的治理能力，加快自主创新绩效提高；另一方面面向全球科技创新市场竞争，着眼于全球创新的主体与资源，加快建设上海具有国际影响力的国际创新中心的核心区。

二　“双自联动”政策的机遇分析

（一）负面清单的管理模式将加快创新资源集聚与创新模式的发展

2013 年 9 月，中国上海自由贸易试验区成立之初，就把政府管理体制改革作为最重要的改革之一，《中国（上海）自由贸易试验区总体方案》中把政府管理体制改革作为自由贸易试验区改革的首要任务。2015 年自贸区扩区以后，张江自主创新示范区纳入自贸区的范围，国务院颁布的《进一步深化中国（上海）自由贸易试验区改革开放方案》中，仍然把“推动负面清单制度成为市场准入管理的主要方式”作为自贸区改革的第一项任务。目前负面清单管理模式已经基本成熟，并在全国推广。负面清单的实施

“非禁即入”管理模式以及负面清单内容的不断缩小，将加快各类创新企主体的设立，扩大企业的经营范围，促使创新资源的配置更加市场化，从而促进各类创新主体加速集聚。更有甚的是，与负面清单管理模式相适应的政府管理体制改革将适应创新模式的发展。传统的按行业设立审批与管理机构的体制，在企业开放式创新网络联系日益向跨行业、跨领域渗透发展的情况下，其弊端日益凸显，大量的新业态、新商业模式、新产品、新技术找不到相对应的管理部门，因此负面清单的管理模式有力促进了创新模式的发展。

（二）金融对外开放将解决创新资本的投资瓶颈及助推创新企业总部的设立

中国上海自由贸易试验区的重要改革开放领域是金融的稳步自由化，金融改革的最亮点的地方是自由贸易账户设立，为企业境内外资金的自由流通创设了条件。2014 年 5 月，央行发布《上海自贸区分账核算业务实施细则》和《上海自贸区分账核算业务风险审慎管理细则》，许多金融机构正式启动自由贸易账户业务，为众多的企业开立 FT 账户功能。FT 账户的开设为创新型企业进行跨国资源配置提供了多种渠道，例如，境外低息外币贷款、跨境投融资活动、自贸区企业自主调配境内外资金、实现资本项目可兑换、跨境并购融资、海外投资等。例如，2014 年 8 月，上海腾瑞制药有限公司通过在自贸区内设立的子公司——上海瑞垦投资有限公司，收购了勃林格殷格翰位于弗吉尼亚州的圣彼德斯堡工厂，成为上海自贸区内医疗类创新企业的首次跨境并购。特别值得一提的是，自贸区本外币自由兑换的逐步放松为创新型企业总部发展带来实质性的机遇，即企业总部在全球范围内进行资本的配置，例如，自贸区跨境人民币双向资金池业务的启动，即企业以区内账户为主账户，实现境内人民币资金池与境外人民币资金池内资金的双向流通。以往跨国公司境内外资金的划拨和流动，必须提供用途证明，由金融管理部门逐笔审批，企业对境内外资金的自主调配效率低下。

（三）科技创新平台建设的水平将进一步提高

经过多年的发展，张江自主创新示范区已经成为全国科技创新公共服务平台最多的区域，经认定的科技公共服务平台有 34 家，其中国家级 11 家，上海市级 12 家，新区级 11 家，这些公共服务平台对促进全社会科技创新发挥了基础和引领作用。但是张江的科技公共服务平台还存在国际影响力不够、技术研发的前沿性不强、体制机制运作的灵活性还不够等问题。在“双自联动”的政策中，上海建设具有国际影响力的创新中心的目标将引领创新平台建设的国际化、全球化，一方面中央政府联合地方政府在公共服务平台上的投入加大，以光源一期、蛋白质科学设施、超算中心等重大项目的建设步伐加快；另一方面各类创客空间、创业孵化器将迅速发展，成为推动全社会创新创业的基础力量，创新平台对国际创新资源的国际辐射影响力、集聚力逐渐增强。与此同时，对创新平台、大型公共设备的市场化运行机制的改革力度增大，国有资本、民营资本、外资以及各类混合所有制资本在创新平台建设中共同发力，公共创新平台的良性运转机制不断完善。

（四）科技产品与原材料的国际进出口贸易更加便捷

除了有一般产品的贸易特征以外，科技创新活动与一般的企业生产活动有着显著的差异，科学实验与研发试制过程对全球高科技的产品、原材料、元器件等的品质要求极为苛刻，对交货时间的限制严格，其进出口的海关监管也较为特殊，因此在“双自联动”改革中，加强海关监管体制改革、建立与科技产品与原材料进出口相适应的体制机制成为一项重要的内容。前期，上海自由贸易试验区按照“一线放开”“二线安全高效管住”的原则，推进了贸易便利化改革，重点推进了国际贸易“单一窗口”建设，并且开展了货物状态分类监管试点，为建立与浦东科技创新核心区相适应的、具有区域特色的科技产品贸易监管体制奠定了基础。“双自联动”方案中明确提出，要“加快促进跨境研发活动便利化”建设，不但要在张江开发区、金桥开发区等高新技术企业集中的开发区进行通关便利化制度建设，而且要建设“张江空服中心”，实现一站式通关制度。科技产品与原材料的国际进出口贸易将更加便捷，创新资源的全球化配置活动将更加活跃。

（五）围绕产业创新价值链条的改革将促进重点产业全球价值链升级

产业创新已经不是单一企业、单一产业的事情，波特的竞争力模型指出，生产的要素（包括高级要素与低级要素），以及企业的关联产业与支持产业是支持企业创新与获得竞争力的重要因素，因此从企业的生产与创新的价值链上支持创新，对企业的全球价值链升级具有相当的现实意义。“双自联动”的方案中已经选择了浦东的优势产业，进行了全价值链改革。例如，方案中提出要探索破解集成电路的产业发展瓶颈，“对经认定的集成电路设计、生产、封装测试企业实行全程产业链的电子围网保税监管模式”，将突破长期束缚集成电路产业的税制瓶颈。再如，“开展创新药物上市许可持有人制度试点”，支持医药领域的委托生产（CMO）等组织模式发展，将突破我国现有《药品注册管理办法》涉及药品委托加工的限制性规定，使得许多缺乏 GMP 生产条件，无法直接取得生产批件的中小新药研究企业获得新的机会，并可加快张江高科技园区的许多已经研发产品的试制与生产步伐，可以催生新的生产模式与经营模式，促进产业的价值链整体升级。

三　“双自联动”的实施状况与初步成效

（一）政策措施实施总体顺利

自从上海市市委、市政府出台“双自联动”方案以来，浦东新区区委、区政府出台了《上海建设具有全球影响力的科技创新中心浦东新区行动方案》，张江开发区管理委员会随后制定了《关于开展张江国家自主创新示范区创业示范工程建设的实施意见》，至此“双自联动”形成了完备的政策体系，其目标、任务、思路与主要任务得到了支撑。国家有关部门、上海市政府、上海自贸试验区管委会、浦东新区政府和张江高新区管委会建立了工作推进机制，确立了探索完善高新技术企业和技术先进型服务企业认定管理办法等十大“双自联动”重点改革事项，其中几项已经开始实施：药品上市许可人制度开始试点。2015 年 11 月，全国人大常委会同意授权国务院在部分地方开展药品上市许可持有人制度试点。张江高科技园区成为该制度的试点城市之一，勃林格殷格翰等企业开展首个试点，同时，上海政府出台了药品上市许可持有人制度的风险保障资金实施意见，确保这项制度成功开始运作。国家有关部门已经确定要进一步完善高新技术企业认定办法，浦东新区政府对被认定为张江示范区高新技术企业和技术先进型服务企业的，给予财政扶持、融资支持与上市通道服务支持。张江关检联合服务中心开始运营，科技型通关体制初步形成，张江园区企业的空运进口货物将实现“三个一”，即一次申报、一次查验、一次放行，通关时间有望从原先的 2 ~ 3 天缩短为 6 ~ 10 小时。同时，海关、检验检疫部门将以“中心”为载体，开展预归类、预审价、原产地预确定、征税等系列改革措施，将大大提升贸易便利化水平。集成电路产业保税监管试点全面启动。在国家海关总署的支持下，2011 年，张江启动了以设计企业为龙头的集成电路产业链保税监管试点，2015 年 8 月，张江进一步启动集成电路全产业链保税监管创新试点工作，将保税政策从设计企业延伸到芯片制造企业、封装测试企业等全产业链，集成电路产业在发展过程中面临的产品增值税税负较高的难题将得到解决，我国集成电路这个战略新兴产业将迎来发展的春天。

（二）创新主体加速集聚

2016 年 1 ~ 7 月，中国（上海）自由贸易园区新增内资企业注册数 6886 家，新增内资企业注册资本 4359 亿元，经认定的研发机构达 527 家，发明专利授权数 2729 个，同比增长 86.5%；外资企业也加速向自贸区集聚，2015 年 1 ~ 7 月，自由贸易试验区外商直接投资实际到位资金 36 亿美元，同比增长80.3%。张江高科技园区核心区在地企业数超3000家，实现营业收入3464.19亿元，增长10.9%。其中，第三产业实现营收2268.86亿元，增长10.5%，第三产业占比达65.5%。2015年，园区亿元以上企业营业收入占总量的92.5%。以惠普为首的百亿级企业4家，实现营收569亿元；以罗氏制药为首的十亿级企业59家，实现营收1671亿元；以前锦网络为首的亿元级企业289家，实现营收96亿元。

（三）主导产业与新型产业发展质量稳步提升

生物医药、集成电路等作为园区传统的主导产业，在国内外都有一定的地位与影响力，在“双自联动”政策激励下，产业质量整体得到了提升，生物医药产业已形成从新药探索、药物筛选、药理评估、临床研究、中试放大、注册认证到量产上市的完整产业链。跨国公司加大研发创新的步伐，例如，罗氏制药扩容启动创新中心建设项目；勃林格殷格翰牵手再鼎医药投资CMO生产线，助力研发企业实现产业化。君实生物自主研发中国首个获批临床的PD-1单抗产品，盟科医药自主发明的创新药物MRX-Ⅰ已成功完成二期临床试验，健能隆医药首创新药获美国食品和药品监督管理局批准并启动临床研究。张江药谷已成为浦东甚至全市研发创新的品牌。集成电路产业增长加快，以展讯通信、中芯国际、华虹宏力“三驾马车”为首，与之配套的上下游设计、封装、测试各环节企业，共同携手形成完整产业链，占上海市的半壁江山。龙头企业效益和创新两翼齐飞，作为展讯中高端智能手机单芯片解决方案，SC9860具备高效移动运算性能，支持顶级多媒体配置，将为全球手机消费者带来极致的用户体验；中芯国际将投入21亿美元的资金，提升研发能力，开启28纳米新纪元，2016年预计销售额将增长20%。随着园区开展集成电路全产业链保税监管试点，集成电路产业将持续快速发展。

“互联网+产业”作为突破传统产业的发展模式。“互联网+”生物医药产业方面，张江细胞形态学技术中心融合互联网技术和智慧医疗理念，成为国内首家基于移动互联网技术的临床检验中心，并成立了国内首个“互联网+”形态学检验应用联盟。“互联网+”集成电路产业方面，中芯网成为国内首家集成电路及电子元器件公共平台，互联网融合大数据为IC研发提供有力支撑，促进上海甚至全国集成电路产业链的垂直合作与深入融合。“互联网+”文化产业方面，沪江网运用“互联网+”教育的理念，打造优质数字教育产品，牵手国内5家出版社达成数字业务合作，形成创业生态系统。在产城融合的张江，创业者为“互联网+”交通的融合提出了诸多智慧解决方案，如小龙巴士、滴滴手环等，打造宜居宜业张江。

（四）科技创新平台发展加快

园区借《浦东新区科技公共服务平台管理办法（试行）》，加大对公共服务平台的扶持和认定，不断引导园区各类平台扩大服务面，提升服务功能。张江园区在原有国资孵化器为主的模式下，积极引进国内外其他优质创新创业孵化器，园区孵化器由22家迅速增加至50家，孵化面积达到40万平方米，亚马逊创梦天地、贝壳社、Xnode、Plug & Play、Rehoboth等近20家相继落户，并筹建各类创新中心，依托“互联网+”手段，提升园区创业服务能级，为创业企业提供孵化、培训等综合创业服务。

园区积极推动科技公共服务平台建设和运营，委托第三方开展健全张江科技公共服务平台体系方案研究，支持绿谷集团研究院生物制药共性技术服务等8家平台建设，对中国科学院上海应用物理研究所等科技公共服务平台和108家平台使用方，给予奖励和补助。

截至2015年底，园区经认定的公共服务平台累计服务企业达7.6万家，累计服务次数22.3万次，实现服务收入30.85亿元，公共服务平台能级①从2008年的5.931增至2015年的7.367，反映平台较好地服务了中小型科技企业的科技创新活动。尤其在生物医药领域，有助力新兴产业、中小企业创新的生物医药产业技术创新服务平台，生物医药产品中试孵化专业技术服务

① 公共服务平台能级：此处指公共服务平台服务企业家数、服务次数、服务收入三个指标的复合数。

平台等；有服务张江园区企业、占服务总量80%以上的药物结构和成分分析专业技术服务平台，生物医药特种合成工艺专业技术服务平台等；有服务范围涉及国外20多个国家和地区100多家公司的同位素药物代谢研究专业技术服务平台，新药安全评价专业技术服务平台等；还有屡次获得各种奖项的中药标准化平台，由于其优质服务，获得“上海研发公共服务平台最具发展潜力服务机构”称号。

四 “双自联动”政策的问题分析

（一）“双自联动”的政策目标与层级需要进一步明确

由于张江高科技园区在上海市全市科技创新与高科技产业发展中具有重要地位，“双自联动”的基本目标是为了进一步确立张江自主创新示范区的核心地位，把张江示范区打造成为上海具有国际影响力创新中心的核心区。全球科技创新中心可以分为三种类型：第一类是经济中心城市功能型，如纽约、伦敦等城市；第二类是专业技术型，即以专业技术为重点，例如中国台湾的新竹、美国的硅谷、日本的筑波等；第三类是专业化型，完全以汽车等专业技术研发为主，如美国的底特律、日本的丰田等①。由于受到自身的区域范围与经济、社会、科技实力的限制，张江高科技园区要建设具有全球影响力的科技创新中心，其承载的科技功不能太多，要集中力量重点提升若干产业或者领域的技术创新能力，首先，形成具有全球科技影响力的专业性科技中心。其次，全球科技创新中心的形成是一个渐进的缓慢过程，麦肯锡将全球科技创新中心的成长分为5个阶段，每一个阶段都有不可跨越的门槛与难点。因此“双自联动”的政策制定需要进一步明晰科技创新中心建设的具体目标与阶段目标，发挥各个阶段政策的针对性与聚焦作用。

① 王承云、杜德斌：《上海建设国际产业研发中心的模式选择与对策建议》，《中国科技论坛》2006年第1期。

（二）政策的系同性与耦合性不够

纵观当今国际科技创新中心特点，都具有国际性与开放型的特点，是经济全球化、科技全球化深入发展的一种载体，是全球创新资源、创新企业、创新人才与创新思潮的集聚与扩散中心，因此，上海自由贸易试验区力求探索与国际接轨的投资贸易规则的制度创新，叠加到自主创新示范上，必将有力促进全球创新资源在张江自主创新示范区的集聚，加快国际创新中心核心区的建设步伐。但从微观上看，随着信息技术的深入发展与广泛应用，开放式创新范式在全球范围迅速兴起，企业开放式创新系统突破了企业、产业、地域与国别界限，向非科技型的企业与产业渗透，同时各种创新主体之间的交互性、融合性与网络性不断增强。欧盟的《新研究与创新框架计划：展望 2020》的重要内容之一就是要建立企业开放式的创新生态系统①，力求政策能够覆盖更广泛的创新主体、更完整的创新链条。当前“双自联动”重点主要集中在自由贸易试验区对外开放的金融、贸易、人才与政府管理体制改革方面的政策，这些政策显然会对创新活动产生积极的效果。但是，政策出发点并没有从企业的创新生态系统上进行周全的考虑，必然会产生一些政策短板，例如现行的企业研发创新的多项税收优惠政策基本上是从单一产业、单一环节以及单一问题而独立设计的，没有按照研发创新全产业链条及企业创新生态系统上与全生命周期进行系统的安排与设计，而且各项政策之间的协同性也不够强。

（三）政策的内外联动性有待加强

全球创新中心是国家化与地域化两种力量共同作用的结果，这两种力量对创新中心的形成有着不同的着力点，两者相互协同一致发展能确保创新中心顺利成长。地域化是指地方创新资源的集聚与创新能力的提升；全球化代

---

① Salmaelin, B., “The Horizon 2020 Framework and Open Innovation Ecosystems,” *Journal of Innovation Management* 2013, 2 (1): 4 -9.

表创新资源与要素的跨国流动与耦合，强调其全球的通达性与影响力。自1999年以来，上海市政府就开始实施聚焦张江的策略，国家也给予了系列政策支持；“双自联动”政策实施以来又从提升其创新国际化创新资源配置能力上给予政策支持，但是两者的政策如何对接联动，成为当前需要加以考虑的事情。具体来说有三个层次的联动。首先，张江自主创新示范区核心区属于上海自由贸易试验区的范围，可以享受自贸区的政策，张江自主创新区的其他地域创新政策需要与自贸区的政策对接与联动。其次，张江自主创新示范区是上海市高校、科研院所分布较少的地方，并且大量的创新主体并不在示范区内，即示范区与上海市的创新资源的联动问题。最后，张江自主创新示范区与长江三角洲发达经济与创新资源的跨行政区的联动问题，也更加需要合适的政策与机制加以协调。

（四）政策的系统管理与创新治理体系不完善

创新城区与创新城市是当前学术界关注的热点问题之一，虽然目前不能打开创新技术的“发明箱”，但是创新不仅仅是艺术家或者是发明家的独角戏，应包含经济、社会、文化、政治等多重内涵，不仅仅需要政府在创新城市的运动中主导创新城市的规划与引导作用，以及综合设计城市的企业、人才、资本、环境文化等因素，推动包容性发展与创新，更需要建立调动各个团体、各种因素积极性的社会治理体系。就张江而言，在前期国家自主创新示范区政策尚未完全落实的情况下，自由贸易试验区与自主创新示范区的政策的联动政策需要进一步加以细致设计与试验调整。就管理体制而言，自由贸易试验区新成立的管理体制与张江示范区原有管理体制需要进一步调整，以发挥“双自联动”的政策优势，激发各类创新主体的活力。就自主创新示范区内部而言，加快各类创新主体的社会组织的发展，形成政府、企业与社会共同参与的社会治理体系，是当前的迫切问题之一。

主要趋势与政策建议。现有“双自联动”政策总的来看较好地发挥了自由贸易试验区改革开放的特点，通过自由贸易试验区的金融、对外贸易、政府体制改革、税收等方面深入改革开放，将有力促进张江自主创新示范区自主创新体系的完善，推进上海具有国际影响力的创新中心核心区的形成。但是现有政策还有需要进一步完善，具体来讲有以下几个方面：一是在引进创新的国际组织与机构上需要进一步加强，依托国际创新组织与机构发挥创新的国际影响力。二是在创新人员环境质量与创新文化方面需要更有力的政策。国际创新人才近年来不断年轻化，流动性增强，一个区域的环境质量与开放包容的区域文化对创新人员具有较强的吸引力，这两点可以说也是浦东创新方面的短板。三在加强张江自主创新示范区与长三角创新企业与创新资源之间的联系上要有突破性的思路与政策，打破长期以来创新资源与市场的区域之间的行政性壁垒，构建张江自主创新示范区与长三角较为发达的产业创新基础之间良性互动的局面。四是迫切需要加强自主创新的治理体系建设，大力发展创新领域的社会组织，调动创新的社会力量，形成“大众创业、万众创新”的局面。五是“双自联动”政策需要在应用与发展中进一步完善：例如自主创新的税收激励政策，需要进一步完善直接税收与间接税收相结合的政策体系。

参考文献

杜德斌：《全球科技创新中心的动力与模式》，上海人民出版社，2015。

郭戎等：《国家自主创新示范区科技创新政策评价》，《科技创新导报》2014 年第 15 期。

屠启宇、张剑涛：《全球视野下的科技创新中心城市建设》，上海社会科学院出版社，2015。

徐全勇：《浦东开放式创新体系建设的现状趋势与建议》，《上海浦东经济发展报告（2015）》，社会科学文献出版社，2015。

杨庆峰译《经济合作与发展组织》，《创新系统的治理》，同济大学出版社，2010。

〔美〕亨利·切斯布朗：《开放式服务创新——新形势下企业生存与发展的再思考》，蔺雷、张晓思译，清华大学出版社，2013。

金杨华、潘建林：《基于嵌入式开放式创新的平台领导与用户创业协同模式》，《中国工业经济》2014 年第 2 期。

European Commission, *Technolgy Plaforms from the Definition to Implementation of a Common Research Agenda*, 2004.

Kokkola, J, *User Entrepreneurship in Companies Communities : Rules of Open Platform Usage in Music Streaming Industr*, Stockholm: KTH, 2013.

Adkunle A. etc, “How to Set up an Innovation platform. Sub Saharan Africa Challenge Programme,” *Forum for Agricultural Research in Africa*, 2010.

政府职能转变篇 

Reports of Government Function Transfer

B.7 浦东品牌经济发展的现状、问题与政策建议

李双金*

摘　要： 品牌竞争已成为当下全球经济竞争的主要形态。作为上海创新驱动转型发展以及科创中心建设的主战场，浦东新区具有有利于品牌经济发展的政策环境、产业环境和消费环境，面临快速发展品牌经济的重大机遇。浦东在发展品牌经济方面具有自身的特色和优势，但是也存在品牌的国际化发展水平不足、品牌结构与浦东整体的功能定位之间存在偏差等瓶颈。对此，浦东应进一步通过提升品牌管理能力，促进品牌的国际化发展；大力推行品牌金融、探索品

* 李双金，经济学博士，上海社会科学院经济研究所副研究员，主要研究方向为企业理论、创新经济学等。

牌价值评价机制，完善品牌中介体系；加大品牌专业人才的引进和培育力度；加大政策扶持力度，优化品牌发展环境；大力营造自主品牌的消费和文化氛围等途径，有效提升浦东品牌经济发展的规模与质量，塑造经济社会和谐发展的新动力。

关键词： 品牌经济 品牌国际化 品牌中介体系

当前，我国经济社会的发展条件和环境正发生着深刻变化，经济发展将步入更加注重发展质量的内涵式发展新阶段。适应经济发展的新常态，深入挖掘经济发展的内生动力将促进我国经济进一步向形态更高级、分工更复杂、结构更合理的新阶段演化。在此阶段，品牌将成为继土地、资本、劳动力、技术之后的又一关键性核心要素，并由此形成品牌经济。在品牌经济发展时代，产品、技术和服务的竞争最终都将体现为品牌的竞争。企业、行业、区域和国家之间的竞争最终也将体现为相关品牌之间的竞争。

作为中国最早使用商标的地区之一，上海的品牌发展一度处于全国前列。20 世纪 90 年代以来，在各类外资品牌大量涌入、产业结构大规模调整等因素影响下，上海的品牌发展开始走下坡路。品牌整体的发展状况与上海经济的快速发展呈现鲜明的对比。为进一步复兴品牌发展，上海自 1996 年开始开展著名商标的认定与保护工作，随后又开始了评选上海知名品牌和服务等品牌推介活动。截至 2016 年 3 月，共认定了 20 批上海市著名商标，有力地推动了商标和品牌的发展。近年来，在深入探索创新驱动、转型发展的实践中，结合科技创新中心、国家自主创新示范区以及自贸区等重大战略的实施，上海尤其是浦东新区在实施品牌战略、探索品牌经济发展的实践中，取得了令人瞩目的成绩。本文将对近年来浦东新区实施品牌战略，发展品牌经济的主要特征、面临的机遇和挑战进行具体分析，并给出今后浦东新区进一步提升品牌经济内涵、引领供需结构升级、促进经济转型发展的政策建设。

一　浦东发展品牌经济的有利因素

品牌竞争已成为当下全球经济竞争的主要形态。国际金融危机爆发以来，全球经济发展遭遇了前所未有的困难。寻求经济发展新动力成为全球各国各区域走出经济发展困境面临的重要课题。品牌作为市场经济发展到高级阶段的产物，成为继土地、资本、劳动力、技术之后的又一关键性核心要素。但是目前，无论是从全国还是从上海的情况来看，品牌的发展总体上都滞后于经济发展。

作为全球第二大经济体，“中国制造”遍布全球。但是这些产品多数缺少核心技术和品牌优势，产品利润十分微薄。我国是产品大国却不是品牌大国，更不是品牌强国。全球知名品牌咨询公司 Interbrand 发布的 2016 年全球最具价值品牌 100 强中，美国有 52 个，德国 10 个，法国 8 个，日本和韩国分别是 6 个和 3 个；中国有华为和联想两个品牌入选，排名分别为第 72 位和第 99 位。[①] 较之前两年，虽然有一定的提升，但是与国际品牌大国的差距仍然较为明显。凭借品牌溢价功能，国际知名品牌能够获取超额利润。但是我国出口商品多为贴牌或代工产品，利润极其微薄。从上海的情况来看，作为全国的经济中心，上海的品牌发展状况与其经济中心地位不相匹配。世界品牌实验室发布的“2016 年中国最具价值品牌 500 强”中，上海仅 37 个品牌入选，排在北京（105）、广东（79）、山东（42）、浙江（39）之后。[②] 上海的品牌发展状况远远落后于其经济发展水平。

---

① 《2016 年 Interbrand 全球最佳品牌 100 强》，MBA 智库百科，http：//wiki. mbalib. com/wiki/2016% E5% B9% B4Interbrand。

② 世界品牌实验室官网，http：//brand. icxo. com/htmlnews/2016/06/22/1454853. htm。

在品牌发展滞后于经济发展的大背景下，大力发展品牌经济已成为上海各界的共识。目前，上海的“品牌之都”建设已经正式启动，科创中心建设以及经济社会转型发展将获得新的发展动能。

作为上海创新驱动转型发展以及科创中心建设的主战场，浦东新区同样是上海推动品牌经济发展的主战场，面临快速发展品牌经济的重大机遇。抓住这一重大战略机遇，将有效地提升浦东经济发展的质量与内涵，塑造经济社会和谐发展的新动力。

（一）有利于品牌经济发展的政策环境

当前，大力发展品牌经济已经成为上海各界的普遍共识，浦东新区处于前所未有的政策利好期。近年来，从国家到上海市再到浦东新区，都出台了有利于促进和推动品牌经济发展的政策和相关实施细则，为浦东发展品牌经济创造了良好的政策环境。

“十二五”期间，品牌战略被提升为国家战略，品牌经济的推进工作开始不断加速。2015 年 5 月，国务院印发了《中国制造 2025》，强调要实现从“中国制造向中国创造”“中国速度向中国质量”“中国产品向中国品牌”的根本性转变，要加强质量品牌建设，推进制造业品牌建设，并从企业、政府、社会等多个维度给出了具体行动任务和方案，充分展示了新的历史时期发展品牌经济的重要性。

2016 年 6 月，国务院颁布了《关于发挥品牌引领作用推动供需结构升级的意见》，对品牌在推动我国供给结构优化、引导需求结构升级、为经济发展提供持续动力等方面的作用给予了充分肯定，并全面部署了今后品牌发展的主要任务和保障措施。2016 年 7 月，国家工业和信息化部编制发布了《轻工业发展规划（2016 - 2020 年）》，强调要从“轻工业大国”向“轻工业强国”转变，要将“创品牌”作为树立中国制造良好形象的重点任务，以增强创新、品牌建设和质量管理能力为重点，全力推行增品种、提品质、创品牌的“三品”战略。

国家层面密集的关于品牌及品牌经济发展的相关政策文件，显示出国家实施品牌战略、发展品牌经济的决心和力度。在此背景下，上海积极推进相关工作，各区积极配合，显示出发展品牌经济的良好态势。

2012 年，上海颁布了《关于本市加强品牌建设的若干意见》，强调要充分发挥企业在品牌建设方面的主体作用。2015 年 2 月，上海经信委、财政局联合发布《上海市产业转型升级发展专项资金管理办法》，明确强调要实施品牌战略，支持城市品牌塑造、区域品牌提升、行业品牌打造、企业品牌和产品品牌建设；支持建设各类品牌公共服务平台，促进其能力提升；等等。2015 年 9 月，上海市经信委、商委等五部门联合出台《上海市推进品牌经济发展专项支持实施细则》，对品牌公共类服务项目、企业制定品牌发展战略类项目等不同项目的支持力度和办法做出了具体说明，促进了相关政策的落实和实施。2016 年 8 月，《关于本市贯彻〈国务院关于发挥品牌引领作用推动供需结构升级的意见〉的实施办法》出台，提出要加快从产品经济向品牌经济转型发展的战略思路，强调要形成全力营造有利于品牌发展的优良环境，并率先明确了品牌经济发展的基本框架体系。

2011 年，浦东新区开始“全国知名品牌创建示范区”的试点探索，为落地实施品牌战略提供了工作抓手。2012 年，浦东新区出台了《浦东新区促进自主品牌和标准化建设实施办法》，对企业特别是中小企业的自主品牌发展需求给予积极的政策回应。近两年来，浦东新区大力推进落实上海相关品牌发展政策，出台了相应的管理办法和细则，结合国家级自主创新示范区建设以及自贸区建设，致力于为品牌经济发展创造良好的政策环境。为促进相关政策的落地实施，浦东新区还配合政府机构改革，大力调整其机构设置，与品牌发展和管理相关的机构改革包括：2014 年，浦东食药监、工商和质监三个部门合并成立浦东市场监督管理局；2016 年 8 月，浦东经信委和科委合并成立浦东科技和经济委员会。深入的政府机构改革进一步优化了政策制定和实施的环境，从根本上起到了促进浦东品牌经济发展的积极作用（见表 1）。

表 1　促进品牌经济发展的相关政策梳理

类别	相关政策文件	主要内容
国家层面	《中国制造 2025》(2015)	强调"中国产品向中国品牌"的根本性转变
	《关于发挥品牌引领作用推动供需结构升级的意见》(2016)	发挥品牌在供给结构优化、需求结构升级中以及为经济发展提供持续动力中的作用
	《轻工业发展规划(2016－2020 年)》(2016)	通过"创品牌"树立中国制造良好形象
上海层面	《关于本市加强品牌建设的若干意见》(2012)	强调企业在品牌建设的主体作用
	《上海市产业转型升级发展专项资金管理办法》(2015)	强调实施品牌战略，支持城市品牌塑造、区域品牌提升、行业品牌打造、企业品牌和产品品牌建设
	《上海市推进品牌经济发展专项支持实施细则》(2015)	明确不同品牌项目的支持力度和具体办法
	《关于本市贯彻〈国务院关于发挥品牌引领作用推动供需结构升级的意见〉的实施办法》(2016)	形成全力营造有利于品牌发展的优良环境，并率先明确了品牌经济发展的基本框架体系
	《浦东新区促进自主品牌和标准化建设实施办法》(2012)	大力支持企业尤其是中小企业发展自主品牌

（二）有利于品牌经济发展的产业环境

产业发展环境和产业布局的不断优化，是浦东发展品牌经济的重要条件。2015 年以来，浦东自贸区与自主创新示范区两大国家战略的联动实施，为浦东优化产业环境和布局、发展品牌经济奠定了基础。

根据《上海市制造业转型升级"十三五"规划》，"十三五"期间上海将深入优化发展布局，中心城区优先发展高端生产性服务业和高附加值都市型工业，郊区集中发展先进制造业，形成"创新引领、带状分布、集群集聚"的产业空间布局。浦东新区的张江高新技术开发区和临港产业园区等科创中心重要承载区将逐步成为高新技术产业和原创技术的主要聚集地，引领上海制造业的创新发展。

根据相关规划，“十三五”期间，浦东新区整体的空间布局和产业布局将更加优化。产业布局方面，浦东将增加祝桥川沙区域的航空城，为浦东“十三五”发展再添新动力。空间布局方面，从航头到老港的中部城镇带将深入开发，起到统筹浦东南北、均衡城乡发展的积极作用。随着自贸区改革的进一步深化，浦东建设开放度最高的自由贸易园区将为相关产业创造有利的发展环境。此外，迪士尼的开园运行、浦东机场的扩容、上海铁路东站的建设将使浦东地区的交通流量显著放大，浦东将继续推进综合交通体系的建设，为产业的发展提供良好的基础条件。

（三）有利于品牌经济发展的消费环境

扩大消费需求，积极培育新的消费增长点是稳定和促进经济增长的重要途径。在扩大消费需求、培育新的消费增长点上，浦东具有一定的优势。

首先，浦东新兴产业、新兴业态企业的发展在全市处于领先地位。例如，浦东电子商务企业发展迅速，商业模式的创新不断降低着消费者的消费成本，为消费者实现其需求创造了诸多便利条件。其次，浦东新区是全市的人才高地，知识素养高、平均收入水平高，因此人群的消费意识、消费理念等相对成熟，对品质、品牌的要求较高，消费实力较强，品牌消费有实现的人群基础。最后，浦东新区是国内国际高端品牌汇聚之地，品牌消费的氛围和文化较为深厚。这也是浦东新区发展品牌经济的有利因素。

二　浦东发展品牌经济的主要模式与特色

发展品牌经济已成为上海各界各区的共识。浦东在发展品牌经济方面具有自身的特色和优势。总的来看，科技与品牌联动发展、打造园区品牌带动自主品牌发展、以总部经济带动品牌经济、依托商业模式创新促进服务类品牌发展、优化农业合作社机制打造高端农产品品牌，是浦东新区发展品牌经济的主要模式与特色。

（一）科技与品牌深入联动，提升品牌的技术内涵

在“科创板”首批挂牌企业中，浦东有16家，占上海全市的六成以上；截至2016年8月，浦东经认定的高新技术企业有1510家，占全市总量的25%；技术先进型服务企业147家，占全市总量的60%，浦东科技的实力可见一斑。[①] 在这些高新技术企业、技术先进型企业中，许多还同时是上海的著名商标企业、知名品牌企业。科技与品牌的联动发展特色较为突出。

品牌是技术走向市场的载体，技术则是品牌内涵提升的重要保障。浦东是国家级自主创新示范区，创新创业型企业众多，大量科技研发型企业一开始走的就是以技术为先导、技术与品牌联动发展的模式。与上海其他区相比，浦东新区发展品牌经济在技术与品牌结合上的优势和特征较为明显。历年来获得上海著名商标、上海名牌的浦东企业中，很多都是知名的技术密集型企业。

（二）着力打造园区品牌，推动企业自主品牌建设

2011年，经国务院批准，浦东张江成为继北京中关村、武汉东湖之后的第三家国家级自主创新示范区。2011年11月，上海张江高科技园区开始筹建全国知名品牌示范区，通过完善和创新品牌发展方式，强调政府推动与企业自主相结合、品牌创建与品牌运营相结合、品牌引进与品牌自主培育相结合、现代服务与先进科技相结合，浦东新区积极致力于将张江高科技园区打造成国内外知名品牌的发源地和聚集地。2012年8月，张江高科技园区成功获批“全国信息技术和生物医药产业知名品牌创建示范区”，极大地促进了信息技术以及生物医药产业相关企业的品牌化发展。2014年度，仅张江信息技术和生物医药产业示范区就有十家企业获得“上海品牌/明日之星”称号。园区品牌与企业品牌有效联动，园区品牌为企业品牌背书，企

① 《浦东科技和经济委员会正式挂牌》，东方网，http：//shzw. eastday. com/shzw/G/20160824/u1a9673709. html。

业品牌为园区品牌代言，共同促使浦东品牌成为高品质、高信誉和高度情感体验的保障。

对于一些开发层次和力度不足的镇级产业园区，浦东新区采取了“区区合作，品牌联动”的模式促进其转型提升。2016 年 4 月，围绕周浦智慧产业园的转型升级，浦东新区周浦镇与上海临港集团签署了全面战略合作协议，进一步实现了资源、产业、开发经验的互利共赢，带动了周浦产业园区的品牌升级和优化。

近年来，随着科技企业孵化器、众创空间、创业苗圃等新型创新创业载体的不断涌现，浦东新区的品牌培育又出现了一些新的载体和组织形式。截至 2015 年底，浦东的创业孵化器已达 66 家，面积超过 65 万平方米，其中一半以上聚集在张江。① 依托园区品牌，众多创新创业型企业一开始就将自主品牌发展纳入企业发展蓝图中，实现了园区品牌与企业自主品牌的共同发展。

（三）以总部经济带动品牌经济，促进品牌的高端化发展

尽管商务成本不断攀升，但浦东新区整体商务环境的不断优化仍吸引着众多国内外知名品牌落户浦东。在此过程中，通过发展总部经济，带动品牌经济发展，成为浦东品牌经济发展的一大特色。

目前，浦东已成为具备国际竞争力的总部经济聚集地。400 多家各类总部集聚浦东，包括跨国公司地区总部 246 家，其中具备全球事业部或亚太区总部功能的总部有 106 家；国内大企业总部 158 家。② 大量实力雄厚的外资企业、世界 500 强企业以及地区总部企业为浦东带来了大量资金和人才，以及管理和技术，提升了浦东的城市形象，拓展了浦东的城市功能，也为本土化品牌的高端发展营造了氛围，为浦东的经济发展注入了活力。

---

① 《创新科技孵化模式提升浦东创业氛围》，http：//www. shanghai. gov. cn/nw2/nw2314/nw2315/nw31406/u21aw1166469. html，2016 年 10 月 10 日。

② 《汇聚 400 多家总部企业浦东成为总部经济高地》，http：//www. shanghai. gov. cn/nw2/nw2314/nw2315/nw4411/u21aw1100525. html，2016 年 1 月 29 日。

大量国际国内高端品牌的进入，一定程度上挤占了本土品牌的发展空间。但是从品牌竞争的角度看，国际国内高端品牌的进入为本土品牌的高端化发展提供了方向和氛围，一定程度上迫使本土品牌不得不参与到高端化品牌的发展竞争中，通过学习其先进的运作经验和竞争模式，促进本土品牌的高端化发展，提升浦东品牌发展的整体竞争力。

（四）依托商业模式创新，服务类品牌发展迅速

品牌的成长不可能一蹴而就，尤其是在传统经济时代，品牌的发展壮大往往需要数十年的积累沉淀。但是在互联网经济快速发展的今天，依托互联网平台的规模效应以及商业模式的创新，企业品牌尤其是服务类品牌有可能在短时期内实现快速成长。2010 年，全国首个“国家电子商务综合创新实践区”落户浦东，类似第三方电子支付平台“快钱”、供应链管理电子平台“春宇”这样的服务类品牌开始迅速发展。

2015 年 7 月，商务部评选出全国“2015 ~ 2016 年度电子商务示范企业”，上海共有 12 家企业入选，其中浦东有包括“快钱支付”、“药房网商城”等 4 家，居全市各区首位（见表 2）。这些示范企业基本上很年轻，但却并不微小，在行业内部具有一定的品牌认知度和影响力，品牌价值正在逐年提升，呈现与传统经济模式下品牌发展不同的规律。例如新入选的成立于 2007 年的上海伊邦医药信息科技有限公司，依托“药房网”这一互联网平台，致力于发展成为集精确、全面的药品搜索引擎、最新最快的医药信息发布平台以及专业快捷的医患沟通渠道于一体的健康网络媒体。

表 2　商务部 2015 ~ 2016 年度电子商务示范企业名单（上海）

企业名称	网络地址	类别	备注
百联电子商务有限公司	百联 E 城 www. blemall. com	网络零售类	普陀
上海菜管家电子商务有限公司	菜管家 www. 962360. com	网络零售类	长宁
上海钢富电子商务有限公司	找钢网 www. zhaogang. com	电商服务类	虹口
上海钢联电子商务股份有限公司	我的钢铁网 www. mysteel. com	电商服务类	宝山

续表

企业名称	网络地址	类别	备注
快钱支付清算信息有限公司	快钱支付 www. 99bill. com	电商服务类	浦东
上海亿贝网络信息服务有限公司	亿贝网 www. ebay. cn	电商服务类	浦东
上海汉涛信息咨询有限公司	大众点评网 www. dianping. com	生活服务类	青浦
上海携程商务有限公司	携程旅行网 www. ctrip. com	生活服务类	长宁
号百商旅电子商务有限公司	翼游旅行网 www. 118114. cn	生活服务类	虹口
纽海电子商务(上海)有限公司	1 号店 www. yhd. com	综合类	浦东
东方钢铁电子商务有限公司	东方钢铁网 www. bsteel. com	综合类	宝山
上海伊邦医药信息科技有限公司	药房网商城 www. yaofangwang. com	创新类	浦东

资料来源：根据商务部《2015～2016 年度电子商务示范企业》名单整理而成。

（五）优化农业合作联社运作机制，打造高端优质农产品品牌

2009 年，浦东区域版图的扩大为新区现代农业的品牌化发展创造了有利条件。浦东新区农委在全市率先提出了以品牌、品质、品种为核心的“三品”工程，通过打造农业合作联社模式，提高其农产品的影响力和美誉度，提升品牌价值，积极推进国家现代农业示范区建设。

2012 年初，南汇水蜜桃品牌合作联社成立。在此示范效应下，南汇 8424 西瓜、南汇甜瓜、南汇翠冠梨等品牌合作联社相继挂牌成立。这些品牌合作联社是非法人性质，挂靠浦东新区农协会，并由农协会内部的品牌专委会实行统一管理。不仅如此，品牌专委会还在技术标准、知识产权保护、市场营销等方面为相关农业企业提供服务。而在品牌合作联社内部，则实行包括统一技术、统一商标、统一质量、统一标准、统一零售指导价、统一包装标识等在内的“六个统一”，以进一步优化和提升品牌形象。

截至 2016 年上半年，浦东品牌瓜果合作联社成员单位已有 68 家，种植品牌瓜果面积达到 16958 亩。① 浦东品牌瓜果合作联社不断优化其运作机

① 《上海浦东品牌瓜果亮出四张“名片” 销量逐年增加》，经济网，http：//www. ceweekly. cn/2016/0509/150060. shtml。

制，探索创新与农委、农协会的合作模式。区农委积极争取项目资金，并向农协会集中；农协会则依托具体项目，与品牌专委会和联社成员紧密结合，入社企业共同决策对外发展战略，品牌专委会则负责监督其生产和质量标准等。品牌合作联社、区农协会与区农委之间不断优化的分工合作机制是浦东农产品品牌进一步优化提升、迈向高端化的根本保障与特色。

三　浦东品牌经济发展面临的主要问题

目前，品牌战略已成为全球各国参与竞争的国家战略。世界各主要国家都有完整的品牌战略思路和政策支持体系。相比于巴黎、纽约等国际知名品牌城市，上海的品牌建设工作起步较晚，品牌发展整体滞后于经济发展，与未来上海的发展方向和定位也存在诸多不相适应的地方。尽管在发展品牌经济方面，浦东新区具有自身的特色和优势，但仍然存在品牌的国际化水平不足、品牌中介体系发育滞后、品牌结构与浦东整体的功能定位之间存在偏差、品牌发展机制亟须优化等问题。能否突破这些现实瓶颈，将是浦东新区发展品牌经济面临的重大挑战。

（一）品牌的国际化发展水平不足

工信部中国企业品牌研究中心的相关调研发现，在22个耐用消费品行业中，国外品牌排名第一的行业占60%以上。这表明我国品牌的国际化水平严重不足，品牌的国际竞争力亟须进一步提升。上海拥有大量外贸型企业，已经可以生产世界一流产品，由于缺乏国际知名品牌，企业的整体利润较低。

相比于全市其他区域，浦东新区在品牌的国际化方面具有一定的优势，拥有一些国际上知名的品牌，例如浦东日立电器的“海立/HIGHLY”、振华重工的ZPMC等。但是总的来看，国际知名品牌的数量仍然不足，与浦东整体的经济发展能力和水平以及未来的发展定位不相适应。

品牌的国际化不仅是指产品出口到国外，更重要的是品牌在国外市场的认可度以及占有率等。影响品牌国际化水平的一个重要因素是企业的国际化水平。目前，浦东企业的整体国际化水平与其“四个中心”、科创中心主战场的发展定位之间还存在一定的落差，品牌的国际化水平尤显不足。

（二）品牌中介体系发育滞后

品牌经济建设包含诸多环节，例如商标注册、品牌价值评估、品牌信用、品牌策划、品牌知识产权保护和运用、品牌金融、品牌交易、品牌培训等。尽管诸如会计师事务所、律师事务所、信用评估公司、教育培训机构等市场中介组织能够在一定程度上满足品牌发展的需要，但是这些机构的业务具有一般性、常规性的特点，很难准确地满足品牌经济发展的专业需求。浦东新区深化品牌经济内涵、发展品牌经济，亟须建立起具有较高专业水平的各类品牌中介机构，形成较为完整的品牌中介发展体系。

以品牌的价值评价和发现机制为例，品牌价值评估不仅能够提升企业的品牌影响力，提升消费者的品牌忠诚度，还为品牌并购、品牌交易提供了依据，是品牌经济发展不可或缺的中间环节。目前，上海品牌中介服务体系的发展才刚刚起步，浦东有抓住机遇率先发展起品牌中介服务体系的有利条件。但总的来看，目前还缺乏有实力的权威品牌评价机构，存在品牌评价标准难以统一、评价结果差异大、可信度不足等问题，难以体现品牌评价的导向作用。

（三）品牌结构与浦东的功能定位之间存在偏差

浦东是上海建设科技创新中心的主战场，也是上海“四个中心”建设的主力军。科技密集型产业、现代服务业、战略性新兴产业等是适应浦东新区经济发展和功能定位的重要产业。与此相适应，浦东新区的企业尤其是品牌企业，应当优先在这些重要产业形成集聚和快速发展态势。但就目前的状况来看，浦东品牌企业的整体结构与浦东发展的功能定位之间还存在一定的偏差，亟须进一步优化企业品牌结构。

近年来，浦东新区在上海著名商标、上海名牌等评选活动中的成果显著。但是总的来看，现代服务业类品牌、先进制造业类品牌的数量仍然较少。例如2012年度，浦东新区共获得90项“上海名牌”，其中服务类名牌仅25项，现代服务业品牌则更少。近两年的整体结构情况依然没有较大的变化。今后，浦东新区现代服务业类品牌需要进一步发展，在“上海名牌”等奖项中的占比应达到50%甚至更高的水平，才足以满足浦东产业结构进一步提升的需要。此外，装备制造业的品牌竞争力不足也不利于浦东未来制造业水平的整体提升。浦东是上海装备制造业的重要基地，但是总体来看，在质量基础能力、产品品种结构和自主品牌培育等方面与世界先进水平仍然存在较大差距。

此外，产城融合是今后浦东以张江园区为首的科技园区发展的重要方向。促进产城融合，品牌的发展大有可为。但是目前由于优质的生活服务类品牌严重不足，城市区域品牌与产品品牌发展缺乏联动，高品质的家政、养老、托幼等社会服务的供给严重不足，浦东还未能形成服务专业、覆盖面广、安全高效的品牌连锁机构，极大地限制了产城融合的步伐。

（四）品牌发展机制仍需进一步优化

品牌经济的发展需要依托政府、社会以及市场等多方力量的共同努力。如何打造通畅的合力机制，是浦东以及上海发展品牌经济面临的重要问题。

目前，上海已成立了由多个部门共同牵头的品牌建设工作联席会议，但是区一级的品牌建设工作组织和机制还不够健全，不利于品牌相关政策的落地实施。浦东的品牌经济发展具有自身的特色和优势，对此应结合自身的功能定位和发展条件，采取多种途径创新品牌工作机制，在为各类品牌发展创造良好政策环境、政务环境的基础上，建立各区域、各部委、各类社会服务机构、各企业联动发展的工作网络。积极争取上海市产业转型升级发展等专项资金，支持品牌经济发展，重点扶持区域内企业品牌建设、品牌专业服务公共平台建设。

四 政策建议

品牌经济是市场经济发展的高级阶段。产品经济更加注重数量和规模，品牌经济则更加追求品质和价值。浦东发展品牌经济，要坚持“中国制造向中国创造”“中国速度向中国质量”“中国产品向中国品牌”转变的方向，围绕“诚信立本、科技创新、质量保证、消费引领、情感维护”的品牌经济内涵，充分发挥政府、社会、市场多方作用，营造有利于品牌经济发展的市场环境、法治环境和文化环境，加快形成区域品牌、行业品牌、产品（企业）品牌的品牌经济发展体系，提升品牌对经济发展的贡献度，形成国内国际品牌高地，引领上海科创中心建设。

（一）进一步提升品牌管理能力，促进品牌的国际化发展

在品牌管理早期，品牌管理大多由营销部门负责，品牌经理制是品牌管理的主要模式。随着品牌的重要性日益突出，世界先进的品牌管理模式已经超出营销部门的职能范围，成为全体员工共同参与的事业。品牌经理制度正在向品牌全员制发展。

但是对国内大多数企业而言，品牌经理制仍远未普及，品牌全员制也还处于概念阶段。对此，浦东应抓住品牌经济大力发展的机会，率先在有条件的企业内部推行品牌经理制和品牌全员制，从微观机制上全面促进品牌经济发展。在此基础上，引导企业创建品牌管理体系，围绕研发创新、生产制造、质量管理和营销服务等环节，提升品牌内涵，夯实品牌基础。

品牌是企业最重要的无形资产。品牌既可与实物资产融合，又可独立存在，二者也能相互转化。品牌的国际化水平是一国或区域品牌经济发展的重要指标。对浦东而言，提升品牌的国际化水平，一是要进一步提高企业的国际化水平，促进企业“走出去”，通过企业的国际化发展带动企业品牌的国际化发展；二是要积极利用国际国内两种市场、两种资源，鼓励企业与国外知名品牌及品牌中介机构进行全方位的竞争与合作，通过品牌并购、品牌渠道

共享、品牌推广合作等模式提升品牌的国际化水平；三是大力实施质量工程，深入发掘工匠精神，实现精美制造、标准制造，全面提升产品品质，使得浦东制造、上海制造再次成为质量和信誉的保证，为其走向国际市场创造条件。

（二）大力推行品牌金融、探索品牌价值评价机制，完善品牌中介体系

浦东是上海金融资源最丰富、最优质的区域，为品牌金融的发展创造了有利条件。浦东应积极支持银行等金融机构向品牌优势企业提供以品牌为基础的商标权、专利权等质押贷款，鼓励金融机构依据品牌价值开展品牌质押融资、融资担保等创新业务。

品牌价值的评估是促进品牌发展的重要环节。浦东是众多国际国内品牌汇聚的高地，可借鉴其他无形资产评估、交易机构发展的经验，支持成立市场化、专业化的品牌交易评估机构，并鼓励其开发运用相关标准、开展品牌价值评估业务，拓展品牌交易转让业务。

结合浦东自主创新示范区及全国知名品牌示范区的建设，浦东还应进一步在品牌管理咨询、品牌培训、品牌知识产权保护等领域积极开展工作，通过设立“品牌创新券”等形式，重点支持企业制定品牌发展战略、开展品牌培训、建立品牌发展相关服务平台等。

（三）加大品牌专业人才的引进和培育力度

2016 年 9 月，上海《关于进一步深化人才发展体制机制改革加快推进具有全球影响力的科技创新中心建设的实施意见》正式出台，进一步强调要深入实施人才优先发展战略，这也是上海近年来持续推进人才发展的又一重要举措。浦东是上海的人才高地，浦东的人才建设工作卓有成效。目前，浦东正在从“降低门槛、提供平台、保障服务”三个方面，探索更加积极、开放、有效的人才体制机制。2015 年以来，作为国家人才改革试验区，浦东提出了 14 条 54 项改革创新举措，不断优化新区的人才发展环境。整体人才环境的优化对品牌专业人才的培育和引进具有积极的促进作用。

各类各层级的品牌专业人才是浦东发展品牌经济不可或缺的基础条件。对此，一是要大力引进品牌相关专业相关领域高端人才；二是大力培育本土品牌专业人才，通过加大报酬激励力度、放宽落户条件、优化生活环境、加大税收优惠等方面的措施，提高浦东对品牌专业人才的吸引力；三是配合企业实行品牌全员制，加大对企业包括企业家、经营层及普通员工的品牌培训力度，让每个员工都有可能成为品牌专家，夯实品牌经济发展的人才基础。对此，可支持行业协会、企业集团与高校、专业服务机构等合作，对普通员工普及品牌相关知识，对品牌经理、品牌专员进行专业化培训，对企业家群体进行品牌战略等系统化培训，并对相关培训给予一定的财政补贴。

（四）加大政策扶持力度，优化品牌发展环境

在上海品牌经济发展落后于经济发展、落后于国际品牌发展的状况下，仅仅依靠市场机制的自发作用还远远不够，政府的政策扶持和导向作用不可或缺。对此，上海可借鉴品牌发展先行者的相关国际经验。例如 20 世纪 80 年代，美国设立了“国家质量奖”，通过国会立法、总统颁奖等行动，积极推动质量提升和品牌发展；日本、韩国等国都把品牌战略作为国家战略，甚至将国家品牌的塑造作为其品牌战略的重要内容，通过确立良好、具有鲜明特色的国家品牌为其产品品牌的国际化发展保驾护航。

在充分利用国家和上海相关品牌发展政策的基础上，浦东应根据自身优势，大力推进实施品牌战略，健全品牌工作推进机制，积极争取各类品牌发展相关专项资金的支持；通过制定区域性的税收和金融政策，政府部门积极采购品牌产品尤其是自主品牌产品等方式支持品牌发展。此外，加大品牌知识产权保护力度，联合各部门严厉打击制假售假等侵权行为，营造品牌生存发展的法治环境，维护公平竞争的市场秩序，也是优化品牌发展环境的重要内容。

（五）大力营造自主品牌的消费和文化氛围

营造良好的消费和文化氛围是促进本土自主品牌发展的重要条件。韩

国、日本等许多国家都十分鼓励和支持国民消费本土自主品牌。品牌的发展需要消费者的全方位参与，包括品牌的创立、推广、消费和传播等。支持自主品牌的发展，除了政策的手段外，还需要在消费理念、消费习惯、消费文化等方面加以引导，创造支持自主品牌发展的良好氛围。

对此，浦东应进一步加强自主品牌的宣传和展示，大力倡导自主品牌消费；通过设立“自主品牌日”、讲品牌故事、评选品牌人物、举办品牌展览会等贴近百姓生活的活动，增强公众对民族品牌的热情和信心，塑造重视自主品牌、消费自主品牌、保护自主品牌的良好社会氛围。

参考文献

谢京辉主编《品牌经济与上海城市崛起：理论与经验》，格致出版社，2014。

曹琳、孙曰瑶：《“日本制造”转型的品牌经济学分析》，《石家庄经济学院学报》2010年第10期。

刘华军：《品牌经济学的理论基础》，《财经研究》2007年第1期。

B.8
临港地区产城融合进程中的人口与经济增长关系问题及破解

国　锋*

摘　要：　临港地区目前正处于产城融合的发展初期，在这一时期，人口增长与经济发展之间呈明显的相互促进关系，不管是经济增长还是城市化，都需要人口增长来激发和保持发展可持续。因此从人口与经济增长相互促进的角度，临港地区应该定义为人口拓展区，而不适合与上海其他高度城市化的区域一起划分为人口限制区。临港未来的发展需要以人口增长和人口结构现代化的强大动力来促使传统社区转变生产方式进入更高级的生产力发展阶段。

关键词：　临港地区　产城融合　人口增长

一　临港地区的发展概述

临港地区规划面积为315平方公里，是上海重点发展的六大功能区域之一，由装备产业区（65平方公里）、物流园区（16平方公里）、主产业区（108平方公里）、综合区（41平方公里）、临港奉贤园区（17平方公里）以及南汇新城（68平方公里）六大功能板块组成（见图1）。临港地区位于上海东南角（见图2），地处长江口和杭州湾交汇处，距上海市中心75公里，

* 国锋，管理学博士，上海社会科学院经济研究所助理研究员，主要研究方向为区域经济发展与贫困。

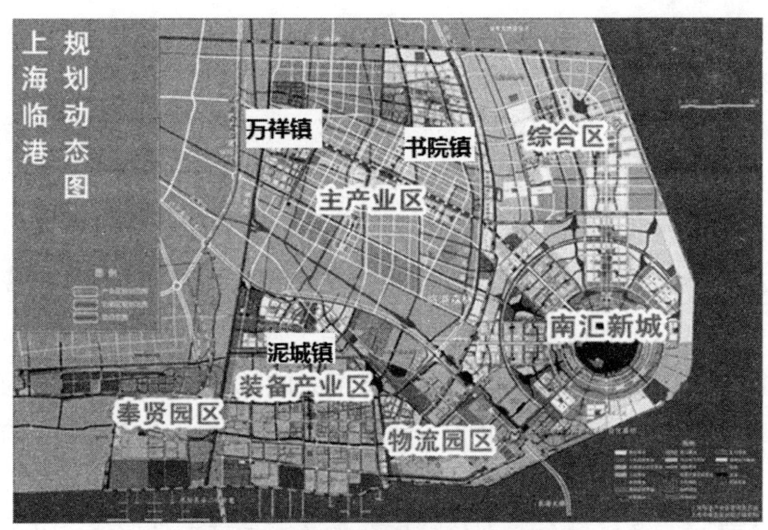

图 1　临港地区功能分区与行政划分

资料来源：上海市临港地区开发建设管理委员会网站。

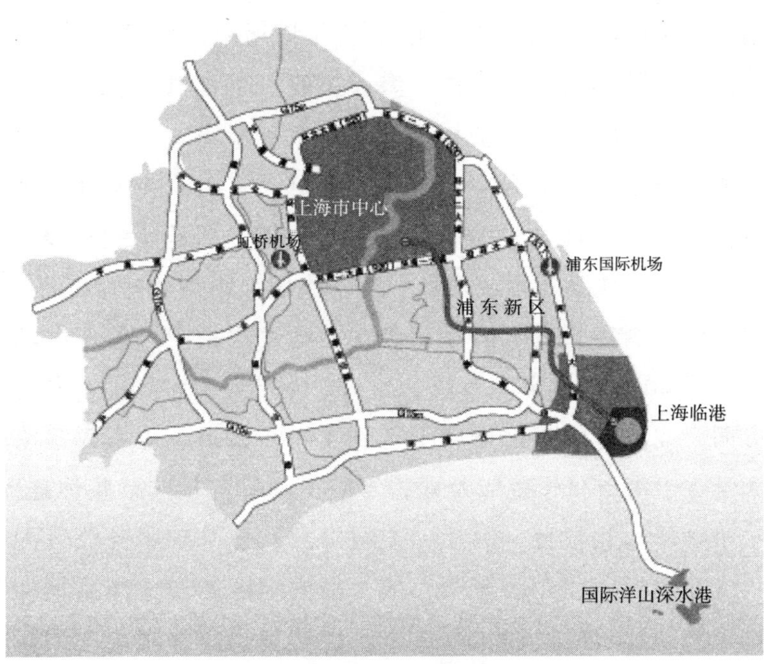

图 2　临港地区在上海所处的区位

资料来源：上海市临港地区开发建设管理委员会网站。

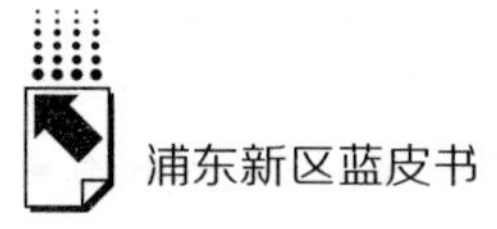

北临浦东国际航空港，南接洋山国际枢纽港，拥有13公里长的海岸线，具备得天独厚的码头资源，是上海沿海大通道的重要节点城市和上海自由贸易试验区建设的腹地，拥有海运、空运、铁路、公路、内河、轨交的综合交通优势。

开发建设临港新区，是上海市委、市政府着眼于21世纪全球经济社会发展新趋势、提振上海制造业、主动对接国家加快培育和发展战略性新兴产业做出的重大战略决策，同时也是上海进一步优化产业布局、提升产业能级、提高上海整体城市国际竞争力的举措。自2003年底正式启动开发建设以来，在市委市政府、浦东新区政府的正确领导下，在全社会的大力支持下，临港地区始终坚持产业开发、基础设施建设、城镇建设、生态环境、产城融合“五位一体”的全面发展方针路线。开发13年以来，临港的建设取得了显著成效，累计完成固定资产投资1370亿元（产业投资近1000亿元），引进产业项目230多个，工业总产值保持45%的年均增幅，税收收入保持22%以上的年均增幅，形成了新能源装备、汽车整车及零部件、船舶关键件、海洋工程、工程机械、民用航空和战略性新兴产业的“6+1”产业格局，海洋工程半潜式钻井平台等一批高端产品和核心技术填补国内空白、实现了重大突破。在基础设施建设方面，建成了S2沪芦高速、铁路集装箱中心站等一批重大交通设施，一期开发区域基础设施体系基本成形；引进了中国航海博物馆、上海天文馆、滴水湖皇冠假日酒店、豪生国际酒店、大润发购物中心等一批功能性大项目，建设了80万平方米商办楼宇和130万平方米各类商品住房。在社会事业方面，在政府的积极推动下得到了初步发展，上海海事大学、上海海洋大学、上海电机学院以及建桥学院等高等院校陆续整体迁入临港。此外，中小学及幼儿教育、医疗、金融以及其他基础服务业等配套设施陆续迁入或建成投入使用。截至目前，临港地区的产业体系框架基本形成，基础设施及配套建设初步完成，已经初步具备了规划中的新兴滨海城市雏形。

二　临港地区的人口发展现状

（一）总人口与人口结构的变动

截至2016年9月，临港地区的总人口（四镇区及大学）约为31.09万人，包括镇区实有人口25.02万人及在校大学生6.07万人（在校教职员工4319人按实有人口计入申港社区）（见表1）；在四镇区的25.02万实有人口中，临港地区本地户籍人口（户在人在）占比约为35%，上海其他区域户籍人口占比约为31%，外地来沪人口占比约为34%，境外人员占比不足0.3%。与上海市整体人口来源构成情况对照，临港地区的外地来沪人口占比与上海全市平均水平相比明显偏低（2016年上海非户籍人口占比为40.6%）；外籍人口占比仅为上海全市平均水平的1/5（上海全市外籍人口占比约为1.45%）。

表1　临港地区人口数量及其分布

单位：人，%

年份	人口总量	增长率	南汇新城		泥城镇	书院镇	万祥镇
			申港社区	芦潮港社区			
2011年12月	241349	—	22644	27138	95077	70816	25674
2012年12月	260957	8.12	24385	30087	110904	68996	26585
2013年12月	242908	-6.92	29351	32200	83584	70867	26906
2014年12月	248055	2.12	30734	33466	82012	75519	26324
2015年12月	251098	1.23	30951	35174	83594	75052	26327
2016年9月	250161	-0.37	34799	35096	77134	75378	27754

注：实有人口数量未包括大学区的在校生数量6.07万人，2016年9月。

经过13年的开发，临港地区的城市基础设施建设和产业布局已经初步完成，但临港地区的人口增长速度起伏不定，与经济增长情况不匹配。总的来说，出于产业定位和竞争力不高带来的就业机会不足、外部和内部交通不便利、生活配套设施不完善以及近年人口人才引进政策限制等原因，临港地区四镇区人口的增长速度相对缓慢，各类人才占比偏低，尤其是2014开始实施的产业结构调整和人口控制，使临港地区各镇区实有人口在2013～2014年有较大幅度减少，到2015年增长才有所恢复。

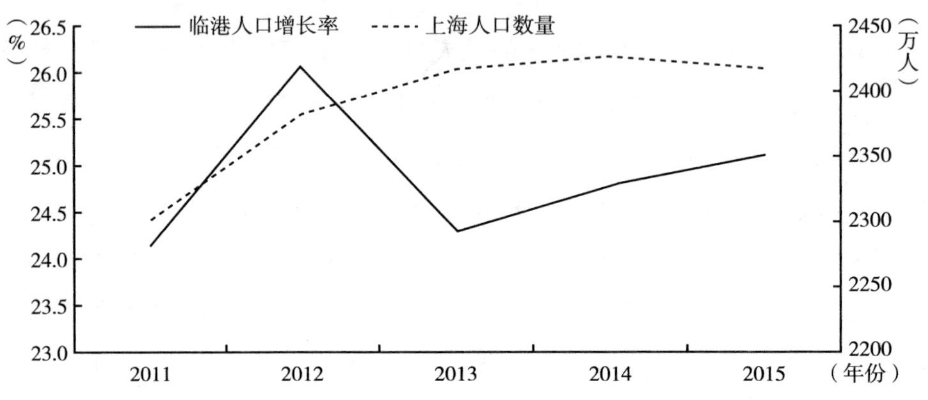

图3 临港地区与上海市同期人口增长情况

总人口数量不足带来的需求不足造成现有基础设施及公共配套使用率低，而基础设施及公共配套使用率低又会导致供给和维护成本过高，从而限制公共配套供给增加，不仅无法满足现有人口的需求，也为人口进一步流入制造了障碍。打破这一“人口不足——公共配套不足恶性循环”需要从促进人口增长和加强公共配套两方面同时入手，在增加公共配套的同时鼓励人口向区域内流入。临港地区分镇区人口分布与结构如表2所示。

表2 临港地区分镇区人口分布及结构

单位：人

镇区		实有人口	户籍人口	户在人口	户在人不在人口	人在户不在人口	来沪人口	境外人口
1. 南汇新城	申港社区	34799	11602	9590	2012	5279	19380	550
	芦潮港社区	35096	17169	10121	7048	5580	19355	40
	大学在校生	60708						
	小计							

续表

镇区	实有人口	户籍人口	户在人口	户在人不在人口	人在户不在人口	来沪人口	境外人口
2. 泥城镇	77134	58918	28898	30020	33093	15089	54
3. 书院镇	75378	52194	25107	27087	27037	22972	50
4. 万祥镇	27754	24808	12973	11835	6485	8287	9
四镇总计	250161	164691	86689	78002	77474	85083	703
临港地区总计（四镇 + 大学）	310869						

注：实有人口 = 户籍人口数 - 户在人不在人员数 + 人在户不在人数 + 来沪人员数 + 境外人员数。

资料来源：四镇区派出所及临港开发区管委会，2016 年 9 月。

1. 南汇新城主城区人口及结构变动

南汇新城规划面积 68 平方公里，新城以 5.6 平方公里滴水湖为中心，呈现“一湖三环”的城市规划格局，拥有大量湿地、林地等原生态自然资源。新城规划产业以金融、贸易、商业、会展、航运、教育、科研、旅游为主体，既是临港城市综合功能服务区，也是临港人口最为集聚的城区。南汇新城由两个社区组成，分别是申港社区和芦潮港社区，大学区位于申港社区，但大学的在校生人口不计入申港社区统计，大部分教职工户籍计入申港社区统计。自 2010 年以来，南汇新城主城区（即申港社区和大学区）的人口增长速度相对较快，主要由大学生、外地来沪人口和上海其地区户籍人口流入构成。但总的来说，南汇新城的总人口主体仍以大学区的在校学生为主，申港社区的定居人口（实有人口）只占主城区总人口的 36%。

（1）申港社区

申港社区的人口变迁反映了临港主城区城市化进程中的人口发展。申港社区的实有人口从 2011 年起有了较快的增长，2012 年比 2011 年增长了 7.7%，2013 年增长了 20.4%，是近年来人口增长最快的一年，之后人口增速迅速下降。2014 ~ 2015 年底是人口增长最缓慢的一年。至 2016 年，实有人口开始恢复增长。2011 ~ 2016 年申港社区实有人口增长了 54%，其中外地来沪人口增长的贡献率最高，五年间外地来沪人口增长了 200%。

上海市其他区域流入人口（人在户不在）在这五年中增长了1.37倍，但由于基数较小，五年间总流入人口仅约为3000人。从2015开始，由于企事业单位迁入南汇新城主城区的速度开始下降，上海市户籍人口流入申港社区的增速也从2016起开始下降。一直以来，申港社区实有人口的增加主要由外地来沪人口和上海本市其他区域人口迁入组成，主城区城市功能的逐渐完善以及大学、政府和其他事业单位的人口迁入产生的就业岗位需求和消费需求是外地来沪人口主动迁入的最主要原因，而上海市其他区域人口的快速导入则由于企事业单位的被动迁入。外籍人口从2013年开始迅速增加，至2016年9月，根据最近统计，外籍人口占总实有人口的1.6%，显著高于临港其他镇区（见表3）。值得注意的是，申港社区本地户籍人口一直呈流出趋势，而且流出速度自2015开始加快。与其他镇区相比，申港社区是临港地区最为年轻的社区，由于大量就业人口的迁入，申港社区实有人口中60岁以上人口占比仅为7%。

表3　南汇新城申港社区人口变化情况

单位：人，%

时间	实有人口总数		户在人在		人在户不在		来沪人员		境外人员	
	总数	增长率	总数	增长率	总数	增长率	总数	增长率	总数	增长率
2011年12月	22644	-0.3	—	—	2223	—	6258	—	145	—
2012年12月	24385	7.7	—	—	2726	22.63	7055	12.74	220	51.72
2013年12月	29351	20.4	13891	—	3134	14.97	12168	72.47	158	-28.18
2014年12月	30734	4.7	13577	-2.2	3971	26.7	12969	6.6	217	37.3
2015年12月	30951	0.7	12801	-5.7	4869	22.6	12891	-0.6	390	79.7
2016年9月	34799	12.4	9590	-25.1	5279	8.4	19380	50.3	550	41

资料来源：申港派出所，2016年9月。

（2）芦潮港社区

芦潮港社区原为芦潮港镇，是一个历史较为悠久的镇，后并入南汇新城。芦潮港社区的人口增速在2012年达到最高峰的10.87%，之后增速呈逐年下降趋势，至2016年9月，实有人口总量开始负增长（见表4）。芦潮港社区人口的增量主要由外地来沪人员贡献，2011～2016年9月芦潮港社区总人口增长了29%，外地来沪人口增长了61%。到2016年9月，外地来沪人口占芦潮港社区总人口的比重已经达到55.15%，但自2015底开始至2016年9月外地来沪人口增速迅速下降为0.38%。与申港社区一样，芦潮港社区的本地户籍人口一直呈流出状态，以中青年劳动力流出为主，流出速度自2015起开始加快。芦潮港社区的户籍人口老龄化率在过去的5年中迅速提高，由2011年的21%上升到2016年的27%。

表4 南汇新城芦潮港社区人口变化情况

单位：人，%

时间	实有人口总数		户在人在		人在户不在		来沪人员	
	总数	增长率	总数	增长率	总数	增长率	总数	增长率
2011年12月	27138	—	—	—	—	—	12006	—
2012年12月	30087	10.87	6377	—	4646		15348	27.84
2013年12月	32200	7.02	6612	3.69	4852	4.43	17072	11.23
2014年12月	33466	3.93	6697	1.29	5325	9.75	17641	3.33
2015年12月	35174	5.10	6872	2.61	5497	3.23	19282	9.3
2016年9月	35096	-0.22%	7048	2.56	5580	1.51	19355	0.38

资料来源：芦潮港派出所，2016年9月。

（3）大学区的人口

临港主城区人口占比最高的人群是四所大学的在校学生，四所大学包括上海海事大学、上海海洋大学、上海电机学院和上海建桥学院，目前共有在校大学生约6.07万人，占主城区总人口近2/3。大学城的建设对临港地区经济和社会发展的影响是正向的，尤其是对房地产、高端服务业、普通服务业的发展都有积极的推动作用。目前，四所高校周围已经形成了较为成熟的生活服务社区，产生了大量就业岗位，是大量外地来沪人口的主要聚集地之一。但是，相比就业定居人口，在校学生人口本身对区域经济社会发展以及城市化进程的推进不仅影响范围小、程度低，还存在季节性及周期性负面影响。此外，临港地区各产业园区目前的主要产业类型与几所大学专业相关度

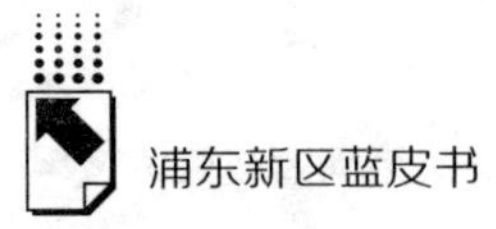

不高，而且产业园区提供的对口专业就业岗位少，四所大学的毕业生很少也很难在临港地区就业。大学栖身的产业园发展也刚起步，可提供的就业岗位可以忽略不计。由此可见，临港四所大学不仅对临港地区产业发展贡献度不高，对临港产业高素质人才的贡献率也很低。

2. 泥城镇人口变迁与人口结构

泥城镇是临港地区重装备产业区所在镇，在四镇区中产业发展较早。泥城从2004年开始就正式启动开发建设，经过12年的发展，泥城已经成为临港四镇区中居住人口最多的镇（南汇新城大学区不计入），同时也是人口数量变动幅度最大的镇。2012年底，泥城镇实有人口达到11万的最高峰，但到2013年就下降了18.89%，主要原因在于大量土建工程完工后外地来沪人口的骤减，2013年外地来沪人口较2012年减少了51%。相似的人口骤减于2015年底至2016年又发生了一次，由于外地来沪人口下降了近42%，导致实有人口总量下降了11.47%。从2011年底到2016年9月五年间，泥城实有人口共下降了22.16%（见表5），是所有镇区中唯一人口大幅减少的镇，外地来沪人员占比也由2012年最高峰时的48%下降到现在的21%。同时，泥城镇的上海户籍人口流动幅度也是各镇区中最大的，本镇户籍人口持续高速流出，到2016年9月，本镇户籍流出已达64%，根据调查，流出人口中大部分为中青年劳动力人口，流出原因与其他镇区相似，寻求更好的就业机会和子女就学教育环境是迁出的主要原因。由于泥城镇开发较早，是临港重装备产业区和物流园区所在地，上海市户籍人口因就业而流入的人口成为泥城实有人口唯一的增量部分。

在人口结构方面，泥城镇是临港所有镇区中户籍人口老龄化最严重的镇，老龄化率达到了30%，高于上海全市平均水平，而来沪人员的老龄化率仅为2.7%。在受教育程度上，来沪人员中大专及大学以上学历占比为7.4%，户籍人口中这一比例为9%。

尽管泥城镇的重装备产业区和物流园区已经建设成形，但由于泥城镇产能较低的老企业众多，镇财政税收主要以税基不稳定、对就业基本没有贡献的招商引税企业为主。

表 5　泥城镇人口变化情况

单位：人，%

时间	实有人口		户籍人口	户在人不在		人在户不在		来沪人员	
	总量	增长率	总量	总量	增长率	总量	增长率	总量	增长率
2011 年 12 月	95077	9.63	57929	16076	2.63	16987	3.36	37148	30.52
2012 年 12 月	110904	16.65	57656	17379	8.1	17313	1.92	53248	43.34
2013 年 12 月	83584	-24.63	57530	18369	5.7	19859	14.7	26054	-51.07
2014 年 12 月	82012	-1.88	57645	21911	19.28	21982	10.69	24367	-6.48
2015 年 12 月	83594	1.93	57618	28936	32.06	22597	2.8	25976	6.6
2016 年 9 月	77134	-7.73	58918	30020	3.75	33093	46.45	15089	-41.91

资料来源：泥城镇派出所，2016 年 9 月。

3. 书院镇和万祥镇人口变迁与人口结构

临港地区的主产业区位于书院镇和万祥镇。与南汇新城的主城区和重装备产业区的泥城镇相比，书院及万祥两镇是临港地区城市化和经济发展较晚且较为缓慢的地区，目前仍处于发展的起步阶段，自 2010 年以来实有人口增长缓慢。

书院镇的实有人口在经过 2013 年和 2014 年两年的增长后开始下降，下降的原因在于本地户籍人口的持续流出和外地来沪人口的负增长。到 2016 年，来自上海市其他区域的人口也开始出现流出趋势（见表 6）。万祥镇是临港四镇区中人口最少的一个镇，实有人口增长速度经过 2010 ~ 2013 年的小幅增长后开始下降，直到 2016 年，实有人口才在外来人口流入显著增长的情况下略有回升（见表 7）。与其他镇区一样，书院和万祥两镇的本地户籍人口流出量一直呈上升态势，由于两镇经济社会发展缓慢，就业岗位不足，上海市其他区域人口流入少，外地来沪人员占总实有人口比例一直较低。

书院和万祥两镇在人口构成和人口特点方面较为相似。两镇人口都以受教育程度偏低的农业人口为主，书院镇大专以上学历人口只占总实有人口的 3.5%，万祥镇大专以上学历人口占实有人口比例为 6.2%。此外，两镇都是户籍人口老龄化地区，书院镇的户籍人口老龄化率为 27%，万祥镇户籍

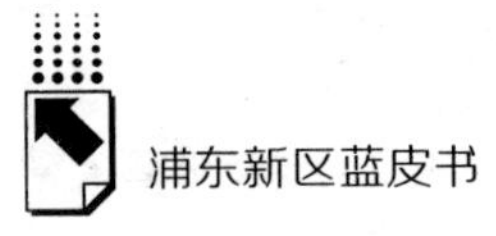

人口老龄化率为23%。

与两镇的经济社会发展程度相对应，两镇的主产业区尚有大量未开发区域，产业区就业人口占比很低。由于两镇的开发还处于初级阶段，镇财政也主要以税基不稳定、对就业没有贡献的招商引税企业为主。

表6　书院镇人口变化情况

单位：人，%

时间	实有人口		户籍人口	户在人不在		人在户不在		来沪人员	
	总量	增长率	总量	总量	增长率	总量	增长率	总量	增长率
2011年12月	70816	0	51527	24129	2.69	24178	2.71	19289	0.67
2012年12月	68996	-2.57	51593	25361	5.11	25413	5.11	17430	-9.64
2013年12月	70867	2.71	51959	25491	5.13	25546	5.23	18908	8.48
2014年12月	75519	6.56	51959	26497	3.95	26544	3.91	23344	23.5
2015年12月	75050	-0.62	52175	27056	2.11	27147	2.27	23184	-0.69
2016年9月	75378	0.44	52194	27087	0.11	27037	-0.41	22972	-0.91

资料来源：书院镇派出所，2016年9月。

表7　万祥镇人口变化情况

单位：人，%

时间	实有人口		户籍人口	户在人不在		人在户不在		来沪人员	
	总量	增长率	总量	总量	增长率	总量	增长率	总量	增长率
2011年12月	25674	7.14	24971	9624	-8.78	5922	10.61	4401	8.40
2012年12月	26585	3.55	24891	10212	6.11	6456	9.02	5447	23.77
2013年12月	26906	1.21	24900	10991	7.63	6296	-2.48	6701	23.02
2014年12月	26324	-2.16	24852	11517	4.39	6619	5.13	6368	-4.97
2015年12月	26327	0	24924	11884	3.19	6550	-1.04	6733	5.73
2016年9月	27754	5.42	24808	11835	-0.41	6485	-0.99	8296	23.21

资料来源：万祥镇派出所，2016年9月。

（二）临港地区的产业人口发展现状

1. 各园区现有产业及就业岗位现状

临港地区的产业规划以高端制造业为主，经过十多年的发展，目前已经形成较大规模。但是，主产业区、重装备产业区、物流园区的企业所提供的总就业岗位数量非常有限。各园区产业过半从事制造业，以资本密集型为主，大部分企业占地面积大但提供的就业岗位不多，且管理和高技能岗位占比较少。各园区企业中的外资企业占比也比较低，300 人以上大企业不足 10%。根据调查，各园区企业就业与人才需求情况有以下特点。①企业高端人才需求少：从业人员中经营管理人员占比和需求最少；在企业的技术人员中，低技能就业岗位占大多数（根据企业访谈以及未更新分析报告），大多数制造型企业中 60% ~70% 的岗位是低级技能工，主要由外地来沪人员和上海本地其他区域人口流入组成；由于低技能、低工资、高强度的工作性质，这类岗位的流动性普遍较强。②就业人员受教育程度偏低：产业类型和企业性质决定了所提供的总岗位少，其中高技能岗位占比低，造成了各园区从业人员整体素质偏低的现状，企业就业人员中大学及以上学历占比不到 1/4。③现有企业对各类人才未来需求量不大，且集中于低技能岗位：尽管产业类型高端，但各园区企业主要以资本密集型制造业为主，企业对人才的需求也主要以中低级技术人员为主，这一需求产生的主要原因还在于低技能人员岗位流失率偏高。根据 2013 年《上海临港地区人才需求调查研究分析报告》（自 2013 年以来，情况并未得到好转），接受调查的企业（总共 291 家中的 244 家）在 2014 年、2015 年和 2016 年对人才的需求总量都不大，低技能人员需求比例三年分别为 74%、75% 和 73%。说明临港现有产业对人才，尤其是高技能人才的吸纳能力严重不足，这也是临港地区近年来人口及人才无法集聚和沉淀的主要原因之一。

2. 各镇区企业及其他产业就业人口

临港地区对企业的优惠政策，尤其是税收返回政策，每年都吸引不少企业注册。在各镇区，泥城镇、书院和万祥镇的镇财政收入均主要来源于这些招商引税企业，这些企业仅注册和纳税在临港地区。只依靠返税政策吸引和支撑，不仅造成了财政税基不稳定，而且对镇区内的就业没有贡献，对地区经济的发展贡献度较低。

包括四所高校在内的主城区人口主要由高校贡献，高校教职员工等教育产业从业人口占到申港户籍人口的一半，在校大学生人数占主城区全部人口的2/3。同时，高校周边的社区服务业提供了大量外地来沪就业岗位。因此，总的来说，高校区集中了包括在校大学生、户籍人口和外地来沪人员在内的主城区总人口的大多数。可以说，主城区人口过度集中于高校教育产业，其他类型就业定居人口比例偏低是南汇新城城市综合活力不足的主要原因。

三　临港地区进一步产城融合所面临的人口问题

（一）人口总量及人口现代化程度对临港的城市发展定位支持不足

临港地区开发建设伊始，就旨在促进上海产业结构转型升级和优化上海城市总体战略布局；在《上海“十二五”规划纲要》中，战略性地提出了要把临港建成综合性现代化滨海城市①。为进一步加快临港地区开发建设的步伐，为上海未来发展提供有力支撑，2013年市政府又编制了《临港地区中长期发展规划》，根据该规划，临港的建设目标是成为服务两大新区、两大港口以及杭州湾北岸、兼具集聚和辐射功能的综合性节点城市。从产业发展的角度，临港地区定位于国家新型工业化产业示范基地、国际航运中心和国际贸易中心的重要载体，以及海洋经济的示范基地。从城市建设角度，临港地区定位于建设产城融合、功能多元、宜居宜业的现代化滨海新城，以抓住长三角一体化快速发展和杭州湾地区联动发展的重要机遇。在这一规划中，明确提出了到2020年，将把临港建设成为一个常住人口80万左右，功能相对独立的综合性节点城市②。

近几年来，临港地区在公共服务、商业配套、生产性以及生活性服务业方面都取得了很大进展；在不断践行着绿色低碳理念的同时打造新一代信息

① 《上海“十二五”规划纲要》（2011~2015年）。

② 《市政府关于印发〈临港地区中长期发展规划〉的通知》（2013）。

技术智慧城区；在文化创意创新氛围培育方面也有了长足的进步。但是，人口增速缓慢、人气不足、产城融合程度不足、产业竞争力不强等瓶颈问题一直未能有效突破。到2016年，总的来说，临港地区仍处于产业园区向产城融合转型的初期。由于临港地区行政所辖的南汇新城、书院镇、万祥镇和泥城镇四镇区原本属于经济社会相对欠发达且人口较少的农业镇，低素质农业人口占实有人口的大多数，除南汇新城的申港社区外，其他镇区的城市化进程还处于刚起步的阶段。

上海在经济增长最快的十年间，全市总人口增加了40%（2000年人口五普到2010年人口六普期间）。相比之下，临港地区四镇区在近十年的建设高峰内，人口增长速度一直较为缓慢，尤其是近几年来增速下降较快，2011～2015年底临港地区总的人口增长幅度仅为4%，低于上海全市平均同期人口增幅（5%）。临港地区只有主城区的申港社区人口增速较快，人口年龄构成也较为年轻。2010～2015年主城区申港社区人口共增长了36%，增长的人口主要由被动迁入人口和外地来沪人口组成，但由于人口基数小，到2016年9月实有人口仅为3.48万人。其他三镇和芦潮港社区不仅人口增速慢（书院镇和万祥2010～2015年五年期间总人口增长率分别为6%和9.8%），而且人口受教育程度普遍偏低。此外，除申港社区外的其他镇区人口老龄化十分严重，户籍人口中60岁以上人口占比从21%到30%不等。户籍人口青壮年劳动力流出速度较快的现象在四镇区内均有发生，根据统计资料和现场调查，本地流出的青壮年劳动力流出方向主要为就业机会更具优势以及教育资源更优的上海其他区域以及临近的惠南镇。

尽管13年来，伴随工业和第三产业的迁入，相应数量的高素质人口迁移进了临港地区，但总体来看，临港的人口现状仍是人口基数小、人口密度小，且人口素质偏低。在一个新兴城市建设窗口期，人口流入，尤其是中高素质青壮年劳动力人口的快速流入及适度集聚是繁荣经济、加快城市化及现代化进程的必要条件和必由路径。但是，临港地区近年来在人口总量、人口增速、人口年龄构成以及人口受教育水平构成等多方面都很难支撑临港地区的战略定位和未来发展。

（二）人口增长对经济增长的推动作用发挥不足

经济发展的最终目的是满足人类物质文化生活的需要，即人口发展，人口应处于经济发展中的核心地位，既是经济发展资源的重要组成部分，也是经济发展的目标对象。人口本身作为一种资源，不仅推动了科技创新，也推动着经济发展和社会进步。同时，人口也是可以成为经济社会发展过程中一个主观动因，特别是在一个地区社会经济发展的初级阶段，是推动经济增长的主要的动力之一。所以，在一个地区的可持续发展中，人口发展因素是一个较为核心的变量，是该地区经济社会发展系统中一个非常活跃的因子。人口质量以及数量直接影响区域可持续发展系统的协调状况和水平。人口数量、人口结构等方面的多种因素反映了区域人口发展的特征及变动情况。尽管从理论上看经济增长与人口数量之间并不存在简单的相关关系，但人口增长与经济增长是互动的。人口增长停滞或衰减对经济发展会带来不良影响，人口衰减造成的消费需求不足是经济衰退的决定性因素之一。有学者更为明确地把经济增长的长期停滞归因于人口增长的长期停滞，人口零增长不利于人口的垂直流动和水平流动，其主要后果一般包括结构性失业加剧和社会负担加重。

中国改革开放以来的实践和理论都表明，人口迁移及流动是中国长期经济增长和地区经济发展的主要因素。城市化与经济增长之间相互促进、互为因果，经济增长推动城市化进程，而城市化反过来作用于经济发展，成为下一轮经济增长的推动力。城市化率与人均 GDP 之间高度相关。临港四镇区中除南汇新城的申港社区外，其他镇区目前的城市化均以伪城市化为主，即较高的城市化率由大量农业人口动转户籍为市民所贡献，从这个意义说，泥城、书院、万祥三镇以及芦潮港社区真正意义上的城市化才刚刚起步。由于户籍人口的老龄化不断加剧，加之户籍青年劳动力人口的持续迁出，外来劳动力对人口缺口的补充已经成为推进城市化进程的主要力量。2011～2016年间，临港地区中只有主城区的申港社区人口总量在外来人口增长的推动下保持了持续增长状态（2015 年突降）。其他镇区外来人口的增长一直十分缓慢甚至大幅下降，主要原因在于镇区自身发展不足，以及园区产业提供的就业岗位不足等问题，但也有人口控制政策干预的原因。

从上海城市总体角度来看，十多年来的人口迅速膨胀给上海的公共资源、环境以及可持续发展都带来了巨大压力，但这种压力在上海的城市空间分布上极不均匀。临港地区偏于上海东南一隅，尽管有两港和自贸区的区位优势，但长期交通不便，其发展起步也远远落后于上海其他区域，到目前还处于产业园区向产城融合方向转化的初级发展阶段，同时也处于城市化发展的初级阶段。临港地区的这些发展特点与上海其他早已高度城市化和现代化的区域反差巨大。此外，临港地区的发展一直由政府强力主导推动，不管是产业布局还是人口导入，都需要由政府强制作用来完成，市场因素发挥的作用一直不够。

不管是从理论上还是区域经济发展实践上，一个小的区域在开发初期，尤其是在创新和技术变革的发展初期，人口增长与经济发展之间呈明显的相互促进关系。如果人口增长的力量足够强大（人口数量增长和人口结构现代化），就能促使传统社区转变生产方式进入更高级的生产力发展阶段。同时，人口增长产生的大量内生需求，会支撑不断扩展的市场。临港地区的发展正好处于这样一个时期，不管是经济增长还是城市化，都需要人口增长来激发和保持发展可持续。临港地区的发展劣势除包括地处偏远、交通不便、城市化水平低、基础设施和社会事业配套不完善外，本地户籍人口一直呈流出趋势，尽管外来人口的流入（包括外地来沪和上海其他区域）对人口数量有所补充，但总人口增长速度较慢；另外由于人口基数低、素质差，不管是人口的绝对数量还是高素质人口比例都无法支撑城市的进一步发展和繁荣。

综上所述，从人口与经济增长相互促进的角度，临港地区应该定义为人口拓展区，而不适合与上海其他高度城市化的区域一起划分为人口限制区。由于基础设施、社会事业配套、产业类型以及交通等诸多因素的制约，临港地区对上海其他区域人口的吸引力严重不足，人口拓展方向应主要依靠对上海以外地区的人口以及人才的吸引，才能保证人口适度增长对经济增长和产业发展的促进作用。

四　临港地区人口与经济发展矛盾破解：促进人口增长与加快城市综合配套建设

（一）促进人口快速流入，试验“人口拓展区”，顺畅人口“流入－就业－居住－定居”环节

2013 年，为加快临港地区的发展，上海市政府在临港地区推出了“建立特殊机制和实施特殊政策”（以下简称“双特”政策），其中提出了相对上海其他地区略为宽松的人才引进配套政策。2016 年，为支持临港地区新一轮发展，又在原有“双特”政策基础上提出了深化完善“双特”政策。这些支持人才流入落户的特殊政策对临港的发展起到了一定的促进作用，但是，由于临港园区产业类型和企业特点，人才政策所覆盖的人群范围非常小，对总人口的增长无法起到有力的促进作用；此外，由于人才政策针对的人口类型要求高，条件限制的放松有限，大量已经就业的外地来沪人口被排除在政策支持以外，在购房以及子女就学等诸多方面困难重重，不少已就业居住人口出于以上原因无法安居定居，最终被迫选择离开临港。

以目前及未来五年的上海区域内交通发展和临港产业类型和企业发展来看，交通时间成本过高和高端就业岗位缺乏是临港地区不具备吸引上海市其他区域人口流入的最重要原因。因此，直接吸引外地人才及人口导入是最现实、最可行的办法。

1. 进一步深化完善“双特”政策，促进人口与人才流入

临港地区四镇区是上海及浦东新区发展起步较晚的地区，进一步深化完善“双特”政策，将临港地区作为“人口拓展”试验区，是加快产城融合、促进人口和经济协调发展的重要措施。其中，应放宽两外定居人员的购房政策、回归《临港地区中长期发展规划》的人口规划目标、建议取消区域内四镇人口控制指标，代之以人口监测，为人口增长扫清政策障碍。

2. 顺畅“流入—就业—居住—定居”环节

促使人口迁移的一个基础解释是“推拉理论”，即有些人迁移是被来源地推挤出去的，而另一些则是被目的地吸引过去的，其中拉动因素比推出因素作用更大也更为重要，人们想要得到物质富足与个体发展的动机是迁移的主要原因，在新的地方得到更好发展的愿望比逃离不愉快的地方更为有力地解释了人口的自愿迁移。因此，促进人口增长，特别是就业定居人口的增长首先要增强拉动因素的吸引力。人口迁移调查的文献显示，人口跨地区迁移多归因于工作就业，而短距离的同市迁移大多与住房相关。而国内外经验均显示，年轻人显然比其他年龄组更具迁移性。人们在做出迁移决策时，不仅考虑短期内的预期收入和成本差异，同时也考虑长期的预期收入和成本。如果长期预期能弥补短期收入和成本损失，人们也会做出迁移的决定。城市就业率的高低不仅取决于新创造的就业机会的多少，还与迁移者在城市中停留时间的长短有关，停留的时候越长，找到工作的概率越大。

临港未来五年旅游产业的大发展，将带动上海市区和周边以及全国的旅游人数迅速大量增长，也会带来就业岗位的增加，与旅游会展相关的服务业也将大幅增长，这将为主城区产城深度融合、城市化进一步发展提供大量就业定居人口。其中，外地人口就业岗位将占较大比例，尤其是旅游相关的服务业，将主要由外地来沪人员构成。

促进人口增长，需要在人口“流入—就业—居住—定居”这一链条中顺畅每一个环节，每个环节都有强化拉动因素的吸引力的着力点，力争把临港地区建设成为上海乃至全国各类青年人才就业和创新创业的理想之地，逐步增加城市就业定居人口数量，改变主城区以在校生为人口多数的局面。

3. 扩大临港地区人才自由港知名度，为创新创业人才的集聚提供宽松的政策环境

为加强国际人才自由港建设，应充分发挥并拓展临港地区特别机制和特殊政策的优势，积极营造具有国内以及国际竞争力的人才发展环境，开展人才政策创新试点，不仅着眼于高端建设国际人才创新试验区，也要积极吸引全国其他地区的青年人流入，促进临港大学园区产业、战略性新兴产业以及海洋经济的规模化发展，将临港地区打造成为国家和上海的青年创新创业基地。

（二）加快城市综合配套建设

（1）加快多领域、多层次的公共服务体系建设，包括提高现有教育、医疗、文化、体育等公共服务、休闲娱乐以及商务服务水平，进一步满足多样化需求并探索高端服务供给。进一步增加产业园区餐饮、住宿、文化等基本城市配套服务功能，完善公共服务功能，提高城市生活配套水平。不仅要坚持功能引领和人才优先原则，还要保证各行业各类人员就业环境公平。

（2）提高中小学教育服务水平、加强幼儿园建设，加大教育资源的引进和建设力度，积极承接中心城区优质教育资源的输出转移，成为区域性优质教育资源集聚地。整合职业技术教育资源，为区域经济发展培养高技能人才。

（3）继续保证公共租赁房和限价商品房的建设，以吸引居住人口，提升现代化的社区管理水平，营造快捷便利的生活和就业环境。

（4）完善区域内公共交通网络建设，增加轨道交通短驳公交配置，创新公共交通模式，提高交通管理水平。加快城区自行车道、步行道以及环湖观光线路建设。

（5）加快建设对外交通基础设施。大力推进以铁路、公路、快速轨道交通线为主的对外综合交通体系建设。

（6）完善水电气等基础设施。全方位加强城区水系水利、供排水、电力、燃气等配套设施建设。

（7）加强智慧城区建设。在推进“数字临港”、地理信息系统建设的基础上，加快引进新一代信息技术，推进区域信息化建设，形成完整、高端的智慧城市基础设施体系，为全区域的智能化管理和智能技术应用创造条件。

参考文献

〔美〕约翰·R. 魏克斯：《人口学概论》，中国社会科学出版社，2016。

简新华：《中国经济发展中的人口资源环境问题》，山东人民出版社，2009。

临港集团：《上海临港地区人才需求调查研究调查分析报告》。

《市政府关于印发〈临港地区中长期发展规划〉的通知》，2013。

B.9
工业4.0背景下浦东产业转型升级的新机遇与新布局

王志航*

摘 要: “工业4.0”和《中国制造2025》开启了第四次工业革命的纪元。在互联网和新型工业化的背景下，浦东新区需要充分利用产业转型升级的历史机遇，建设城市智慧工厂，逐步实现城市产业朝着智能化方向发展；加强自主创新能力，发展以智能机器人制造为代表的智能制造产业、大数据为代表的新一代信息技术产业和新能源技术研发运用为代表的新能源汽车产业，作为产业升级的突破口，重点布局张江、金桥、临港等产业基地，实现产业发展的新突破。

关键词: 产业升级 工业4.0 智能化 大数据 新能源

一 工业4.0带动新一轮产业革命

（一）德国工业4.0战略

1. 实施背景

2013年4月，在德国的工业制造业中心汉诺威召开了全球国际工业博

* 王志航，硕士，浦东新区党校教学处教师，主要研究方向为新型工业化、产业发展。

览会。会上，德国“工业 4.0 工作组”公布了题为《保障德国制造业的未来：关于实施“工业 4.0”战略的建议》①（以下简称“工业 4.0”）的国家制造业发展战略。这一高科技战略旨在充分借助德国传统机械工程、电子和汽车等产业的制造业优势，维护德国制造工业在世界上的核心竞争力，保持德国在全球制造装备领域拥有领头羊的地位，引领实现新一轮制造业的革命性突破。“工业 4.0”由德国联邦教研部与联邦经济技术部联手资助，在德国工程院、弗劳恩霍夫协会、西门子公司等德国学术界和产业界的共同建议和推动下形成，作为德国举国上下的战略决策，得到了政府、学术界和企业的充分重视。目前，德国联邦政府针对这一计划的投入已达 2 亿欧元。德国重新将制造业的革命性变革提升到战略高度缘于其对制造业比较优势丧失的担忧。从传统制造业来说，中国凭借巨大的人口红利和强大的国家政策支持，利用改革开放的历史机遇大力发展制造业，已经在数控机床、机电产品等领域实现了跨越式发展，占领了传统制造业市场。而次贷危机后的美国在复兴过程中也逐步实现了制造业的强势回归。2009 年，美国发布了《重振美国制造业框架》，提出了“再工业化战略”和“先进制造伙伴战略”，意在恢复美国在制造领域的领导权。其一系列工业研发活动和汽车、生物制药、IT 等产业的高速发展压缩了德国高端制造业的市场。加上日本和其他欧洲国家在高端装备制造等领域占有一席之地，德国的工业转型升级已经迫在眉睫。

2. 基本内容

从制造业的历史传统来说，德国长期专注于工业科技产品的创新和研发工作，以及对复杂工业过程的管理和监督。德国拥有强大的高科技设备和工业制造车间，在世界信息技术领域拥有很高的能力水平，在嵌入式系统和自动化工程方面也有很深的造诣，这些因素共同奠定了德国在制造工程工业上的领军地位。有关数据表明，“2013 年欧盟企业研发投资排序中，11 家德

① 工业 4.0 工作组：《德国联邦教育研究部：德国工业 4.0 战略计划实施建议》，《机械工程导报》2013 年第 7 期。

国公司居前25位，大众汽车公司年度研发费高达58亿欧元”。[①] 前三次工业革命分别带来了机械化、电气化和信息技术，实现了从手工生产到自动化生产的转变。2015年4月14日，以“融合的工业——加入网络”为主题的汉诺威工业博览会开幕。在开幕式上，默克尔政府宣布将工业4.0战略上升为德国工业4.0平台。相较于工业4.0战略，工业4.0平台加大了战略执行的推动力，保证战略在各部门、企业之间的协调与落实，调动各种积极力量，推动工业革命的新纪元。工业4.0开启的第四次工业革命以信息物理系统（物联网）为代表，将“生产机器、储存系统、生产设施进行充分整合，从根本上改变工业生产方式和制造技术”[②]。

（二）四次工业革命的演进历程及特征

一般认为，人类的工业发展历史经历了四个阶段，也就是人们常说的四次工业革命。从工业1.0到工业4.0（当然工业4.0这个概念仍有待商榷），工业发展实现了从蒸汽时代到智能制造的跨越。以瓦特发明蒸汽机为代表的第一次工业革命时期，蒸汽机得以发明和广泛使用，解放了人们的双手，实现了工厂手工业到大型手工业的跨越，带来了资本主义生产力的第一次大发展。纺织业、蒸汽机车制造业飞速发展。工业革命的发起国英国出现了“圈地运动”，使人民离开了固有的土地，开始走进工厂工作。资本主义国家出现了第一批产业工人。1860年前后开始的第二次工业革命（工业2.0）使得电力和发电机开始大量应用于生产之中，生产效率进一步提高。标准化的零部件生产和规模化生产大大降低了商品的生产成本，进一步带动了资本主义社会的发展繁荣。进入20世纪中后期，随着电子计算机的发明和电子信息技术的推广，与信息技术紧密相连的第三次工业革命（工业3.0）实现了流水线和自动化生产，大幅降低了人类的体力和脑力劳动。而第四次工业

① 李金华：《德国“工业4.0”背景下中国制造强国的六大行动路径》，《南京社会科学》2016年第1期。

② 李金华：《德国“工业4.0”背景下中国制造强国的六大行动路径》，《南京社会科学》2016年第1期。

革命将带来智能化生产，实现人与机器的“人机协作”生产，开启人类工业发展的新纪元。

（三）工业4.0的两大主题

工业4.0主要围绕两大主题展开，分别是智慧工厂和智能生产。智慧工厂的发展重点是研究智能化生产系统及运作过程，实现生产设施的网络化分布。智能生产主要涉及整个企业的生产物流管理、人机互动、3D打印以及材料制造等技术在工业生产过程中的应用等方面。在这两大主题的指引下，未来的工业生产将会是高精度、高品质、多品种、小批量的智能产品，位于城市的智能工厂和使用清洁能源，具有极高的资源利用率，实现可持续发展的绿色生产的有机结合。

二　中国产业升级的新方向

（一）中国产业发展现状

中国被称为“世界工厂”，拥有着规模巨大、门类齐全的制造业。然而事实上，中国制造业在全球产品供应链和价值链中长期处于高耗能、低附加值的不利地位，粗放的经营方式和低效的资源使用率给环境造成了巨大的压力。如果不加以转型，中国制造业将难以实现可持续发展，制造业的缺失将会对中国的全面协调和持续发展产生消极影响。

当前，我国正处于产业结构升级换代的关键时期。这一关键性体现在：一方面，人口红利和传统制造业的发展面临瓶颈，世界制造业技术壁垒和环境壁垒日益增加。随着我国人力成本的攀升，传统制造业正向柬埔寨、越南、马来西亚等东南亚国家转移。另一方面，美国、德国等发达国家垄断高端制造业市场，排挤中国等后发国家通过技术革新进入高端制造领域，希图长期利用“剪刀差”来获取高额的工业利润。目前，我国正处于多种工业化形态并存的状态，工业产业的发展极不平衡。我国制造业正经历着从工业

1.0到工业2.0和从工业2.0到工业3.0同时跃迁的过程，而提出工业4.0战略的德国总体上处于工业3.0向工业4.0过渡的阶段。中国大多数生产性企业都处于工业2.0的时代，即采用电力驱动的流水线大规模生产方式，以标准化生产和规模化集成组装来降低成本。只有少数生产企业，比如富士康集团基本达到了工业3.0水平，即以电子信息技术为主的无人化工厂，从而降低了人类的体力和脑力劳动，基本实现了自动化生产。从未来的发展趋势来看，工业3.0向工业4.0的升级过渡，实质上是工业的自动化生产向工业智能化、工业物联网方向的转型，这将会是智能化工业生产与互联网的有机结合，其中的人工智能和人机交互技术（人与机器、机器人协作）、大数据技术将会起到至关重要的用。

（二）中国制造2025

1. 基本方针

2015年5月，我国发布了《中国制造2025》，明确提出了建设制造强国的“三步走”战略，为中国制造业由大变强描绘了一张蓝图。中国工程院院长周济指出，“制造业是国民经济的主体，是立国之本、兴国之器、强国之基”。[①] 而《中国制造2025》的核心目标就是推动我国的产业结构向中高端迈进，坚持创新驱动、智能转型、强化基础、绿色发展，加快从制造大国向制造强国的转变。战略确立了创新驱动、质量为先、绿色发展、结构优化、人才为本五项基本方针，将推动包括国家制造业创新中心建设、智能制造、工业强基、绿色制造、高端装备创新实施的五大工程。《中国制造2025》立足市场主导和政府引导相结合的方针，在充分发挥市场在资源配置中的决定性作用的同时，注重政府宏观调控的调节作用。战略既立足当前，又着眼于长远，坚持全面推进、重点突破、自主发展和合作共赢的四项原则。

---

① 周济：《智能制造——“中国制造2025”的主攻方向》，《上海信息化》2015年第1期。

2. 产业发展方向

《中国制造 2025》是我国实施制造强国战略的总体指导方针，也是中国制造业实现赶超战略的第一个十年期行动纲领。他指出了未来将会大力推动、重点发展的十个重点领域，分别是“新一代信息技术产业、高档数控机床和机器人、航空航天设备、海洋工程装备及高技术船舶、先进轨道交通设备、节能与新能源汽车、电力装备、新材料、生物医药及高性能医疗器械、农业机械装备”①。根据工信部对《中国制造 2025》的解读，中国建设制造业强国的目标将会分阶段逐步实现：“2025 年进入世界第二方阵，迈进制造强国行列；2035 年位居第二方阵前列；2045 年跻身包括美、德、日在内的第一方阵，成为具有全球引领影响力的制造强国。”②

（三）“互联网 +”与《中国制造2025》相辅相成

1. 国家鼓励、支持“互联网 +”

仅仅在《中国制造 2025》发布两个月后，2015 年 7 月 4 号，国务院又发布了关于积极推进“互联网 +”行动的指导意见，意见明确指出要充分把握世界“互联网 +”发展的总体趋势，进一步发挥我国互联网既有的规模庞大、应用广泛等优势，推动互联网应用由以网络消费为主的消费型应用向以工业生产为主的生产领域拓展，进一步加快传统产业的升级换代，对各行业的创新能力给予正面引导，积极创造经济社会平稳有序发展的新优势和新契机。坚持深化改革与体制创新，发挥市场的导向性作用，进一步确立企业的主体地位，从广度和深度两方面促进互联网与经济社会各领域相融合。以体制机制改革的深化为契机，开拓创新转型发展的新局面；做大增量、做优存量，推动经济质和量的全方位提升；通过发展新兴产业，谋求经济增长的新突破；推动政府服务模式的创新转型，在网络健康有序发展的基础上，保证网络环境安全，提升政府的公共服务水平。计划到 2025 年，“使网络

---

① 《国务院关于印发〈中国制造 2025〉的通知》，中国政府网，http：//www. gov. cn/zhengce/content/2015 －05/19/content_ 9784. htm。

② 王德显：《德国工业 4. 0 战略对中国工业发展的启示》，《税务与经济》2016 年第 1 期。

化、智能化、服务化、协同化的‘互联网 +’产业生态体系基本完善，‘互联网 +’新经济形态初步形成，‘互联网 +’成为经济社会创新发展的重要驱动力量”。[①] 推进“互联网 +”主要集中在十个方面，即“创新创业、协同制造、现代农业、智慧能源、普惠金融、益民服务、高效物流、电子商务、便捷交通、绿色生态”[②]。这十个方面侧面反映了一个共同的目标就是：“互联网 +”带动传统产业升级。目前，互联网已经渗透到社会生活的各个领域，全面带动了产业结构的升级和社会服务的优化。

2. “互联网 +”协同制造推动互联网与制造业的深度融合

国务院发布的《关于积极推进“互联网 +”行动的指导意见》将鼓励“互联网 +”协同制造作为十大重点行动之一，旨在实现互联网与制造业的深度融合，实现制造业向数字化、网络化、智能化方向转型升级，通过产业链协作的方式，发展以互联网为依托的协同制造新模式。意见指出，智能制造将会成为下一阶段大力发展的方向。以智能工厂为总体目标，加快智能制造的试点示范工作；在工业生产中，加快推动云计算、物联网、智能工业机器人等技术的应用型研究，实现生产装备的智能化升级、对原有生产方式进行工艺流程改造，促进行业内部和行业间的基础数据共享。《中国制造2025》同样指出，要加快发展智能制造装备和产品：组织研发具有深度感知、智慧决策、自动执行功能的高档数控机床、工业机器人、增材制造装备等智能制造装备以及智能化生产线。推进制造过程智能化：在重点领域试点建设智能工厂，加快人机智能交互、工业机器人、智能化物流管理、新材料制造等技术装备在实际生产过程中的应用。

3. 智能化——中国产业升级的新方向

第四次工业革命最显著的特点就是生产的智能化。智能化也是工业 4.0 和“物联网”发展的核心与灵魂。从工业 3.0 向工业 4.0 升级的本质就是

① 《国务院关于积极推进“互联网 +”行动的指导意见》，中国政府网，http：//www.gov.cn/zhengce/content/2015 -07/04/content_ 10002.htm。

② 《国务院关于积极推进“互联网 +”行动的指导意见》，中国政府网，http：//www.gov.cn/zhengce/content/2015 -07/04/content_ 10002.htm。

自动化向智能化的转型。一方面，工业 4.0 时代的制造业使得生产更加灵活和智能化，产品可以实现自主运行、自我管理和自我优化；另一方面，自动化向智能化发展的过程，也是制造工艺流程越发细化复杂的过程，“企业驾驭复杂的能力也必须配套地进行升级，才能充分发挥物理——信息系统的潜力”。[①] 我国目前在装备加工、交通工具、可穿戴设备、医疗器械等领域的智能化发展已经取得了一定成果，但还远达不到人机交互等智能化要求，工业智能化发展依然任重道远。

三　浦东产业转型升级的新机遇

“十二五”期间，浦东战略性新兴产业方面投资已经超过千亿元。随着“调结构、稳增长”方针的逐步推进，“三大（新一代信息技术、新能源汽车、高端装备制造）三新（生物产业、航空航天装备、新能源）”产业保持了良好的发展态势。产业链集聚效应在国家优先布局、重点发展的大飞机、大船、高端装备、航空发动机等领域初步形成，带动了高端制造业的发展，进一步促进了浦东产业结构的优化升级。其中，中国商用飞机的总部、研发设计中心、总装基地及发动机配套等一体化的大飞机产业链在浦东形成集聚效应；上海通用汽车设计与工程技术中心金桥基地项目、普罗新能源（二期）项目、昀丰 LED 项目等悉数落户浦东。

浦东新区“十三五”规划指出，要加快产业升级，“把握全球新科技革命和新一轮产业变革的趋势，以及《中国制造 2025》、‘互联网 +’等发展方向”，“推进信息化与工业化深度融合，进一步优化电子信息、汽车、成套设备、生物医药、新能源、民用航空等‘三大三新’制造业格局，更加注重围绕以人机一体化等为支撑的智能制造”。在未来几年中，浦东将建成上海战略性新兴产业的主导区和功能示范区。

---

① 黄阳华：《德国“工业 4.0”计划及其对我国产业创新的启示》，《经济社会体制比较》2015 年第 2 期。

（一）互联网技术与工业生产深度融合，建设城市智慧工厂

在互联网技术与工业生产综合运用方面，服务互联网和物联网将把智能物料、智慧工厂和智能产品三者有效地统一在一起。智慧工厂将通过PLM（Product Lifecycle Management，产品生命周期管理）、ERP（Enterprise Resource Planning，企业资源管理）、QMS（Quality Management System，质量管理体系）、ERP（Energy - Related Products，能源相关产品）等互联网技术对工厂进行智能化管理。具体来说，ERP是以计算机为核心的企业级管理系统，是企业进行生产管理及决策的平台工具。它包括财务预测、生产能力、调整资源调度等方面的功能，旨在配合企业全面实现质量管理、生产资源调度管理及辅助决策等目标。PLM是一种对产品整个生命周期的有关信息，包括创建、管理、分发和应用等一系列环节的应用性解决方案，它能够集成与产品相关的重要信息，包括产品生命周期、生产流程、产品应用系统等。这一方案既可以应用于企业内部，也可以应用于在产品研发领域具有协作关系的企业之间。PLM主要包含以下方面的内容：①基础性技术和相关标准（如XML、可视化标准、企业间协同和相关应用集成）；②进行信息创建、分析的工具性系统（如机械领域的CAD、电气领域的CAD、助软件工程的CASE等）；③核心管理功能（例如数据集成、有关文档和资料管理、工作流程和任务管理等）；④应用性功能（如配置安排、配方监管、合规判定）；⑤面向所从事行业或业务的“一站式”咨询服务和“交钥匙”解决方案（主要集中于汽车和高科技领域）。QMS通常包括质量标准制定和目标管理以及与产品质量息息相关的策划、控制、改进等活动。它对若干体系要素加以选择、整合，以使其更加符合企业自身的特点。从产品的设计研发、生产、检验、销售、使用、售后的全过程入手，规范质量控制管理工作，使企业内部的质量监督工作实现制度化、标准化。ERP是指以能源的输入、操作为基础，包括那些发动、运送、测量该能源的相关产品。

“互联网+”工业将带来产业升级后的智能化全新工业产品。这些产品将会是信息存储、传感、无线通信功能的集成。首先，产品是信息载体：产

品在整个完整的供应链和生命周期中都一直带有自身信息。其次，产品是一个系统的整体：它将会影响其所在环境。最后，产品具有自监测功能：产品会对其自身状态和环境进行监测。

（二）大力发展以智能机器人为代表的智能制造产业

智能制造产业是信息技术和制造业有机结合的结果。人工智能产业在促进信息技术产业、高端装备制造业发展的同时，也为如汽车制造、飞机制造等产业的升级发展提供物质支持，是浦东“三大三新”产业升级发展的“金钥匙”。其中，具有代表性的智能机器人研发与运用，不仅可以带动智能制造业自身的发展，也将对其他产业的智能化升级产生推动效应，从而带动整个浦东产业结构的转型优化。

1. 智能机器人产业发展状况

近年来，随着工业产业和机器人产业的迅猛发展，中国机器人产业的市场规模逐年扩大。截至 2015 年，中国的机器人市场规模已经达到 20 亿美元，年均增长 28%。上海目前已经有 100 多家机器人公司落户，其中既包括川崎、发那科等国际公司，也包括新松等国产机器人公司。目前，中国的机器人市场主要掌握在世界工业机器人制造领域的“四大家族”手中，他们是瑞士 ABB 公司、德国库卡公司、日本的发那科和安川电机公司。他们在机器人制造工艺技术方面处于领先地位，约占中国机器人市场份额的 63%。同时，这四大外国厂商基本垄断了机器人制造的核心技术。具体来说，机器人制造技术分为上游、中游和下游三个层次。上游产业主要包括机器人核心零部件制造（包括伺服电机、控制系统和减速器），中游产业主要是指机器人本体的制造。目前，上游和中游产业基本为四大家族所控制，他们无论是在工艺还是在材料研发方面都有明显优势，大部分机器人本体由他们生产制造，因此，他们被称为“机器人本体制造商”。下游产业主要指机器人的集成应用，中国的绝大多数厂商都处于此阶段。现阶段，汽车制造行业是中国机器人应用的最大市场，基本为外商所垄断。据《经济观察报》披露，2012 年中国市场的机器人销量仅为 1112 台，而合资及独资品牌销量高达25790台，市场占有率分别为4%和96%。但截至2015年，国产机器人的市场份额已经提升到20%，对国外厂商形成了一定的竞争力。

2. 人工智能产业发展的机遇与挑战

浦东的智能机器人市场可谓挑战与机遇并存。我们面临的挑战是，上海大多数机器人公司均为外资或合资公司，高端机器人制造技术基本为国外厂商所垄断，机器人应用的最大市场，汽车制造行业基本为国外机器人厂商所占领。不过，浦东自主智能机器人的发展尚存在着较大空间。目前，国内智能机器人的使用比例还不高，工业机器人市场密度与美国、日本、西欧等国家和地区相比较低。浦东的汽车工业、装备制造业、食品工业、加工工业、新材料工业在张江、金桥、康桥、临港等工业园区相对集中，在面临劳动人口减少、劳动力价格升高、制造业成本上升的情况下，智能机器人将会是最佳的劳动力替代方案。虽然汽车制造领域的机器人市场已经基本为外资机器人所占据，但在汽车工业之外的制造业领域，例如金属加工、卫浴五金、食品加工等传统制造业，自主智能机器人仍有较大的发育空间。主要是因为：①上海的制造业非常发达、应用领域众多，市场需求旺盛且多元化趋势明显，这一点国外的其他市场很难做到；②非汽车行业的机器人应用，尤其是新兴产业的机器人应用，尚未形成成熟的解决方案，这使得国内智能机器人在与国际四大机器人厂商的竞争中处于相对有利的位置。只要充分运用浦东新区开放的环境，辅之以政府的政策扶持，智能机器人产业将成为上海产业转型升级的重要突破口。

（三）大数据产业是新一代信息技术产业的代表

1. 大数据的概念及特点

大数据，又被称为海量数据、巨量数据、大资料（Big data）。“指的是所涉及的数据量规模巨大到无法通过人工，在合理时间内到达截取、治理、处置并整理成为人类所能解读的信息。”① 网络上每一笔搜索、每一笔买卖、

① 《图说大数据，开启全新商业模式》，点灵网，http：//www.68dl.com//research/2014/0917/7946.html。

每一笔输入都是一种数据资源，通过计算机进行筛选、整理和关联性分析，不仅可以获得简单、有效的结论，有时还可以影响政府的决策性判断和企业发展经营目标的调整，搜集起来的数据通过分析加工，可以产生更大的应用潜力。大数据的常见特点是4V：Volume、Velocity、Variety、Veracity（数据量大、输入和处置速度快、数据多样性、真实性）。

2. 国家鼓励以大数据为代表的新一代信息技术产业的发展

国务院《促进大数据发展行动纲要》（以下简称《纲要》）指出，“大数据是以容量大、类型多、存取速度快、应用价值高为主要特征的数据集合，正快速发展为对数量巨大、来源分散、格式多样的数据进行采集、存储和关联分析，从中发现新知识、创造新价值、提升新能力的新一代信息技术和服务业态”。[①]《纲要》同时认为，大数据主要有以下三个发展趋势。①为经济转型发展注入新的活力和动力。以大数据为先导，引发的技术、资金、人才等资源的流动，将深刻影响原有的社会分工和生产组织模式，进一步推动生产组织方式的创新和集约化生产。大数据带来的全新商业模式，催生了新业态的产生与发展，为互联网等新兴领域实现业务创新增值、提升企业核心竞争力提供了新的驱动力。进而引发信息产业的革命，促进信息产业新格局的形成。②重塑国家竞争优势的新机遇。大数据作为国家重要的基础性战略资源，将引领新一轮科技创新，同时关系国家的网络空间数据主权。只有充分利用、发掘和释放数据资源的潜在价值，发挥数据资源的战略作用，才能不断维护国家安全，稳步提升国家竞争力。③提升政府治理能力的新契机。大数据应用通过数据分析，揭示相关性而非因果性的关联关系，推动政府数据资源的开放共享和各项社会事业数据的资源整合，提升政府的数据分析和数据应用能力，为处理复杂的社会问题提供新的有效手段。通过建立“用数据说话、用数据决策、用数据管理、用数据创新”的管理机制，实现以数据分析和运用为基础的科学决策，将推动政府管理理念的创新和社会治

① 《国务院关于印发〈促进大数据发展行动纲要〉的通知》，中国政府网，http://www.gov.cn/zhengce/content/2015-09/05/content_10137.htm。

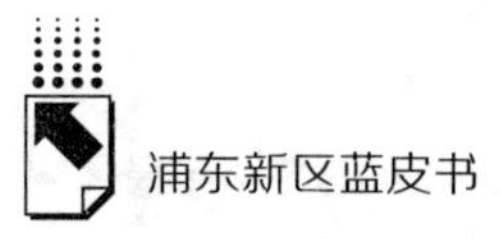

理模式的突破，从而进一步促进创新、廉洁、高效的服务型政府建设，最终完成政府治理能力的现代化升级。

3. 未来浦东大数据产业的发展方向

贵阳大数据交易所发布的《2015 年中国大数据交易白皮书》显示："2014 年中国大数据市场规模达到 767 亿元，同比增长 27.83%"。预计到 2020 年，中国大数据产业市场规模将达到 8228.81 亿元。而从现有的市场分布来看，上海的大数据企业仅占到全国大数据企业总数的 15%，远低于北京的 57%，市场发展潜力巨大。[①] 在浦东推动新一代信息技术产业发展的过程中，可以从六个方面着力开拓、发展大数据相关产业。

（1）数据租售产业：对广泛搜集到的、具有时效性的数据进行精心过滤，变大规模的无序数据为有效的数据资产，为政府、企业和社会组织有偿提供这些有分析和研究价值的数据。政府通过向第三方企业机构购买数据，减轻自身从事调研和数据搜集的压力。

（2）数据信息租售产业：数据经过加工，将成为具有一定意义和特征的数据集合。将这些数据集合整合为有效的数据信息，同时聚焦于一个或者多个行业。通过广泛收集相关数据、深度整合萃取信息，辅之以数据中心和专用的传播渠道，可以变有效数据为有效信息，进一步提升数据的利用效率。这些信息的租售业务，在未来将具有非常广阔的发展空间。

（3）媒体营销产业：运用大数据从事营销对象分析，可以提高广告和媒体宣传的针对性，从而提升媒体的宣传效果。因此，为宣传媒体提供专业的数据分析将拥有广阔的市场前景。目前，全球广告市场规模约为 5000 亿美元。对实时、海量的大数据进行精准分析，千亿级传媒公司的发育土壤和成长空间依然存在，其盈利来源就是精准营销。

（4）数据分析产业：这一产业相较于数据租售和信息租售，对于数据分析能力的要求更为苛刻。因为大数据具有关联性而非传统的因果性关系，通过对大数据分析进而实现风险预测和规避就显得尤为重要。比

① 数据堂，http：//www.datatang.com/。

如针对浦东的证大等企业从事的微金融和无抵押小额信贷业务，通过分析小微企业和借贷人的交易数据、财务数据，收支情况等内容，可以通过数据关联性计算出贷款数额，解决贷款时间等关键问题，把坏账风险降到最低。

（5）数据空间运营产业：目前，国内外较大的互联网公司都在提供此类服务，想在数据空间运营领域分一杯羹。百度、360、网易等国内企业已经嗅到了大数据业务的商机，通过发展微盘、网盘等网络数据存储平台来抢占个人、企业的数据资源。这一产业一旦有公司或者公司联盟可以成长为较大规模的数据聚合平台，将从前四种产业中轻松获利，从而实现盈利最大化和多元化。

（6）大数据技术研发、供应商：中国目前尚未出现一家像 Palantir、FICO 这样具有垄断性质的大数据企业。现有的大数据企业中，也没有一家在美股、港股和深交所上市，大数据行业尚未形成规模效应。大数据还没有让大龄男女精准地找到对象，也没能解决城市拥堵问题，大数据技术的运用和研发尚处于初始阶段。因此，大数据技术研发和供应公司将会站在大数据产业的金字塔顶端，获得最高的利润和收益，而这类企业的培育、发展和壮大应该是浦东大数据产业发展的终极目标。

（四）新能源产业发展前景广阔

2015 年，浦东新区“三大三新”产业总产值 5684.18 亿元，电子信息、汽车和装备制造业产值分别为 2609.22 亿元、1473.51 亿元、1190.63 亿元，生物医药制造业、航空航天器和新能源制造业产值分别为 406.72 亿元、9.25 亿元和 97.98 亿元。① 这六大产业中的每一个产业都与新能源产业的研发与运用密不可分，新能源制造业是其他五大产业转型发展的重要物质驱动力。在浦东新区深化战略性新兴产业布局，聚焦高端领域，加快形成“二三二”产业协同发展格局的过程中，“做强做大新一代信息技术和高端装备

① 浦东政府网站，http：//www.pudong.gov.cn。

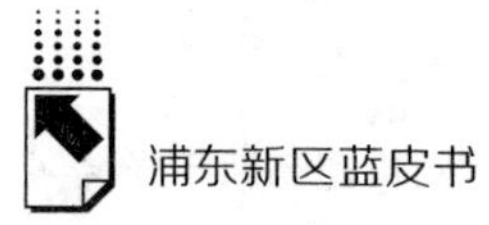

产业，提升生物、新能源和节能环保产业，着重培育新材料和新能源汽车产业”① 成为未来浦东产业发展的指导方向。到2016年末，浦东将初步建成上海战略性新兴产业主导区，成为带动上海、辐射全国的战略性新兴产业聚集区。

1. 新能源的研发与应用

浦东新能源产业已经初步具备了一定的产业基础。“十三五”期间，浦东新区计划在张江打造新能源产业的研发和总部基地，在南汇工业园区建设新能源产业化基地，在临港建设新能源应用与低碳节能经济示范城。目前，浦东已经引进了林洋集团、正泰集团、益科博能源、新陆地太阳能、理想能源、山路集团等重点企业，已有薄膜太阳能电池关键生产设备投产。2016年，浦东新区新能源产业产值将达到500亿元，成为全国新能源技术和设备研发、产业化示范、产业示范应用基地和新能源产业服务高地。“十三五”期间，浦东将更加充分发挥在信息、人才、工业基础等方面的优势，成为上海乃至全国的新能源技术研发中心，充分体现发展先进制造业的比较优势；成为新能源技术的示范中心，通过新能源技术的引领和示范作用，促进“三大三新”产业，尤其是先进制造业的跨越式发展。总体来说，新能源产业将为浦东整个战略性新兴产业提供物质支持，从而带动整个产业链的发展。

2. 以新能源汽车为代表的新能源产业

新能源汽车是浦东新区汽车产业升级的重要方向。2016年，新能源汽车产值将达到150亿元，浦东将初步成为全国重要的新能源汽车研发、检测、营销中心，新能源汽车关键零部件和整车生产基地。2014年4月23日，美国特斯拉汽车公司在金桥举行了新车交付仪式，特斯拉纯电动车的交付，标志着特斯拉正式进入上海市场，并拉开与浦东的合作帷幕。浦东将在牌照准入、维修中心资质认定、充电桩配套等方面为特斯拉落户金桥项目提

① 上海市经济和信息化发展研究中心：《上海市浦东新区“中国制造2025”城市试点示范实施方案（讨论稿）》。

供配套支持。在注重新能源汽车项目引进的同时，浦东新能源汽车的相关研发工作也已提上日程。上汽集团、通用汽车、泛亚汽车、奥威科技等企业已在金桥工业园区和临港地区展开了混合动力汽车、纯电动汽车和超级电容汽车的生产与研发工作，张江、南汇工业园区也有御能动力、上海联创、海能汽车、博信公司等企业进行供电动/混合动力汽车使用的驱动电机系统、汽车控制器、新能源电池、整车网络和系统集成等相关配套零部件研发和生产。浦东新能源汽车产业正由点到面逐步推进。

四　对浦东新区产业升级布局的思考

从全市范围来说，浦东新区有着一定的产业基础和优势。截至2014年，浦东新区拥有国家级企业技术中心和研发中心23个，市级134个，外资企业研发中心195个。经认定的高新技术企业1383家，占全市的25.5%；科技小巨人（培育）企业310家；技术先进型服务企业173家，占全市的57.45%。

“十三五”期间，浦东立足产业的创新转型升级发展，进一步优化“三大四新”（新一代信息技术产业、节能与新能源汽车产业、高端装备制造产业和生物产业、航空航天装备、新能源产业、新材料产业）先进制造业格局，在制造业产值增长有所放缓甚至下降的情况下，积极调整优化传统优势产业，推进制造业转型升级和结构调整。着眼浦东的长远发展和国际竞争力的塑造与提升，积极实施智能制造创新突破和工业强基工程，打造技术创新平台，促进产业创新发展。注重发展以人机一体化等为支撑的智能制造，以新能源汽车和新能源装备等为主的绿色经济，以智能穿戴和智慧医疗等为主的健康经济，以及以云计算、物联网、大数据为支撑的平台经济，同时在新材料、海洋经济、再制造等领域培育新的产业增长点。推动园区转型升级工程，加强创新转型发展载体建设；推进“专精特新”培育工程，助推中小企业跨越式发展。浦东新区2011～2015年七大开发区制造业产值如表1所示。

表1　浦东新区2011~2015年七大开发区制造业产值

单位：亿元

开发区＼年份	2011	2012	2013	2014	2015
金桥开发区	2275.66	1886.76	1976.31	2047.94	1825.63
外高桥开发区	731.47	727.78	646.16	572.7	509.83
张江高科技园区	555.7	583.94	619.69	758.37	848.82
康桥产业园	1372.58	1669.01	1565.25	1496.47	1827.26
临港产业区	204.89	221.56	231.41	249.17	262.96
南汇工业园	132.18	134.49	82.75	86.19	149.2
国际医学园	26.97	31.97	37.73	41.75	42.2
合　计	5299.45	5255.51	5159.3	5252.59	5465.88

资料来源：根据浦东新区政府网站、浦东年鉴有关数据整理而来。

（一）张江高科技园区

张江高科技园区是张江国家自主创新示范区的核心区，集聚了展讯、中芯国际、绿谷、盛大等一大批自主创新领军企业，同时汇聚了国家蛋白质科学研究院、上海光源、上海超算中心、中国商飞等大量高端创新资源，其所集聚的世界500强企业、国内外著名高校、国家级科研院所、重点实验室和所拥有的各类人才高居全市高新园区榜首。

1. 打造智慧工厂

随着高科技园区产业结构的调整和不断优化，张江园区现已形成了以信息技术、生物医药、低碳环保等为重点的主导产业。2014年5月，张江获批为国家生态工业示范园区。张江在创建国家生态工业示范园过程中所展现的以产业创新、产品创新、机制创新、服务创新为动力，以低碳产业、低碳生产、低碳产品和低碳生活为目标的理念，赢得了有关专家的认可。从现有条件看，张江已经初步具备了实现清洁、高效、可持续的绿色生产和生产高精度、高品质、多品种、小批量智能产品的条件，建设城市智慧工厂、实现智能生产是实现可持续发展的不二选择。

2. 大数据产业研究与开发

目前，张江汇集了如中芯国际、华力微电子等众多的芯片和RFID研发企业。在研发集成电路、3G 系统设备、下一代网络通信、核心电子器件和高端通用芯片等的同时，需要进一步重视大数据搜集分析技术、数据处理技术的研发工作，逐步实现产业化运作，努力开拓非传统制造领域，促进以消费者需求为导向的商业模式创新等，在实现信息技术领域赶超和自主创新战略的同时，探索国内外尚未成形或尚未引起重视的大数据产业的建设与发展，努力创造先发优势。

（二）金桥经济技术开发区

金桥开发区是浦东制造业的重点区域，新能源汽车领域的特斯拉、上海通用以及国产智能机器人的代表中科新松公司都在金桥落户。在制造业总体比重下降的情况下，调整制造业产业结构，实现制造业产业升级对金桥显得尤为重要。

1. 开创智能制造产业新局面

2015 年 5 月，金桥经济技术开发区被评为全国首个先进制造业质量安全示范区。由此，金桥经济技术开发区成为上海市首个“国家级出口工业产品质量安全示范区”，也是全国首个以“先进制造业”命名的示范区。浦东新区“十三五”规划指出，“金桥经济技术开发区将努力建设成为全国智造业升级示范引领区、生产性服务业新兴业态培育区以及生态文明持续创新示范区”。智能制造产业作为先进制造业的重要标志，是金桥实现制造业转型突破的重要抓手。在下一发展阶段，金桥应进一步巩固智能装备制造优势，重点发展工业机器人和服务机器人，实现人机互动，谋求在五金卫浴、食品、医药品等产业实现机器人研发与运用的新突破。加大高档数控机床、智能控制系统和工业软件的研发力度，推进智能制造向应用层、装备层、网络层和平台层协同发展。以装备为支撑，推动软硬件一体化发展。“以新松、ABB 等机器人企业为基础，加快整机系列化产品研发、设计、制造和应用。加大电机、驱动器、控制芯片、传感器、控制器、人机交互系统等核心零部件和系统软件的发展力度，鼓励骨干企业牵头创建国家级技术研发中心。突破原材料、后期处理等瓶颈，推进 3D 打印和相关领域的融合发展。

加强与‘国家机器人检测与评定中心’的战略合作，参与标准制定等工作。”[①] 以供给侧改革政策为指导，进一步深化产业发展，打造智能化应用示范工程。通过机器人产业协会等协调机制，实现长三角区域产业链错位布局和整体合作，实现金桥在智能制造领域的引领和整合作用。

2. 新能源汽车技术的研发与运用

浦东新区“十三五”规划指出，“加快向新能源汽车、自动化和智能装备等产业领域转型升级，聚焦核心领域和关键技术的创新突破”[②] 是金桥经济技术开发区的重点发展方向。从现有趋势看，新能源汽车产业的发展应从四个方面寻求突破。①在充分发挥金桥开发区汽车整车制造和汽车零部件生产基础雄厚等优势的同时，继续引领新能源汽车产业向高端化、智能化方向发展，集中在混合动力汽车、纯电动客车及电能储存装置、牵引类电机、智能化电子控制系统等关键设备和相关零部件的研发与制造领域实现突破，在汽车总体需求减少的市场环境中逆势而上。②通过互联网、物联网、车联网技术，提升汽车研发设计水平，优化汽车智能生产过程，促进汽车产业链向高端化发展。③发展新能源技术和绿色动力，建设汽车再制造共性技术研发平台和质量检验检测中心，促进节能减排和循环经济发展。④推动汽车零部件企业做大做强，提高在国内外对应细分领域中的市场份额。[③]

（三）临港地区——打造高端装备制造业之城

针对临港地区的特殊情况，为了完善临港地区的整体布局和促进产业发展，自建立伊始，临港地区就实行特殊政策、建立特别机制。自开始建设以来，已完成固定资产投资 1100 亿元，项目总投资超过 950 亿元。包括中航

---

① 上海市经济和信息化发展研究中心：《上海市浦东新区“中国制造 2025”城市试点示范实施方案（讨论稿）》。

② 《浦东新区国民经济和社会发展第十三个五年规划纲要》。

③ 以上四个方面的详细论述，请参考上海市经济和信息化发展研究中心《上海市浦东新区“中国制造 2025”城市试点示范实施方案（讨论稿）》。

商发、中移动 IDC、彭浦工程机械、上汽高性能 SGE 型发动机等一批战略性新兴项目和重点产业落户临港。工业总产值年均增幅超过 13%，税收收入年均增幅达 24%。

在建设未来海滨城市和国际智能制造中心的过程中，临港将“推进新能源装备、汽车整车及零部件、船舶关键件、海洋工程、工程机械、民用航空等装备制造业集群产业升级。培育壮大集成电路、再制造、光电信息、新材料等战略性新兴产业”。[①] 2015 年，上海高端装备制造业的年产值约为 1 万亿元，占全市装备制造业年产值的一半，而临港产业园更是占据了高端装备制造业的半壁江山，有些产品已经达到了世界领先水平。临港地区正在打造“装备之都”“智造基地”，对标全市重大装备研发基地、战略性新兴产业集聚地和上海科技创新中心重要承载区的战略定位。未来五年，全国首台拥有自主知识产权的 C919 大飞机发动机、全国首台 6 兆瓦海上风电机舱、可在海下 3000 米作业的半潜式钻井平台、全国最大的 3600 吨履带式起重机、全国最大的精密机床单体工厂等一系列国内最先进的高端装备将在临港地区诞生，从而进一步提升临港产业区的核心竞争力。

第四次工业革命是中国实现工业转型升级的历史性机遇。浦东新区在建设具有全球影响力的科技创新中心核心功能区的过程中，更需要尽快实现工业的转型升级和产业的更新换代。只有把握住产业发展的正确方向和产业升级的关键窗口期，充分利用政策优势进行资源的高效整合，才能在产业转型升级过程中走出一条自主创新之路。

参考文献

上海市经济和信息化发展研究中心：《上海市浦东新区“中国制造 2025”城市试点示范实施方案（讨论稿）》。

① 《浦东新区国民经济和社会发展第十三个五年规划纲要》。

浦东新区人民政府:《浦东新区国民经济和社会发展第十三个五年规划纲要》。
历年《浦东新区统计年鉴》。
《中国制造 2025》。
《国务院关于积极推进“互联网 +”行动的指导意见》。
《促进大数据发展行动纲要》。

B.10 浦东新区与中关村、武汉东湖人才生态环境比较研究*

张 波**

摘 要： 人才是自主创新的基础和关键，要建设国家自主创新示范区，必须优先实施人才发展战略。本文利用内容分析法和熵权法，对浦东新区、中关村与武汉东湖这三个最早的国家自主创新示范区的人才生态环境进行了比较分析。研究表明：从人才生态系统评估看，中关村明显要优于浦东与武汉东湖，但浦东的社会文化环境和政策环境则优于中关村和武汉东湖；从人才生态类型看，浦东新区、中关村与武汉东湖分别属于政府引导-中生态型、政府引导-强生态型和政府控制-低生态型，并共同向政府辅助-强生态型这一理想的人才生态系统环境努力，以期尽早建设成具有影响力的国家自主创新示范区。

关键词： 人才战略 生态环境 国家自主创新示范区

中共十八大确立了创新驱动发展战略，明确要求提高区域创新能力、完善区域创新体系。2009 年以来，中央政府正式批准成立了上海张江、

---

* 基金项目：本文为上海哲学社会科学规划课题“推动上海高端人才空间集聚及制度创新研究”（项目编号：2016EGL002）阶段性成果之一。

** 张波，华东师范大学人口研究所博士研究生，中共上海浦东新区区委党校讲师，主要研究方向为人口经济学、人口社会学等。

北京中关村、武汉东湖等 17 个国家自主创新示范区，发挥示范区在自主创新和高技术产业等方面的先行先试作用。习近平总书记多次强调，创新驱动发展战略的实质在于创新人才驱动。人才是自主创新的基础和关键。要建设国家自主创新示范区，必须优先实施人才发展战略。目前而言，几乎所有国家自主创新示范区都实施了一整套“人才特区”战略。其中，上海张江①、北京中关村和武汉东湖是成立最早、发展最好、政策最活的典型区域，分析比较这三个区域人才环境的现状和特点，探寻不同区域人才环境建设的优势与不足，在此基础上，本文尝试构建了一种人才生态系统环境评估框架，以期为区域自主创新示范区以及创新经济发展提供理论和实践依据。

一　三地区人才政策环境分析

政策环境是人才生态环境的关键变量。然而，由于政策环境的不可量化特性，很多学者在研究人才生态系统环境时并未把政策环境纳入指标体系中。这不可避免地会使大家对人才生态系统的评估结果产生偏差。在分析过程中，人才政策大多囊括了人才引进、人才培养、人才激励、人才流动、人才评价、人才保障等政策工具。对不同政策工具进行文本分析，对于三地区人才生态环境的比较具有重要参考价值。

（一）人才引进政策

由表 1 可知，三区域都进行了相应的人才引进计划，浦东为“1116 引才计划”②，中关村为“高聚工程”，武汉东湖为“3551 光谷人才计划”。从

① 在比较过程中，文章把上海张江转变为浦东新区，原因有：一是上海张江的核心区域为浦东新区；二是园区很多政策均是与浦东新区联合出台的；三是张江高科并没有完整的统计信息，而中关村与武汉东湖却有完整的统计数据。所以，本文分析比较对象就定位为浦东新区、中关村与武汉东湖高新区。

② “1116 引才计划”，参见张波《上海浦东新区高层次人才发展及对策》，《科学发展》2016 年第 4 期。

政策文本来看，浦东在 2010 年制定了“1116 引才计划”和 2011 年出台了《浦东新区引进海外高层次人才意见》后，并未更新人才引进政策①，而《浦东新区深化人才工作体制机制改革促进人才创新创业的总体方案》更加侧重于制度创新；中关村出台的《中关村高端领军人才聚集工程实施细则》（中科园发〔2010〕7 号）于 2015 年进行更新；武汉东湖人才引进政策最早于 2009 年颁布实施，并于 2012 年、2015 年分别予以更新。从政策内容来看，三区域引才类型相似，主要是对创新创业领军人才、创业团队进行引进，但又具有区域产业特色，如浦东主要是对金融、航运人才进行引进，武汉光谷是对区域五大主导产业（光电子信息产业、生物产业、节能环保产业、高端装备制造业、现代服务业）人才进行引进。在引进目标方面，浦东与东湖目标明确并予以量化，而中关村目标相对宏观。在引进举措方面，三区域基本集中在资金自主、职称评定、户口或居留政策、医疗、子女教育、住房等方面提供优惠政策，但也存在差异，相比于武汉东湖，浦东与中关村资助力度较小，而制度创新更多，利用制度优势而非政策优势吸引高层次人才；对于创业人才，浦东与东湖更注重对创业团队的奖励，但是与东湖相比，浦东给予创业团队的资助力度非常小；对于投资家，相比于中关村，浦东与东湖并未给予明确的支持政策。

表 1　浦东新区与中关村、武汉东湖人才引进政策比较

项目	浦东新区	中关村	武汉东湖
引才计划	1116 引才计划	高聚工程	3551 光谷人才计划
引才类型	高层次金融、航运人才，浦东九大高新技术产业所需的创新创业人才	创新创业领军人才、领军企业家、投资家、创新创业服务领军人才	国际领军人才、从事新兴产业领域的科技创新创业高层次人才、优秀企业家以及企业管理人才

① 2015 年 8 月，浦东新区出台了《深化人才工作体制机制改革促进人才创新创业的总体方案》，但这一政策旨在推进人才体制改革，并未对人才引进进行规划。

续表

项目		浦东新区	中关村	武汉东湖
引才目标		计划用5～10年时间，引进100名海外高层次人才	2011～2015年，创建中国特色的人才特区	到2016年，引进100名领军人才、1000名创新创业人才、7000人左右博士生
引才措施	创新人才	给予50万元奖励； 人才公寓，并50万元安家费； 上海户籍或推荐办理居留证； 医疗特许门诊服务； 安置子女入学需求； 推荐配偶就业； 海关通关便利	给予100万元奖励； 职称评审直通车； 北京户籍或推荐办理居留证； 优先支持创新创业成果； 开设医疗绿色就诊通道； 提供人才公寓入住服务； 海关通关便利	给予100万～600万元资金资助； 职称评定绿色通道； 提供户籍及海外居住证便利； 按照子女入学需求； 提供家庭医生，建立个人健康档案； 在社保办理、人才公寓、境外驾照换领等方面提供便利
	创业团队	给予创业团队50万元奖励； 房租补贴，并提供子女入学、户籍等方面便利； 为企业融资提供便利	给创业领军人才100万元补助； 职称评审直通车； 为企业提供融资服务； 其他与创新人才相同	给创业团队2000万～1亿元资助； 改进投资管理程序，简化外汇结算； 给予通关便利； 其他与创新人才相同
	投资人才	无	给予初创企业提供配套资金支持，其他与上相同	无

注：本表仅列出区域内人才引进政策情况，并未罗列上海市、北京市及武汉市人才引进政策，但市级政策确实对浦东、中关村和东湖地区予以倾斜。

（二）人才评价政策

人才评价政策主要包括评价主体、评价标准等政策工具。在评价主体方面，浦东依赖于第三方评价机构与用人单位共同组织评价机构；中关村是委托社会中介机构，聚合各领域高端人才组成高端人才评价与遴选委员会；东湖则是高新区3551人才工作小组整合五大主导产业及其他相关领域成立专家库，构成专家评审委员会。在评价标准方面，浦东以能力、业绩、贡献为评价标准，把人才分为基础研究人才、应用开发人才和科技成果转化人才，并对不同人才进行区别化的人才评价指标，并逐步弱化职称、学历等比重，更加侧重于人才或企业的业绩及对城市的贡献；中关村则是以品德、能力、贡献、业绩为导向的人才评价体系，注重人才或企业的能力、业绩和市场潜能，相对弱化对于城市的既有贡献；东湖则从产业领域、学历、贡献、经历、资历和稀缺性方面对人才提出要求，并把人才分为创新人才、创业人才、高级管理人才和高端金融与财经人才，并提出具体评价标准，侧重于能力和市场潜能。

（三）人才培养政策

比较可知，浦东在人才培养政策方面涵盖了大学建设、学科建设、教学方式、人才培养以及知识培训多项内容，而中关村则侧重于人才培养、东湖注重知识培训。在大学建设方面，浦东正建设一所全新大学——上海科技大学，并致力于在自主招生、教师招聘、经费使用方面进行制度创新，同时推动高校本科教育改革，鼓励部分普通本科高校向技术型、创业型高校转型。在学科建设方面，浦东设置和建设一批国际上有影响力的标志性学科、一批前沿交叉型新学科。在教学方式方面，浦东致力于改革基础教育培养模式，开展启发式、探究式、研究式教学方法改革试点。在人才培养方面，浦东和中关村都探索了校企联合招生和培养人才模式，并鼓励高校和研究机构教师、研究人员与企业高层次人才之间相互兼职、相互交流，打造产学研用人才培养。在知识培训方面，浦东开展高层次继续紧缺和骨干技术人员专项培训，推进了人才开发计划和梯度化的人才资助计划，并从平台建设、基地建设、流程简化等方面便利人才的国际交流；东湖注重校企联合建立实训基地，开展创新人才培训工程、职业培训教育，鼓励企业新进员工进行职业培训，培养满足实际需要的实用技能人才和产业技术工人。

（四）人才激励政策

三地区人才激励政策呈现趋同态势，基本都围绕成果转化、股权激励、绩效奖励、税收优惠等方面制定政策，但浦东政策较全面，中关村和东湖在税收优惠方面力度更大。在成果转化方面，三地区都鼓励对不涉及国家安全、利益和重大社会公益的科技成果权益划归科研人才所在单位，对于科研团队收益所占比重，浦东规定不低于70%，东湖要求至少60%最多95%。在股权激励方面，三地区均支持企业对科技成果以股权、期权、分红等形式参与收益。在绩效奖励方面，浦东结合事业单位绩效工资改革，对科研工作者的潜心研究和自由探索提供支持，并给予研究机构更多经费自主权，完善对科研工作者的激励制度，而中关村和东湖则并没有相应政策。在税收优惠方面，浦东只是对科技人员科技转化成果收益实施国家规定的5年内分期缴纳税收政策，而中关村和东湖不仅如此，中关村还对高层次人才科研教学物品，免征进口关税和进口环节增值税、消费税，东湖则把高层次人才个人所得税市区留成部分全部返还高层次人才。

（五）人才流动政策

人才流动指的是人才在国内各地区之间，境内与境外之间以及企业与高校、科研机构之间的相互交流。比较来看，东湖虽然表现出对人才的渴望，但受制于制度或体制方面并没有太多的政策，中关村和浦东进行了制度创新，但与中关村相比，浦东新区在境内人才区域间、境内外以及体制内外间制度进行系统创新。在境内外人才方面，浦东简化了创新创业外国人的入境和居留手续，放宽了外籍人士出入境办证条件，推荐高层次人才办理永久居留制度；其次，浦东还允许外国留学生毕业后可直接在自贸区内就业，直接办理外国人就业许可证和居留许可证；最后，浦东通过出入境便利化、平台建设，鼓励境内外人才之间的相互交流合作，并设立外国人才居住证。在境内人才区域交流方面，上海主动打通户籍限制，创业人才、创新创业中介服务人才、风险投资管理运营人才、企业高级管理和科技技能人才、企业家五类人才可在居住证积分、居转户、直接落户等方面享受优惠。在科研人员体制内外流动方面，浦东建立了柔性的人才双向流动制度，鼓励企业与高校、科研机构人才之间的双向流动，包括双向挂职、短期工作、项目合作等方式。

（六）人才保障政策

在制度保障方面，三区域都制定了相关的人才特区政策，浦东制定了包括《浦东新区引进海外高层次人才意见》《浦东新区深化人才工作体制机制改革促进人才创新创业的总体方案》《张江国家自主创新示范区推进具有全球影响力科技创新中心建设的总体行动计划（2015－2020年）》等文件；中关村涉及"1＋7"工作系列文件、《中关村高端领军人才聚集工程实施细则》等；东湖则有《关于深化东湖新技术开发区人才特区建设的意见》《武汉东湖新技术开发区"3551光谷人才计划"暂行办法》等。在资金保障方面，东湖明确提出要每年投入不少于区域财政一般预算收入的5%用于人才工作专项资金，而浦东与中关村并未提出。在组织保障方面，三区域基本都建立起人才特区协同推进机制，在区域党委领导和政府主导下，组织部门牵头，基本覆盖了区域内相关政府机构，但与之不同的是，中关村的领导部门是由中央人才工作协调小组指导、中央组织部牵头，其他部委机构协同参与的领导集体，相对层级和掌握的资源都较浦东、东湖有很大优势，区域开发和建设的力度更大。

二　三地区人才生态环境测量

构建一套兼具科学性、系统性、可操作性和可比性的人才生态环境评估指标是很难的，但同时，它又是客观评价区域人才生态环境的基础。目前，一些学者对人才生态环境评价指标进行了有价值的研究，但明显标准不一，即所谓仁者见仁、智者见智。然而，综合各种评价指标，本文采用了梁文群、郝时尧和牛冲槐（2014）提出的指标体系，把人才生态环境操作化为经济环境、科技环境、社会环境、生活环境、自然环境和人才市场环境6个一级指标，并细化为33个二级指标体系，并运用熵权法，根据建立测评指标的判断矩阵、对矩阵进行归一化处理、计算熵权和熵值三个步骤估算出指标权重①。数据主要来源于《上海统计年鉴》《浦东统计年鉴》《北京统计年鉴》《海淀区统计年鉴》《武汉市统计年鉴》《中国城市统计年鉴》等，以及一些政府工作报告、数据公报等。考虑到浦东、中关村与东湖数据的不完备性，有些数据使用了区域数据进行替换，并统一使用2014年数据，构建出三区域人才生态环境评价的原始数据表（见表2）。

表2　浦东新区、中关村与武汉东湖人才生态环境评估指标与原始数据

指标	二级指标 X_i	权重	浦东新区	中关村	武汉东湖
经济环境	X_1. 人均GDP(元)	0.0255	130425.23	116639.48	97402.59
	X_2. GDP增长率(%)	0.0118	0.093	0.086	0.113
	X_3. 高新技术产值占工业总产值比重(%)	0.0179	0.796	0.832	0.561
	X_4. 全员劳动生产率(%)	0.0111	235117.84	260925.89	189832.59
	X_5. 外商投资企业投资额(亿元)	0.0690	10.31	116.75	12.89
	X_6. 人均地方财政收入(元)	0.0506	53213.42	56901.85	20925.52
	X_7. 第三产业占GDP比重(%)	0.2720	0.670	0.866	0.490
科技环境	X_8. R&D人员全时当量(人年)	0.0442	7.007	53.161	12.586
	X_9. 人均R&D经费支出(元)	0.0321	406902.76	255074.46	254651.92
	X_{10}. 政府支出中教育支出所占比重(%)	0.0152	0.102	0.164	0.065
	X_{11}. 高新技术企业数(家)	0.0657	596	5315	832
	X_{12}. 专利申请授权数(件)	0.0755	4015	10384	13800
	X_{13}. 技术市场成交额(亿元)	0.1059	751.61	1341.66	959.71
	X_{14}. R&D投入占GDP比重(%)	0.0358	0.06	0.32	0.02

① 梁文群、郝时尧、牛冲槐：《我国区域高层次科技人才发展环境评价及比较》，《科技进步与对策》2014年第5期。

续表

指标	二级指标 X_i	权重	浦东新区	中关村	武汉东湖
生活环境	$X_{15.}$ 恩格尔系数	0.0840	0.353	0.291	0.317
	$X_{16.}$ 商品房平均价格(元/平方米)	0.0580	27248.00	25873.00	8179.25
	$X_{17.}$ 人均城市道路面积(平方米)	0.0106	4.33	4.65	8.59
	$X_{18.}$ 每万人拥有公共汽车数(辆)	0.0199	8.18	13.17	7.51
	$X_{19.}$ 城市用水普及率(%)	0.0170	1.00	1.00	1.00
	$X_{20.}$ 互联网介入端口	0.0254	0.822	0.852	0.600
	$X_{21.}$ 每万人医疗机构床位数(张)	0.0218	48.44	51.03	70.45
社会环境	$X_{22.}$ 每万人在校大学生数(人)	0.0194	209	276	931
	$X_{23.}$ 普通高等学校数(所)	0.0148	68	89	82
	$X_{24.}$ 每万人图书馆藏书量(册)	0.0472	30352.77	26031.79	12819.89
	$X_{25.}$ 社会保险覆盖率(%)	0.0273	0.980	0.969	0.970
	$X_{26.}$ 职工平均年工资(元)	0.0400	116726	99155	59143
自然环境	$X_{27.}$ 人均公园绿化面积(平方米)	0.0157	24.00	14.30	11.06
	$X_{28.}$ 工业固体废物综合利用率(%)	0.0173	0.975	0.883	0.913
	$X_{29.}$ 生活垃圾无害化处理率(%)	0.0104	0.950	0.996	1.000
	$X_{30.}$ 城市空气质量二级以上天数(天)	0.0063	281	186	182
人才市场环境	$X_{31.}$ 每万名求职者职业介绍机构数(家)	0.0349	14.719	31.330	1.697
	$X_{32.}$ 每万名职工人才市场登记求职人次(人)	0.0144	656.20	338.12	975.59
	$X_{33.}$ 人才市场就业人次占求职人数比重(%)	0.0557	0.467	0.191	0.480

利用SPSS22.0软件对原始数据进行标准化处理，然后依据各指标不同权重测算出浦东新区、中关村和武汉东湖三区域人才生态环境测算结果（见表3），其中指数的范围在－1到1之间，越是接近1，则表明该指标环境越接近完善，相反，则说明亟待提升。

表 3　三地区人才生态环境指标测算结果

环境类型 / 地区	经济环境	科技环境	生活环境	社会环境	自然环境	人才市场	总得分
浦　东	0.0058	-0.2287	0.1062	0.0741	0.0318	0.0200	0.0091
中关村	0.4049	0.2950	-0.0248	0.0109	-0.0182	-0.0399	0.6279
东　湖	-0.4107	-0.0663	-0.0813	-0.0850	-0.0136	0.0199	-0.6370

依据表 2 和表 3 数据情况，结果分析如下。

第一，三区域人才生态总体环境差异显著，由强到弱的排序结果为中关村、浦东和东湖。中关村成立于 1988 年，并成为中国第一个国家级人才特区和国家自主创新示范区，是中央人才工作协调小组和北京市、海淀区三级政府协同建立的试验区。经过多年的开发建设，中关村建成了国内比较完善的人才生态环境，指数为 0.6279，为三区最高。东湖高新区虽然与中关村一起成立，但因地理位置和资源优势差异，人才生态环境是三区域最弱的，指数为 -0.6370。浦东成立时间最晚，但由于一直是国家战略的核心区，并地处中国经济、金融、贸易、航运中心的核心区，人才生态环境明显优于东湖，但与中关村有一定差距。

第二，三区域经济环境呈现与人才生态总体环境趋同态势。中关村在高新技术产值占工业总产值比重、全员劳动生产率、外商投资企业投资额、人均地方财政收入以及第三产业占 GDP 比重方面表现出了明显优势，但是其 GDP 增长率最弱，经济环境指数为 0.4049。浦东因地理面积较大、地区间差异明显，除了人均 GDP 和 GDP 增长率，很多测评指标数据都弱于中关村，经济环境指数为 0.0058。特别是，虽然浦东一直以来都是以出口和外资为特点的外向型经济区，但外商投资总额却是三个区域中最低的。而东湖虽然在存量数据较弱，但 GDP 增长率却是最好的，表现出较好的经济态势。

第三，中关村的科技环境表现出“一枝独秀”，东湖次之，浦东最差。浦东除了人均 R&D 经费支出是三区域最高外，其他方面均弱于中关村，科技环境指数为 -0.2287。而在 R&D 人员全时当量、高新技术企业数、专利申请授权数、技术市场成交额甚至不如东湖，这对致力于创建全球有影响力的科技创新中心核心区是一个巨大挑战。而东湖则政府支出中教育支出所占比重和 R&D 投入占 GDP 比重较低，有待加大这两方面的投入，进一步提升科技环境。

第四，表 3 数据显示，浦东生活环境最好，指数为 0. 1062，但结合表 2 数据发现，浦东可能是三区域中生活环境最差的。因为标准化数据主要看数据的大小，但如恩格尔系数、商品房价格却在现实中表现出数据越小越好。表 2 可知，浦东是三区域中商品房平均价格最高的，恩格尔系数也最大的，也就是说，浦东用于食品支出、房屋支出的总额占居民可支配收入的比重是最高的，这反映了浦东的生活成本较高；而且浦东人均城市道路面积最少，每万人拥有公共汽车数量却不如中关村，城市拥挤度也相对较高。

第五，与中关村、东湖相比，浦东的社会环境是最好的。这得益于浦东甚至整个上海良好的社会公共服务。数据显示，每万人图书馆藏书量和社会保险覆盖率都最高，而且职工平均年工资是三区域最高的。而上海在整个高等教育方面不如高校云集的北京和武汉，特别是张江高科核心所在地的浦东，拥有大学尤其是高层次的大学数量较少是浦东建设科技创新中心最大的短板。而武汉是三区域高校最多的，中关村核心区（海淀园）则集中了北京 42. 86% 的高校、27% 的科研院所，是北京建设科技创新中心最大的资源。

第六，三区域的自然环境都较差，但东湖最差，浦东情况稍好。中关村在人均公园绿化面积、工业固体废弃物综合利用率以及城市空气质量方面均不如浦东，而浦东地处海边，且公园绿化面积较大，整个空气质量较好。因西部沙尘以及工业影响，北京的空气质量明显较差。东湖高新区虽然地处中部，但由于工业废弃物等因素，空气质量是三区域最差的。

第七，浦东的人才市场环境最好，东湖的表现优于中关村。尽管中关村的每万名求职者职业介绍机构数明显多于浦东与东湖，但是中关村的职工到人才市场登记数以及人才市场求职成功率明显不高，东湖的求职者更喜欢到人才市场登记，而且求职成功率是三区域最高的，中关村仍然需要在人才就业市场环境方面努力。

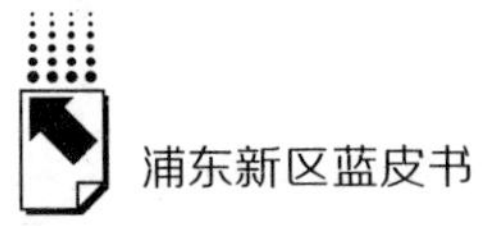

三　三地区人才生态环境总体评估

众所周知，人才生态系统环境应涵盖政策环境、经济环境、科技环境、社会环境、生活环境、自然环境和人才市场环境。但如前所述，政策环境虽然是人才生态系统中的重要变量，但因不可量化特性却常常遭到学者们的忽视。基于此，人才生态系统环境可区别为不可测量的人才政策环境与可测量的人才生态环境，二者之间相互依存、不可分割。结合人才政策环境与人才生态环境这两个分析纬度，可以提出一个分析区域人才生态系统环境的研究框架（见图1）。这一分析框架能够避免此前人才生态评估指标中对人才政策环境的忽视，有效测评区域间完整的人才生态系统环境。

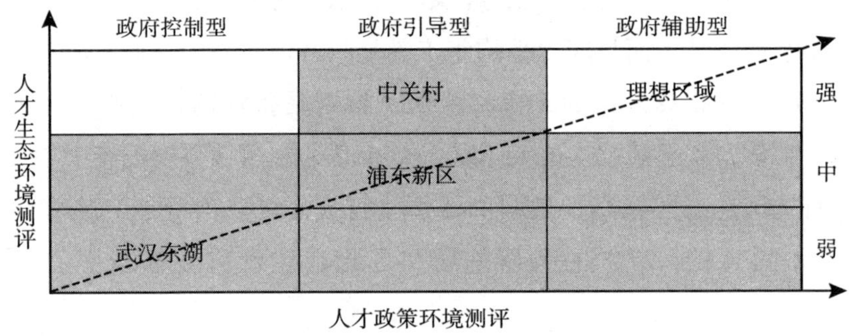

图1　区域人才生态系统环境总体评估框架

在该框架中，其中一个纬度是人才政策环境。据研究发现[①]，由于发展进程和资源禀赋差异，各地人才特区在人才资源开发和配置的运行体系大致表现出三种类型：①政府干预控制型，就是人才资源开发和配置主要是由地方政府出台制度、政策以及工作行为所控制和决定，政府出现“保姆式”特征，企业主体对政府的依赖性较强；②政府参与引导型，就是人才

① 何海强、李健：《地方政府推动人才配置市场化的路径选择》，http：//dangjian. people. com. cn/n/2015/0120/c117092 –26418168. html，2015 年 1 月 20 日。

资源开发与配置来自政府、企业以及人力资源服务机构等多方合作，政府主要发挥牵头抓总和指挥协调作用；③政府服务辅助型，主要是人才资源开发与配置主要由企业和人力资源服务机构带动实现，全面发挥市场经济体制中企业主体功能，逐渐弱化政府职能，淡化行政要素。借此，人才政策环境可类型化为政府控制型、政府引导型和政府辅助型。另一维度是人才生态环境，可以根据量化评估指数得分划分为强、中、弱三种类型。由此，构成了完整的六个人才生态系统环境区隔。每个地区的人才生态系统环境都可以在这个框架中找到相应区隔，并都以政府辅助－强生态型这一理想区域发展。

依据上述评估框架，三区域人才生态系统环境的整个状况均能够得以反映。

第一，浦东的人才生态系统环境属于典型的政府引导－中生态型区域。从人才政策来看，自2010年制定“1116引才计划”以来，浦东就再没有更新过人才引进计划（即使浦东“百人计划”政策已到期），而是利用了中国（上海）自由贸易试验区、国家自主创新示范区和国家全面创新改革试验区等国家战略，主动发挥制度创新的先行先试优势，以培养和吸引全球高层次创新创业人才。如前所述，浦东人才政策并没有过多干涉市场行为，而是发挥企业尤其是中小企业的主体功能。但也正因如此，浦东在人才生态评估过程中，科技环境明显不如对高校、科研机构等依赖度较高的中关村和东湖；而且，浦东生活成本甚至商务成本居高不下，成为很多人才或企业逃离上海的重要原因。所以，浦东的人才生态环境量化测评明显落后于中关村。

第二，中关村的人才生态系统环境属于政府引导－强生态型区域。作为全国第一个国家级人才特区和国家自主创新示范区，中关村的建设是集中央、北京和各区级政府共同力量和资源。不仅如此，在人才政策环境方面，中关村还积极进行人才制度创新和人才体制机制创新，发挥企业、社会组织、科技工作者等多个创新主体的能动性。而且，该区域由于聚集了北京四成左右的高校与科研院所，科研环境乃至整个人才生态环境都较为完善，成为全国其他科技创新示范区的榜样和标杆，并逐步成长为全球科技创新中心的重要区域。

第三，武汉东湖的人才生态系统环境属于政府控制－低生态型区域。相较于浦东和中关村，东湖的人才政策是典型的政府推动型，就是政府在人才特区建设过程中，充分发挥政府的资源优势，利用优惠扶持政策吸引海内外高层次人才，而企业对于政府的依赖程度较高。事实上，不仅仅在武汉东湖，整个中西部地区在人才特区建设过程中都具有此特点。在人才生态环境测评中，东湖的经济环境、社会环境、自然环境和人才市场环境等都明显不如东部两个区域，而因地处中部地区，东湖的生活环境却成为吸引人才的优势。由于武汉高校云集，东湖更是集中了半数高校及科研院所，所以其科技环境并不比地处东部的浦东新区差，这也是东湖吸引海内外高层次人才的重要工具。

四　结论及启示

浦东新区与中关村、武汉东湖是全国三个最早开发建设的国家自主创新示范区，其人才特区建设时间也较早，并表现出不同特点的人才生态系统环境，根据研究，笔者得出了如下基本结论。第一，人才生态系统环境评估需要结合政策环境、经济环境、科技环境、社会环境、生活环境、自然环境和人才市场环境，忽视政策环境的人才生态环境评估是不完善的。第二，结合不可测量的人才政策环境和可测量的人才生态环境，建构了一套区域人才生态系统环境评估框架。第三，浦东的人才政策侧重于制度创新，武汉东湖则注重政策吸引，而中关村是二者的结合；在人才生态评估方面，中关村明显优于浦东、武汉东湖，浦东则在经济环境和科技环境明显落后于中关村。第四，依据评估框架，浦东新区、中关村和武汉东湖分别属于政府引导－中生态型、政府引导－强生态型和政府控制－低生态型，并共同向政府辅助－强生态型人才生态系统的理想环境迈进。

本研究的启示如下。第一，人才生态系统环境建设是一项全面系统的工程，忽视其中任何一个方面，就会成为培养和吸引高层次人才的阻碍因素，并最终影响着人才“引得来、留得住、用得好”等问题。第二，区域人才生态环境建设并没有可复制的道路，它是需要根据区域所拥有的资源优势以及所处的不同阶段，协调考虑推进人才生态系统环境建设。第三，尽管评估模型中把政府辅助 - 强生态型界定为理想生态区，但目前而言，政府仍然是人才特区建设的关键因素，是建设国家自主创新示范区的主要推动者，政府和市场的协作是人才生态系统环境建设的现实选择。第四，政府、企业、高校、科研院所等构成了科技创新共同体，创新多主体间的合作机制，共同推动科技创新，是建立全球有影响力科技创新中心的关键和基础。这一共同体不仅是机制链接，而且更好的是地理空间的衔接。多重空间的叠加能高效地释放共同体的创新能力。第五，人才有很多种类型和层级，高层次创新创业人才仅仅是其中之一，如果我们仅仅关注这一类人才而忽视其他人才，比如科研团队、高技术工人、服务人员等，就会影响创新创业人才的能力发挥。第六，不得不指出，政策的效能才是判断政策优劣的关键标准，而其中政策的知晓度就很重要，这不仅是政策的执行者对政策文本的熟知，而且更要注重政策对象对政策文本的知晓，所以，政策的广泛宣传则尤为重要。

参考文献

李燕萍、郑安琪、沈晨：《国家自主创新示范区人才政策评价——以中关村与东湖高新区为例（2009～2013）》，《武汉大学学报》（哲学社会科学版）2016 年第 2 期

周洪宇：《国家自主创新示范区创新能力比较研究——以北京中关村、武汉东湖、上海张江为例》，《科技进步与对策》2015 年第 22 期。

陈金梅、马虎兆：《滨海新区与浦东新区、中关村科技园区发展比较研究》，《上海经济研究》2015 年第 1 期。

梁文群、郝时尧、牛冲槐：《我国区域高层次科技人才发展环境评价与比较》，《科技进步与对策》2014 年第 9 期。

黄梅：《基于熵流模型的人才生态区动态监测体系研究——以北京中关村海淀园为例》，《中国行政管理》2013 年第 9 期。

张樨樨、韩秀元：《高新技术产业人才集聚发展环境综合评价研究》，《山东大学学报》（哲学社会科学版）2013 年第 5 期。

孙智慧、范萤心、张相林：《科技园区高端人才战略的横向比较研究——以中关村、东湖、张江为例》，《中国人力资源开发》2013 年第 5 期。

高雪莲、翟启江：《基于钻石模型的集群竞争优势的比较研究：张江、新竹与筑波的案例》，《中国科技论坛》2009 年第 11 期。

实证案例篇

Reports of Cases

B.11

浦东创新型企业发展的现状与对策研究

——基于27家企业的问卷调查

邓立丽　雷新军*

摘　要：　浦东新区围绕自贸区建设、科创中心建设、综合配套改革等国家战略，出台了一系列扶持政策，引领创新型企业发展，创新型企业发展环境不断优化。创新型企业规模小、成长快、技术创新能力强的特点，使其在经济下行的大背景下仍能实现较快发展。随着创新的深化，跨界合作创新不断增加，商业模式运营方式也更趋多元。

关键词：　浦东　创新型企业　问卷调查

* 邓立丽，理学硕士，上海社会科学院经济研究所助理研究员，主要研究方向为区域经济；雷新军，经济学博士，上海社会科学院经济研究所副研究员，主要研究方向为企业经济。

2006年起，大力实施自主创新，建设创新型国家成为中国发展的重要战略。全球金融危机爆发后，世界经济下行压力不断加大，世界经济、中国经济都呈现新常态。浦东作为中国经济的试验田和窗口，在面对经济下行压力的同时，也面临经济新常态。在资源、环境约束下，创新驱动是经济转型发展的关键所在。

金融危机爆发后，创新型企业已成为国家或区域自主创新的重要主体。创新型企业通过模仿创新、学习合作创新、自主创新三种模式，形成具有独立知识产权的自有品牌，企业创新能力不断提升，生产效率提高，生产成本下降，市场占有率不断提高，企业竞争力大大增强。这些创新型企业通过技术创新活动，在使企业获得生产效率的提高的同时，形成创新企业集群，创新集群内的企业间交流、合作，通过技术集聚和扩散，提升创新区域的竞争力，进而促进带动整个地区经济增长和产业结构转型优化（见图1）。

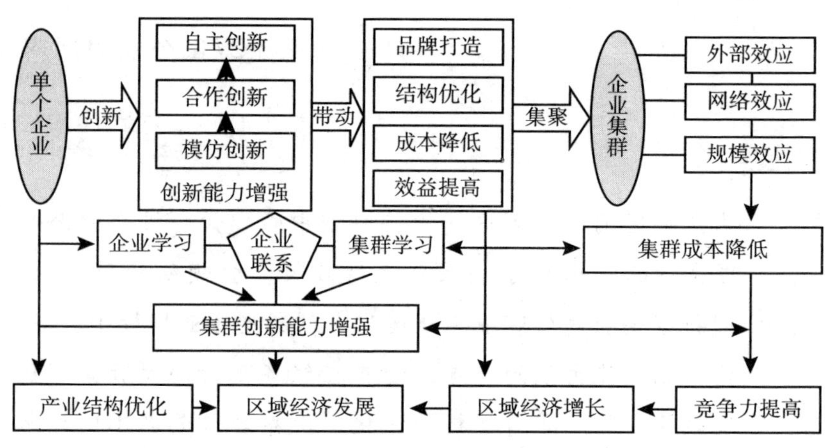

图1　创新型企业创新带动区域经济发展的机制

资料来源：千庆兰、陈颖彪、董晓敏：《中小企业技术创新行为与创新环境的实证研究——基于广东省785家中小企业的问卷调查》，《地理科学》2008年第8期。

作为中国改革开放的前沿阵地、高新技术转化的重要基地，浦东新区政府通过一系列政策引导、资金扶持、服务推动等举措，有力地推动了科技创新企业的技术创新及科技成果产业化。浦东围绕“创新”二字，采用新思路、新方法，包括云计算、工业机器人、物联网等在内的创新型技术迅速崛起。这些新技术得到不断推广应用，成为市场力量的新技术，催生浦东创新企业不断涌现。新区营造“大众创业、万众创新”的良好氛围，充分发挥市场在资源配置中的决定性作用，鼓励企业积极共享使用科技创新资源开展创新创业活动，降低科研创新投入成本，激发科技创新活力，全区创新型企业蓬勃发展，也推动着浦东经济不断转型升级和产业结构调整。

一　浦东创新型企业发展的现状

浦东创新型企业如雨后春笋，技术创新活动日益活跃，研发经费投入大幅增长，各种发明专利申请与授权量大大增加。浦东新区经过多年的创新发展积累，围绕国际国内两个市场，以生物技术、信息技术、能源技术为核心，通过系列技术交叉融合，培育出系列具有创新模式、创新业态的企业，集聚了一批国家、上海市级的重大科技研发创新载体平台，形成了以云计算、生物芯片、新一代移动通信、新一代传感器、3D打印、智能制造、储能技术、信息安全、卫星导航技术等为代表的系列创新型产业领域。

为更客观真实地了解浦东创新型企业发展的现状与问题，系统反映企业创新活动的开展及对创新的认识，课题组开展了以创新型企业发展为主题的调查。并根据调查结果进行了归纳和分析。

课题组有效利用上海“四新”经济联络员和上海社会科学院经济研究所研究生的有利条件，通过企业现场访谈、电子信件发放、专家与学术团队咨询等步骤完成调查问卷的发放与回收。此次调查问卷的受访企业全部确定为创新型企业。调查累计发出问卷42份，共收回27份，回收率达64.29%。课题组对所收回的问卷进行审查梳理，发现除少数问题需要排除外，均可作为有效问卷，问卷有效率为100%。在数据统计阶段，部分问题再将不规范的样品剔除。因调查时间短、数据有限，不可能全面反映浦东创新型企业发展的现状问题。但从这些有限的调查数据中，仍能窥见浦东创新型企业发展的一些端倪，也期望在未来对创新型企业能展开更大范围、更深层次的调查研究，为提升浦东创新型企业的发展贡献微薄之力。

（一）企业规模偏小，成长性较好

中小企业尤其是创新型企业是最活跃的创新细胞，是创新的主体，也是创新的吸纳器和发动机。调研座谈中发现，浦东正以张江高科技园区为核心，各类创新园区为载体，集聚了一批创新型中小企业。这些创新型企业主要有三种类型：一是技术创新型公司，他们通过技术创新，专注于细分领域，产业多分布在 IC 设计、医疗器械等领域。二是商业模式原创型公司，主要通过新的商业模式如“互联网 +”等占领市场，企业集中在互联网、云计算、文化科技创意、医疗服务等领域。三是技术移植型公司，这类企业掌握着在国外较为成熟的技术，针对国内客户的不同需求，进行更加针对性的微创新，这类企业在医疗器械、IC 设计等领域比较集中。三类创新企业依托浦东新区主导产业的良好基础和完善的创新环境，着力于当今产业发展的热点领域，成为各种创新技术、创新业态、创新模式的重要实践者。

从受访企业性质来看，国有企业占比 11.1%，民营企业占比 44.4%，外资企业占比为 18.5%，其他企业占比 25.9%。从调查的企业性质来看，仅有 3 家为国有企业，呈现从业人员、研发人员、营业收入快速增加的特点，但利润与纳税总额却并未呈现相应的增长态势。近年来，浦东业已形成民营企业健康发展、良性运作的态势，民间固定资产投资呈现投资规模不断扩大、投资领域逐步拓宽等特点，尤其是民营科技型企业成为新区经济社会发展的重要力量。民营及个体企业则呈现数量多、灵活、增长快的特点，2015 年 12 家民营创新型企业纳税总额增长高达 69.06%，新产品的销售比也达 67.46%。

企业生产的规模偏小，90% 的企业员工在 300 人以下，约 50% 的企业员工在 100 人以下。总体来看，2015 年创新型企业的发展规模均处于增长状态，但企业的从业人员规模、利润额、营业收入、年纳税额的增长率均低于2014年。企业的新产品销售比重出现下降，而网络销售比例小幅提升。非制造业企业的研发人员和网络相关人员规模在不断扩张中，而制造业企业的规模较小，增速较低。具体来说，制造业企业的发展人员规模和营业收入的增幅小于非制造业企业，2015年非制造业企业的从业规模和营业收入同比增长了8.89%和13.86%。然而，非制造业企业的利润和纳税额并没有出现大幅增长，甚至2015年非制造业企业的利润增长率为-4.12%。制造业企业与此不同，在2015年发展效率提高，不仅实现利润额的高速增长，纳税额也增长了44.59%（见表1）。总体来说，浦东新区经济发展仍以非制造业企业为主，非制造业企业在经济扩张的同时也应注意提高经济效益和利润率，而制造业企业的发展势头较好。

（二）研发投入持续加大，专利产出增加

适度强化的研发投入有助于迅速提升技术水平，通过技术创新促进经济增长，提升区域的竞争力。在经济增速放缓、资金严重紧张的大背景下，浦东创新型企业的技术创新投入却明显上升。

创新型企业的重要特色是研发人员多、研发投入高。从问卷统计来看，共有25家企业回馈了研发的情况。在25家企业中，2015年共有16家企业拥有自己的研发机构或者技术中心，其中有1家市级认定技术中心，有7家区级认定中心，企业承担国家级、市级和区级的项目有20项以上。自2013年起有持续性研发投入的企业共有25家。25家企业2014年研发技术人员共计3843人，增长率为17.34%；2015年企业研发人员增至3887人，同比增长1.14%。2014年企业研发投入共计46577.3万元，2015年研发投入为59347.8万元，增长率高达27.42%，研发投入占比为15.03%（见表2）。可以看出，创新型企业的研发投入力度较大，研发人员的规模不断扩张，占从业人员比超过70%。

大量研发投入带来了专利产出的增加。2014年三种专利的申请数和授权数为226件和104件，2015年增至189件和215件，专利的授权数大幅增加。其中，2014年发明专利的申请数和授权数分别为215件和65件，2015

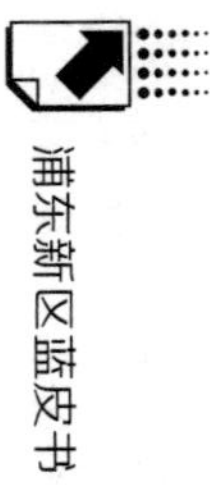

表 1　创新型企业规模与效益统计示意

类别		从业人员					营业收入				
		人数(人)			同比增长(%)		总额(万元)			同比增长(%)	
		2013 年	2014 年	2015 年	2014 年	2015 年	2013 年	2014 年	2015 年	2014 年	2015 年
制造业	7	1078	1122	1144	4.08	1.96	74163.8	90939.4	95673.3	22.62	5.21
非制造业	20	3915	4297	4679	9.76	8.89	243348.3	291755.1	332185.9	19.89	13.86
全体	27	4993	5419	5823	8.53	7.46	317512.1	382694.5	427859.2	20.53	11.80

类别		利润					年纳税额				
		总额(万元)			同比增长(%)		总额(万元)			同比增长(%)	
		2013 年	2014 年	2015 年	2014 年	2015 年	2013 年	2014 年	2015 年	2014 年	2015 年
制造业	7	-2639.9	-167.4	4070.8	-93.66		991.6	717.5	1037.4	-27.64	44.59
非制造业	20	16912.7	22725.9	21790.6	34.37	-4.12	9450.7	13891.2	14465.6	46.99	4.14
全体	27	14272.8	22558.4	25861.4	58.05	14.64	10442.3	14608.7	15503.1	39.90	6.12

类别		新产品销售比例(%)			网络销售比例(%)		
		2013 年	2014 年	2015 年	2013 年	2014 年	2015 年
制造业	7	27.48	37.18	15.44	1.99	1.16	1.44
非制造业	20	18.66	18.78	18.74	0.23	0.30	0.48
全体	27	20.72	23.15	18.00	0.64	0.50	0.69

年为153件和185件，发明专利的数量明显增加。2015年企业著作权数增加为61件，同比增长了80%左右。

表2 创新型企业研发机构及人员调查情况（受访企业数 n=25）

指标	2013年	2014年	2015年
研发技术人员(含软件开发)(人)	3275	3843	3887
增长率(%)	—	17.34	1.14
研发人员占比(%)	—	74.29	70.53
研发投入(万元)	3300.5	46577.3	59347.8
增长率(%)	—	13.11	27.42
研发投入占比	—	44.25	15.03
专利申请件数(件)	272	226	189
专利授权件数(件)	137	104	215
著作权登记件数(件)	36	34	61
企业自建研发机构或技术中心(家)	16	14	16
承担国家级、市级和区级项目数(项)	22	29	23

（三）技术创新为主体，开放创新不断增强

技术创新是企业创新活动的核心内容，是企业可持续发展的根基，是企业采用新知识、新技术、新工艺，通过新的生产方式和经营管理模式，降低生产本，开发新产品，提高产品质量和服务水平，提高市场占有率和竞争力的重要手段。在针对“企业创新优势来源”这一调查中，共有16家企业做出有效回应。在这16家创新型企业中，有68.8%的企业认为企业认为其优势来源于技术创新，25%的企业认为创新优势来源于业态、商业模式创新，6.3%的企业认为创新的优势在于管理创新（见图2）。

开放式创新已经成为企业获得新技术、新发展的重要途径。企业间、企业与高校科研院所在思维方式、创新流程、绩效指标、经营理念、企业

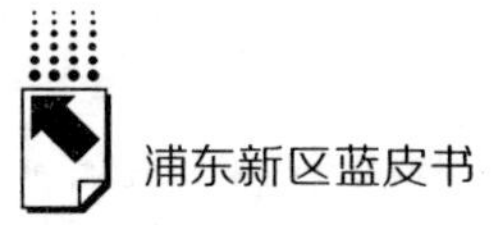

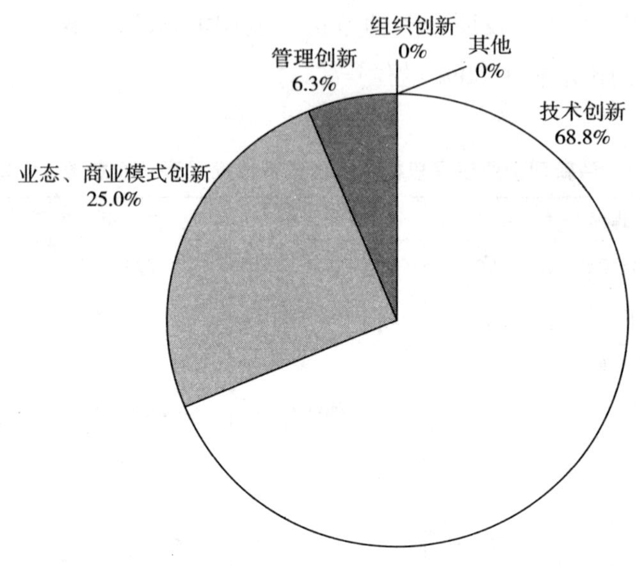

图 2　受访企业创新模式占比

文化等方面的差异增加了创新融合的成本，但也为创新跨界融合、合作提供了广阔的空间。调查中发现，浦东新区创新型企业正在逐渐适应这种开放式创新合作模式，在企业内部创新、研发的基础上，形成开放的创新意识，深化国内外企业间、与高校科研院所间的合作关系，提升企业创新合作的成功率。

创新型企业普遍规模较小，存在着资本、人才和技术支撑方面不足的劣势，一些创新活动无法独自开展，需要进行开放式合作的创新。开放式合作创新既包括企业间的合作创新，也包括与高校、科研院所、中介机构的合作；既可以是行业内的合作，也可以是行业间的合作；既可以是国内的合作，也可以是国际的合作创新。在 25 家被调查企业中，2015 年 22 家企业进行了内部开发，占比 88%；企业也积极采用了其他科技创新的方式，与国内高校等科研机构合作的企业数有 11 家，占 44%；采用与国内其他企业合作的方式进行创新的有 7 家，比例为 28%；直接购买国内机构成果的有 5 家，占 20%；技术引进的有 5 家，占比

20%。2013 年、2014 年各有 1 家企业开展与国外高校研究机构及企业的创新合作（见表 3）。

表 3　创新型企业新产品开发技术来源（受访企业数 n = 25）

单位：家，%

类别	企业数			比重		
	2013 年	2014 年	2015 年	2013 年	2014 年	2015 年
技术引进	4	4	5	16.00	16.00	20.00
与国内高校等科研机构合作	10	10	11	40.00	40.00	44.00
与国内其他企业合作	9	8	7	36.00	32.00	28.00
购买国内机构成果	4	5	5	16.00	20.00	20.00
与国外高校研究机构及企业合作	1	1	0	4.00	4.00	0.00
企业内部开发	20	21	22	80.00	84.00	88.00

（四）跨界合作增强，运营模式越发多元

随着技术的不断进步，产业间的边界越来越模糊，产业升级不再是简单的投入和产业链间的上中下游关系，产业投资的跨界和产业运营的融合等方式正在不断兴起，产业融合的步伐不断加快，融合的深度和广度不断拓宽。

1. 制造与服务跨界融合

智能化、服务化和网络化是全球创新发展的趋势，制造与服务的跨界融合也成为创新型企业发展的方向和目标。服务业开始出现制造业化，制造业也开始服务化发展。如在服务业领域，借鉴制造业生产的基本要素和模式，出现了服务的产品化、标准化和连锁化态势。而在制造业领域，向生产型服务业转型，从以生产产品为中心向服务链两端延伸，全面提升产品的附加值成为制造业转型升级的重要方向。

2015 年 24 家创新型企业中有 8 家企业通过跨界融合得到创新发展（见

表4）。跨界融合主要有四类：从制造到服务、从服务到制造、制造领域跨界、服务领域跨界，而这8家企业均进行了不同方式的跨界融合。

表4　创新型企业跨界融合的情况（受访企业数 n = 24）

单位：家，%

类别	企业数			比重		
	2013年	2014年	2015年	2013年	2014年	2015年
跨界融合	3	5	8	12.5	20.8	33.3
从制造到服务	2	2	2	8.3	8.3	8.3
从服务到制造	1	1	3	4.2	4.2	12.5
制造领域跨界	0	0	1	0.0	0.0	4.2
服务领域跨界	0	1	1	0.0	4.2	4.2

2. 多种商业模式融合发展

电子商务模式是网络环境中基于一定技术基础的商务运作方式和盈利模式。随着电子商务的不断推广和信息服务方式的不断创新，其应用领域不断扩大。随着“互联网 +”内涵的不断拓展，电子商务的类型也日趋多元。目前，主要流行的电子商务模式包括以下四种类型。①B2B，是商家对商家间的交易，是指企业间通过专用网络或 Internet，进行各种数据信息的交换、传递，进而开展交易活动的商业模式。②B2C，是商家对个人进行交易，是直接面向消费者销售产品和服务商业零售模式。③C2C，是个人对个人间的电子商务。④O2O，则是线上对线下进行交易，是线下的商务机会与互联网结合。目前，上海自贸区推出一批贸易监管制度创新和功能性的先行先试项目，推出国内首个“前店后库”模式的保税展示交易平台，跨境贸易电子商务试点取得突破。

调查数据显示，2015年，27家受访企业中，采用新模式的创新型企业数量为21家，占比高达77.8%，且处于不断增加的趋势。其中，10家企业采用B2B商业模式，B2C商业模式增至6家，O2O商业模式为3家（见表5）。企业积极采用新的商业模式，力求借助自贸区建设，发现市场新缺口。

表 5 创新型企业新模式情况（受访企业数 n = 27）

单位：家，%

类别	企业数			比重		
	2013 年	2014 年	2015 年	2013 年	2014 年	2015 年
B2B	9	11	10	33.33	40.74	37.04
B2C	3	2	6	11.11	7.41	22.22
C2C	0	0	0	0.00	0.00	0.00
O2O	3	2	3	11.11	7.41	11.11
其他	2	2	2	7.41	7.41	7.41
合计	17	17	21	62.96	62.96	77.78

（五）政策扶持增强，创新环境不断优化

企业创新的开展与落实需要创新环境的不断优化。只有建立良好的市场环境，才能释放创新型企业的活力，激发创新的内在动力，全面提升创新型企业的竞争力，更好地促进区域经济增长。浦东新区通过多年的发展，已经拥有国家批复的六大国家级产业基地，15 个上海市级各类产业服务集聚区、平台，以及大量采取各种创新模式、具有产业发展特色的孵化器、加速器。而且各园区在推进区域二次过程中，加快布局发展创新型企业。这些平台集聚了大量创新要素、创新企业，并且形成了一些具有引领性的新兴产业领域，成为浦东新区创新型企业孵化培育的摇篮、创新型企业发展的核心载体。浦东新区围绕自贸区建设、科创中心建设、综合配套改革等国家战略，出台了一系列扶持政策，引领创新型企业发展，不断优化创新环境。如新区“张江创新十条”；推出浦东新区“小微企业创业创新基地城市示范”实施方案；自贸试验区在市场准入、监管、政府服务等方面，将率先形成有利于创新型企业发展的良好环境等。

创新型企业创新环境包括创新创业的社会氛围、创新扶持力度、知识产权保护、创新创业人才、新技术产业化途径、创新创业投融资渠道、创新创业投资的风险和收益七大要素。数据显示，与 2014 年相比，80% 左右的企业认为企业创新创业的社会氛围和创新创业人才状况得到改善；76% 左右的

企业表示新技术产业化途径、创新扶持力度、知识产权保护、创新创业投融资渠道四个环境因素得到改善；61.54%的企业认为创新创业投资的风险和收益因素也不断优化（见图3）。所以，整体而言，企业的环境不断优化，市场效率提高，企业对政府的政策的满意度也有所提高。

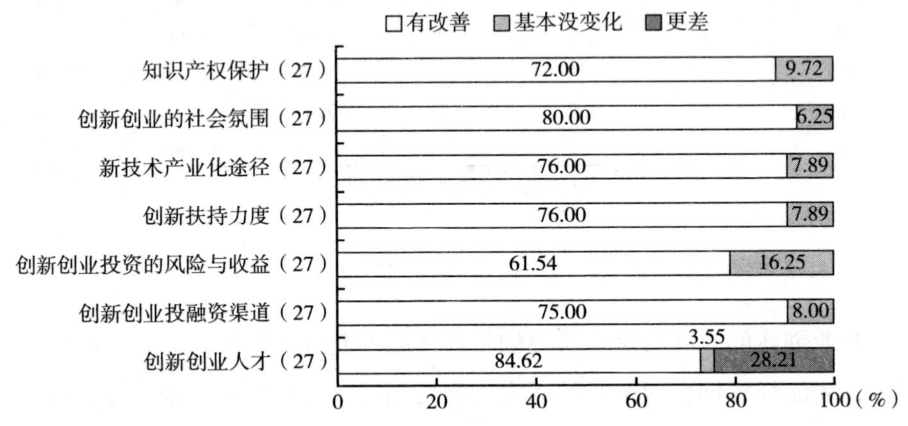

图3 2015年创新型企业创新环境变化

二 创新型企业发展的瓶颈

为全面了解浦东新区创新型企业发展运营的整体环境的变化，我们在问卷上设计了一个经营条件感受度的调查。调查结果显示：随着各项政策的推进及企业的发展，77%的企业认为企业的核心团队凝聚力增强，增强了企业抵抗经济市场风险的能力。同时，由于经济下行的压力，浦东新区创新型企业的经营环境面临诸多挑战，人工成本和市场压力是最主要的经营压力。调查数据显示，分别有81.5%、85.2%的创新型企业认为市场压力和人工成本不同程度地有所增加；六成左右的企业认为企业的资金压力也在增加；50%左右的创新型企业认为在企业经营条件中，企业的税费负担和环保支出也有所增加；只有30%的企业表示企业获得政府的支持力度在增加，甚至有3.6%的企业表示获得政府的支持力度明显减少（见图4）。

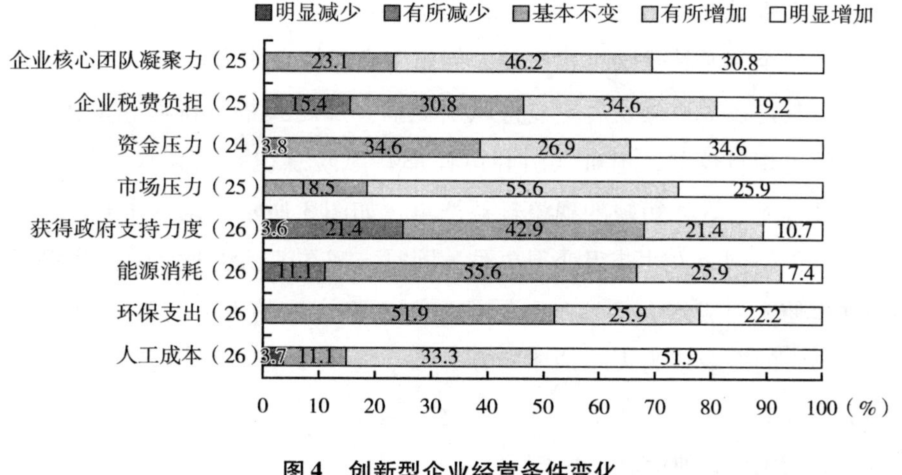

图4　创新型企业经营条件变化

（一）创新意识有所下滑

在调查中发现，创新型企业内许多经营者、管理者存在着创新意识不足或者说创新意识下滑的现象。首先，在经历了初期的创新冲动后，企业规模扩大、收益提升后，企业家、管理层创新精神下滑甚至缺位。这与“小富即安”的文化相关，也与市场经营环境不甚规范，创新型企业尤其是中小创新型企业的社会负担重有关。这些问题造就了许多中小企业经营者出现短视行为，企业家、管理者丧失继续创新的动力。其次，创新型企业自身在形成相对完善的技术系统后，企业运营进入小常态发展的通道时，容易产生一种抗改革创新的惯性，创新人员对新技术、新知识产生使用惰性，相应地表现出科技研发成果数量下降或转化率下降、创新活动不足等问题，这些从另一方面又影响了创新型企业的经营者、管理者进行技术创新的积极性与动力。

（二）创新要素有所欠缺

创新当然不能只靠热情、经费、盲目的科学实验或社会实践，还需要各种创新要素的配合与支持。

1. 高素质创新人才缺乏，人力成本增加

与大型企业尤其是国企相比较，创新型企业综合实力较弱，抗风险能力不足，尤其是在危机爆发后更显得风雨飘摇。加之其福利待遇、工作环境、科研条件也相对较差，很难吸引和留住那些风险意识强的高水平的技术人才、管理人才，人才短缺的现象日益严重。如图3所示，调查中有28.21%企业觉得创新创业人才获得变得更难。同时，现在劳动法普及后，薪酬福利的增加也使人力成本大幅增加，制约着创新型企业的发展与壮大。调研显示，33.3%的企业认为人工成本有所增加，更有51.9%的企业认为人工成本明显增加。

2. 融资困难，创新资金不足

创新型企业一般创业时间较短，规模较小，自有资金尤其是可用于研发创新的资金先天不足。同时，由于资产有限，资信程度相对低且创新具有不可预知性、抗风险能力也低，一般难以满足商业银行的信贷标准，承担着更大的资金成本和风险。虽然政府出台了大量扶持政策，但与大企业相比，中小企业面临着不公平的融资环境，尤其是在经济不景气的现在，资金压力更大。在调查中发现有26.9%的企业认为资金压力有所增加，34.6%的企业认为资金压力明显增加；有42.9%的企业认为政府的支持力度基本不变，却有21.4%的企业获得政府支持力度减小，甚至有3.6%的企业获得政府支持力度明显减少。

在融资困难的同时，各项支出也不断增加。25.9%的企业认为能源消耗有所增加，7.4%的企业认为能源消耗明显增加；25.9%的企业认为环保支出有所增加；22.2%的企业认为环保支出明显增加。

（三）创新环境仍待完善

虽然当前浦东创新环境不断完善，创新型企业已进入创新成长活跃期，但其市场环境尚存在诸多问题、困难乃至挑战，有待进一步完善。首先，政府掌握着大量科研经费，但这些科研经费的使用机制亟须优化。目前，大多数的经费流入了科研院所和国有企业。科研院所研发产生的科研成果的转化率低，其中一些成果的市场前景并不看好。而国有企业在经费使用方面，创新效率较低。其次，创新法制环境有待完善。创新型企业发展成长中缺乏公平的环境，维护创新的法律、制度环境方面也不够完善。尤其是对知识产权保护的法规执行力度十分薄弱，技术市场的正常秩序难以得到很好维护与遵守，创新者的正当权益也很难得到妥善保护。有些企业通过巨大投入获得的科技成果，由于在保护知识产权方面的不足，容易被其他公司模仿，甚至剽窃。最后，企业税费负担重。调查显示，34.6%的创新型企业认为企业税费负担有所增加；19.2%的创新型企业认为企业税费负担明显增加。

三　浦东推进创新型企业发展的对策建议

浦东创新型企业的发展水平与发达国家或地区创新型企业相比还有一定的差距。浦东新区要借助自贸区制度加快复制推广将带来溢出红利、科技创新中心建设将带来方向红利、改革落实将营造良好的制度红利，借鉴国际发达国家、地区发展创新型企业的经验和做法，从创新主体、创新平台、创新环境等方面做文章。

（一）集聚创新型企业主体

企业是创新的主体，创新的主体要更加多元化，创新的成效才更为显著。要大力培育、引进、发展各类创新企业，如支撑制造业升级且与制造业密切相关的企业总部型企业、系统集成企业、服务型制造企业、再制造企业以及各种基于制造的专业服务和增值服务企业。大力发展科技中介服务型企业，如合同研发外包（CRO）企业、合同能源管理企业、个性化定制生产企业等，以及基金、风投以及金融等生产者服务业，完善创新型企业发展体系。

创新型企业的发展首先要立足于技术创新，立足于企业内的核心团队、核心技术甚至是核心市场模式。要树立创新的企业文化，加大研发投入，依托企业内外的创新平台、创新基地，甚至是创新人才，大力开展创新活动，形成创新产品。中小型企业可与政府、重点企业联合建立高水平研发中心和中试基地，推进企业间进行产品创新、工艺创新、流程创新和生产链的创新。与高校科研院所合作，承接引进他们成果专利并实施产业化，提高成果的转化率和效率。在强化企业自身创新研发的同时，要加快创新跨界融合、开放合作的步伐，探索新组织方式以培育中观、微观层次的创新体系，深化创新的宽度与深度，提升创新的能力与影响力。

（二）搭建创新发展的平台

1. 创新人才平台

创新的关键是重视人才，没有人才就没有创新。浦东作为创新型企业发展的大平台、大载体，又是自贸区、科创中心、综合配套改革等政策的集聚区，有条件吸引集聚全世界的优秀人才。要依托现有的发展基础，通过浦东"产业基地＋产业基金＋产业联盟＋产业人才基地"模式，打造产业创新生态人才系统。依托上海自贸区对人才服务业的拉动作用，推动浦东国内外人才与创新的嫁接，加速科技创新、金融等人才的集聚。争取上海市有关部门支持，依托浦东众多省级行业协会，以及龙头企业、产业园区和相关教育机构，建设创新技能人才、管理人才的实训基地。转变人才观念，拓宽用人渠道，从创新人才培育向创新团队培育转型，激发人才创新活力。

2. 构建创新网络

创新网络是企业、政府、大学、科研院所、技术市场、中介服务机构、个人之间在技术、项目、经费等合作与交流的基础上所形成的创新系统。在这个创新网络中，创新要围绕企业创新发展的实际需要而展开，通过开放合作、集成创新等模式，发挥高等院校、科研院所科研实力强、研发成果多的优势，有针对性地瞄准市场进行研发。同时，要进一步完善和规范相关中介机构、技术市场的职能，实现信息的共享与公开，为浦东创新型企业发展提供高效优质的技术、信息咨询与服务，解决企业发展中的技术瓶颈、运营问题。

（三）优化创新发展的环境

保障创新型企业发展的环境主要包括政策与法律环境。浦东现已出台大量创新发展政策，在未来发展中应进一步梳理汇总，明确这些政策的有效性与瓶颈所在，调查企业意愿，出台更有针对性、更有操作性的政策，为创新型企业发展服务，也为浦东新区的转型发展奠定基础。

如前所述，市场机制在一些中小创新型企业尤其是小微企业技术创新活动的调节过程中存在明显缺陷，使其处在信息不畅、利益受损的不平等市场竞争中。为此，政府需要建立公平、开放、规范、有序的市场秩序与规则，营造一个激励创新、支持创新、保护创新、容忍失败的社会环境。在这种环境下，通过一系列产业政策、财政政策、货币政策、科技政策等来推动扶持技术创新，同时要积极构建公共服务平台，为中小企业提供便利顺畅的信息、技术、人才培训等公共服务，消除企业技术创新的主要障碍。还应加大技术创新成果的知识产权保护力度，进一步培育和完善法制环境。

参考文献

符文颖、李郇：《企业创新与产业升级——珠江三角洲（广州、东莞）电子企业问卷调查报告》，《南方经济》2010 年第 1 期。

刘振：《促进企业自主创新的动力因素及其路径关系研究》，《中国科技论坛》2013 年第 1 期。

张晓鸣：《新技术、新产业、新业态、新模式为产业结构调整和经济转型升级注入动力》，《文汇报》2014 年 7 月 16 日。

殷群、尹赟：《影响中小企业自主创新能力关键要素分析——以江苏中小企业问卷调查数据为样本》，《科技与经济》2015 年第 2 期。

李耀新：《“四新”经济促产业创新转型发展》，《上海企业》2015 年第 2 期。

赵君丽、吴建环：《发达国家“四新”经济的发展及对上海的启示》，《上海经济研究》2015 年第 5 期。

曹莹：《“加减乘除”推动浦东产业升级》，《浦东发展》2015 年第 4 期。

谢群慧：《浦东以新技术抢占发展制高点》，《浦东发展》2014 年第 9 期。

B.12
上海科创中心核心功能区中的综合性国家科学中心建设的实践与思考

孙　兰*

摘　要：　本文回顾了上海科创中心核心功能区建设的宏观背景和浦东任务，分析了建设综合性国家科学中心的关键举措和核心任务。通过将“原始创新”作为引领的角度，具体分析了浦东建设综合性国家科学中心的建设基础和功能定位，并且从大科学设施、科研机构、成果转化平台、重大前沿科研项目、辐射功能等多个方面推进了多项重大举措。同时，浦东新区需要克服自身存在的诸多瓶颈与障碍，本文据此提出了相应的对策建议。

关键词：　科创中心　核心功能区　国家科学中心

继党的十八大提出实施创新驱动发展战略，上海一直奋力加快建设具有全球影响力科技创新中心的步伐。2016 年 2 月，上海张江综合性国家科学中心获批，上海以张江地区为核心承载区来建设综合性国家科学中心，这是上海加快建设具有全球影响力的科技创新中心的一项关键举措和核心任务。建设国家科学中心是浦东新区代表上海、代表国家参与国际合作竞争的任务要求，是当好“改革开放排头兵中的排头兵、创新发展先行者中的先行者”的使命和职责，也是浦东新区引领创新转型的迫切需要。

* 孙兰，硕士，中共浦东新区区委党校公共管理教研室教师，主要研究方向为应用心理学、浦东发展。

一　上海科创中心核心功能区建设的宏观背景

（一）国家实施创新驱动发展战略

党的十八大提出了实施创新驱动发展战略，突出强调科技创新是提高社会生产力和综合国力的战略支撑，因此科技创新必须摆在国家发展全局的核心位置。2016 年 5 月 19 日，中共中央、国务院印发了《国家创新驱动发展战略纲要》，进一步加快推动实施这一面向全球、立足全局，同时又聚焦关键、带动整体的国家重大发展战略。在大力实施推动创新驱动发展战略、奋力加快建设具有全球影响力的科技创新中心的任务中，浦东新区全力落实加快建设具有全球影响力的科技创新中心战略举措，努力打造成为支撑科技创新的重要载体，有所作为，先行先试，形成面向全球的创新要素集聚功能、创新成果的生产力转化功能、区域创新体系建设的先行先试功能。

创新驱动就是创新成为引领发展的第一动力，是国家命运所系，国家力量的核心支撑是科技创新能力。全球新一轮的产业变革、科技革命和军事变革正在加速演进，科学领域的探索从微观到宏观的各个尺度上都在向纵深拓展，并且以智能、绿色、泛在为特征的群体性技术革命正在引发国际产业分工的重大调整，颠覆性技术大量涌现，将重塑世界竞争的格局，改变国家力量的对比，因此创新驱动成为许多国家谋求竞争优势的核心战略。我国现在正面临赶超跨越的历史机遇，同时也面临差距拉大的严峻挑战。我国唯有勇立世界科技创新的潮头，才能赢得更多的发展主动权，为人类社会文明进步做出更大贡献。

创新驱动乃是发展形势所迫。我国经济发展已经进入新常态，传统的发展动力正在不断减弱，粗放型的增长方式将难以为继。接下来，必须依靠创新驱动来打造新的发展引擎，培育出新的经济增长点，这样才能继续持续地提升我国经济发展的质量和效益，开辟出一片新的发展空间，从而实现经济保持中高速增长及产业迈向中高端水平的“双目标”。

当前，我国创新驱动发展已经具备了加速发力的基础。经多年努力，我国的科研体系日益完备，人才队伍不断壮大，各领域的自主创新能力快速提升，科技发展正步入由量的增长向质的提升转变的跃升期。同时，中国特色社会主义制度能够有效结合集中力量办大事和市场配置资源的双重优势，从而为实现创新驱动发展提供了根本的制度保障。

（二）浦东引领上海具有全球影响力的科技创新中心建设

2014 年 5 月，习近平总书记考察上海时要求创建具有全球影响力的科技创新中心，浦东作为上海科创中心核心功能区，要全面推进科创中心建设。全市科创中心建设“22 条”意见出台后，新区抓紧制订“行动方案”，努力率先全面落实。浦东的总体定位是努力成为上海建设具有全球影响力的科技创新中心的核心功能区。近期目标是到 2020 年，一是基本形成面向全球的创新要素集聚和辐射功能，二是基本建成创新型产业集聚发展的重要基地，三是基本形成充分激发各类创新主体创造活力的制度体系，四是基本形成完备的创新创业综合服务体系。

科创中心的全球影响力要以“原始创新”为引领，包含 5 个要件：该中心所在国家或地区的国家战略之全球能级；科创中心体制机制及政策之全球示范性；该中心所研发突破的具有世界公认影响的重大科技专项及国际专利；科创中心所孵化与孕育出的世界级的科技创新企业；该中心对全球经济及所在国转型升级的重大贡献等。

进入 21 世纪以来，世界各国科创中心出现以下两方面重大趋势：一是纽约、伦敦等一批国际经济中心城市纷纷启动“天狼星计划”，打造“硅巷”，争相加入世界科创中心行列；二是互联网成为新世纪具有全球影响力科创中心的首要升轨引擎及风控重点。

但不论是如同纽约、伦敦那样从国际经济中心城市转型，还是如同硅谷与中关村、张江那样从既有科创中心升级，世界各国、各地区所有创建升级具有全球影响力科创中心，均不约而同地选择从强化核心功能区建设着手。

核心功能区是具有全球影响力科创中心的重要形象标志和核心功能载

体。上海浦东张江高科技园区顺应全球科学中心向应用端延伸的大趋势，瞄准世界科技前沿，向具有全球影响力研发创新成果策源地、成果转化和产业化平台、高科技创业企业高地及全球创新资源配置中心挺进。

二　建设综合性国家科学中心是关键举措和核心任务

建设具有全球影响力的科技创新中心，既要有硬实力，又要有软实力。2016 年 2 月 16 日，建设上海张江综合性国家科学中心获批。以张江地区为核心承载区建设综合性国家科学中心，这是上海加快建设具有全球影响力的科技创新中心的一项关键举措，核心任务是构建一批代表世界先进水平的重大科技基础设施群，提升我国在交叉前沿领域的源头创新能力和综合科技实力，并代表国家在更高层次上参与全球科技竞争与合作。

建设综合性国家科学中心，是上海加速建设具有全球影响力的科技创新中心的一项关键举措，也是张江高科技园区建设国际一流科技城的一项核心任务。根据建设规划到 2020 年，张江要基本形成综合性国家科学中心基础框架。为此将重点开展四个方面工作，一是建立世界一流重大科技基础设施集群；二是推动设施建设与交叉前沿研究深度融合；三是构建跨学科、跨领域的协同创新网络；四是探索实施重大科技设施组织管理新体制。

建设综合性国家科学中心具有重大意义，这既是我国科技领域竞争的重要平台，也是国家创新体系建设的基础平台，有助于会聚世界一流的科学家，突破重大的科学难题和前沿科技瓶颈，能够显著提升我国的基础研究水平，从而强化原始创新能力。

（一）浦东新区建设国家科学中心的基础条件

经过 20 多年的开发开放，特别是张江园区 20 多年的建设和发展，浦东已形成科技创新资源集聚高地，并形成了一批有竞争力和影响力的创新产业集群，为建设综合性国家科学中心奠定了较好基础和培育了有利优势。

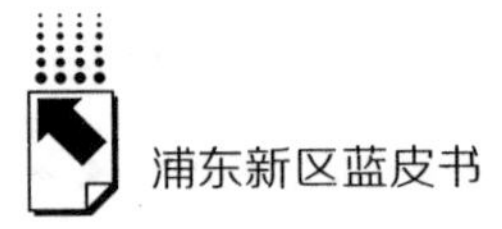

1. 建成了一批国家级大科学设施，集聚了一批高能级的研发机构①

重大设施和重要平台聚焦张江核心区，目前，主要包括上海光源和蛋白质中心两个科学大设施，高校和国家级科研院所 11 家，国家重点实验室 8 家，市级创新服务平台 36 家，500 强企业跨国研发中心 138 家。

浦东新区是国内大科学设施的聚集区，已建成上海光源一期、国家蛋白质科学中心（上海）、上海超级计算中心等一批重大科技基础设施。比如上海光源作为我国迄今为止投资最大、用户最多、产出成果最丰富的大科学设施，总体性能位居国际领先行列，成功支撑了甲烷高效转化、人源葡萄糖转运蛋白结构、高致病性禽流感病毒蛋白结构测定等一批重大科学研究任务。国家蛋白质科学中心（上海）建成了用于蛋白质结构研究的九大技术系统，是全球生命科学领域第一家综合性的大科学装置。上海超级计算中心自成立以来，为上海和全国各地的广大用户群提供了高质量的精端计算服务。

浦东新区集聚了一批高能级的研发机构。具体包括上海科技大学、上海纽约大学、复旦大学张江校区等高等院校；中国科学院上海药物所、中国科学院上海高等研究院、中国商飞上海飞机设计研究院、上海微小卫星中心等国家级科研院所；抗体药物与靶向治疗、新药研究、信息内容分析技术等国家重点实验室；IBM、罗氏、诺华、GE 等跨国公司研发机构。其中，中国科学院上海药物所成功研制了抗疟药“蒿甲醚”、抗肿瘤药“丁氧哌烷”等具有国际影响力的首创药，上海微小卫星中心自主研制了我国首颗 100 公斤以下的微小卫星、神舟七号伴星和创新系列星。

2. 吸引了一批高端科技创新人才，形成创新主体上的“三家联动”

浦东新区正在创建国家人才改革试验区，人才呈现高端化、国际化、市场化等特征，成为海内外高层次创新创业人才的主要会聚地，为建设国家科学中心提供了较为坚实的智力保障。

创新主体上形成“三家联动”，即科学家的科技创新、企业家的模式创新和投资家的转化创新相互联动，以科学家的科技创新引领提供要素新供

---

① 《浦东时报》。

给，以企业家的模式创新引领推动新技术、新产品的商业化、产业化，以投资家的转化创新支撑和提升科技创新的市场价值。“三家联动”能够做大做强创新主体，张江已成为科学家、企业家、投资家的集聚之地。

同时，协同创新形成“三队联动”格局，即大设施、大平台的创新国家队，跨国研发总部和研发中心的创新国际队以及民营企业研究院和研发中心的创新本土队，这三支队伍协同创新，共同构建了我国自主创新的最前沿，助推我国的科技水平由跟跑、并跑向并跑、领跑转变。

3. 形成高端创新产业集群上的“四业联动”

张江生物医药产业、集成电路产业、高端装备产业和平台服务产业这四大产业处于领先发展地位，是上海“四新”经济的策源地。生物医药产业和集成电路产业以创新为引领，高端装备产业包括航空航天、新能源汽车、智能制造研发和设备等，平台服务产业以模式创新及大数据、云计算、互联网等为依托搭建，这四个高端创新产业集群联动发展，共同引领创新驱动、跨界运营、交相嵌入、产业融合的发展新趋势，对长三角从招商引资转向创新创业的转型发展起到示范带动效应。

经过 20 多年的发展，浦东新区特别是张江园区已初步形成了以集成电路、生物医药、航空航天等为重点的高端化、国际化创新型产业集群。其中，集聚了国内集成电路设计企业 10 强中的 4 家企业、全国最大的 2 家集成电路制造企业；微创医疗诞生了全球首款心血管药物“靶向”洗脱支架，中信国健培育了国内首个大规模产业化的抗体类药物益赛普；中国商飞承担了具有自主知识产权的 ARJ21 支线飞机和 C919 大飞机总体设计的重大历史使命。

浦东新区在高技术前沿研究领域的原始性创新能力也不断增强，从浦东新区国家重点新产品立项企业技术发明统计来看，2011 年以来，浦东新区获立项的国家重点新产品计划项目共获得 370 项专利授权，其中发明专利 191 项、软件著作权登记 84 项。大部分重点新产品项目的开发填补了国内空白，技术达到国内领先水平，部分产品摆脱了依赖进口的现状，对企业的市场开拓、参与全球竞争起到了有力的支撑作用。2011 年以来，浦东新区获立项的国家重点新产品计划项目共 50 项达到国际先进水平，10 项达到国内领先水平，2 项达到国内先进水平。

4. 拥有创新改革多重叠加优势

浦东新区既是国家（上海）自由贸易试验区和张江国家自主创新示范区的融合地，又承担着国家综合配套改革试点、全球科技创新中心核心功能区建设的重大使命，形成科创中心建设动力上的“三区联动”新格局。把国家全面创新改革试验区与自贸试验区、张江国家自主创新示范区建设紧密结合起来，突出综合统筹，形成创新、开放、改革的系统叠加效应。“三区联动”是国家战略的叠加，以创新为灵魂，以改革为动力，以开放拓空间，这必将为国家科学中心建设带来独特的创新改革优势。

（二）浦东新区建设国家科学中心的功能定位

建设综合性国家科学中心是上海加快建设具有全球影响力的科技创新中心的一项关键举措和核心任务，张江园区是其核心承载区。建设国家科学中心是浦东新区代表国家参与国际合作竞争的任务要求，是当好“改革开放排头兵中的排头兵、创新发展先行者中的先行者”的职责和使命，也是浦东新区引领创新转型的迫切需要。

1. 应具备的内涵

（1）体现综合的研究支撑能力。汇集多个主体，既汇集多个重大科技基础设施，又集聚多所创新型大学，也集聚若干高端研究机构；既有中国科学院和上海市共建，也有浦东新区、高等院所和科技企业参与。聚焦多个领域，依托世界级重大科技基础设施集群建设，支持多学科、多领域、多产业开展基础科学研究和重大技术研发。体现协同创新，通过强强集聚、科学和技术进行联合、产业和科学研究相结合，整合跨学科、跨领域、跨部门创新要素，强化对国家重大需求、高端人才、技术转移转化的支撑。

（2）具有强大的原始创新能力。充分发挥重大科技基础设施集群的极限研究支撑作用，以及“一加一大于二”的交叉集成作用，为我国前沿科技和经济社会的重大需求问题研究提供长期、关键的科技研究支撑，抢占国际前沿科学和先进技术先机，引领世界科技发展。

（3）体现国家的全球竞争能力。作为国家最具竞争力和影响力的科学中心，代表国家在更高层次上参与全球科技竞争与合作，成为基于重大科学装置和设施的世界级科学中心，成为具有全球影响力的科技创新中心的核心。

（4）具有显著的辐射带动能力。依托世界级重大科技基础设施集群，在全球创新网络中成为重要的一环，积极涌现一批具有国际影响力的原始科技创新成果，辐射带动更大区域协同创新。

2. 应具备的功能

（1）全球科研资源的新高地。以世界一流重大科技基础设施集群为基础，以高水平大学、科研院所和科技企业等深度融合为依托，汇聚培育全球顶尖研发机构，形成一批围绕重大科技基础设施群的技术研发机构群和国际化前沿科学研究，代表国家在更高层次上参与全球科技竞争合作。

（2）原始科技创新的策源地。依托重大科技基础设施，形成引领创新的核心科学圈，瞄准世界科技前沿，开展高水平研究，攻克一批对人类认识世界具有重要作用的科学前沿问题及关系国计民生和经济命脉的关键核心技术，迈入全球原始创新能力第一梯队，提升我国在交叉前沿领域的源头创新能力和科技综合实力。

（3）科研体制机制的试验田。依托国家科学中心，开展创新驱动相关体制机制改革探索，在重大科技基础设施建设和运营管理、高端创新人才引进、科研人员评价激励、科研机构评价等领域，进行先行先试，建立符合科学规律的多学科交叉前沿研究管理制度，发挥国家科学中心产学研用结合的协同创新作用、国际合作开放的溢出放大作用和体制机制改革的牵引催化作用。

（4）世界科学大师的聚合地。发挥科研院校的人才培养作用、顶尖科学大师的集聚引领作用，吸引世界各地的优秀人才，开展交叉前沿科学研究，造就一批世界水平的科学家、科技领军人才和高水平创新团队，科研团队呈现国际化、跨领域、高流动态势。

3. 近期愿景

围绕上海到2020年基本形成综合性国家科学中心基础框架的奋斗目标，浦东新区“十三五”建设国家科学中心的目标为到2020年布局一批重大科技基础设施、创新型大学、全球顶尖科研机构、开放式创新平台、战略性科研项目，集聚一批全球顶尖科学大师和优秀科研团队，形成一批初具全球影响力的原创性科技成果。一是基本形成自由开放的科学研究和技术创新制度环境，二是基本建成适应国家科学中心需求的综合配套体系，三是基本形成综合性国家科学中心核心承载区的基础框架，从而对张江建设国际一流科技城的支撑作用初步显现。

浦东新区“十三五”建设国家科学中心的具体目标包括以下几方面：一是载体建设目标，建设一批世界级大科学设施集群，集聚一批研究型和创新型大学，汇聚一批国际化的前沿科学研究和技术研发机构。二是人才集聚目标，集聚一批国际化、高水平、跨领域的顶尖科学家和一流研究团队，同时造就一批世界级的科技领军人才、科学家以及高水平的创新团队。三是原始创新目标，实施一批能够填补国家空白、具有国际影响力的创新工程和创新项目，包括在生命、材料、物质、环境、能源等交叉前沿领域中形成一批具有全球影响力的科技成果，在集成电路、航空等产业突破一批核心关键技术，在生物医药产业研发一批全球创新药物。四是环境建设目标，不断完善教育、文化、体育、医疗、商业、交通、居住等综合配套体系，建设一批国际学校、国际医院和国际社区等设施。

三　浦东新区建设国家科学中心的现状分析

（一）浦东新区建设国家科学中心的重大举措

1. 打造重大科技基础设施集群

推进在建大科学设施建设。首先，在已建成的包括上海光源一期、国家蛋白质科学中心（上海）、上海超级计算中心等大科学设施基础上，继续加快推进上海光源二期、软 X 射线自由电子激光（SXFEL）等大设施建设。其次，积极争取新的大科学设施在浦东落地，包括积极争取峰值功率全球最高的超强超短激光装置、可观察生命活动最基础单元的活细胞成像平台、中国第一个硬 X 射线自由电子激光（HXFEL）等在张江园区落地；另外，积极争取研究揭示海洋前沿问题的海底长期观测网总部落地临港。

2. 建设研究型和创新型大学群

一是推动新区本土创新型大学建设。一方面，发挥上海科技大学的体制机制优势，主要加快生命、信息、物质等领域的特色研究机构建设，深入开展干细胞与再生医学、新药发现、抗体药物、系统材料工程、定制量子材料、基于大数据和物联网的医疗服务等特色创新研究，建设成为教育、科研和创业深度融合的高水准、国际化创新型大学。另一方面，推动上海纽约大学研发中心落户张江，建设世界级、多元文化融合、文理工学科兼有的研究型大学。

二是推动上海本土研究型大学发展。一方面，依托复旦大学，重点推进复旦大学张江校区，主要包括建设上海微纳电子与量子器件、上海遗传与精准医学、上海脑科学与类脑人工智能等科创中心。另一方面，依托上海交通大学，重点推进交通大学张江校区，主要包括建设前沿物理、代谢与发育科学等国际前沿性的科学中心，同时推动在临港地区布局上海智能制造研究院和航空发动机研究院。此外，推动同济大学建设中美合作干细胞医学研究中心，争取车联网共享和应用实验室落户张江。

三是集聚顶尖研究型大学研发机构。一方面，与清华大学开展深度合作，推动清华—上海创新研究中心落户张江，推动高温气冷堆、燃气轮机等关键核心技术的产业化进程，培育一批以集成电路为代表的新一代信息化技术产业。另一方面，与北京大学开展深度合作，积极争取碳基集成电路芯片研发、激光加速器，以及专注肿瘤、心血管和脑神经领域的新药创制平台等在张江布局。此外，积极引进国外一流大学建设国际大学或国际化学院，吸引国内一流大学建设高端新型研发组织。

3. 建设高水平科研机构群

推动中国科学院新型研究机构建设。一方面，依托中国科学院上海药物所，推动中国科学院药物创新研究院建设，促进创新药物的深入研究、开发和利用；加快中国科学院量子信息与量子科技前沿卓越创新中心建设，推动国家量子技术中心落地，打造原始创新、技术研发集成、产业化的创新价值全链条；加快中国科学院上海高研院特色研究所的建设，积极开展原始创新和集成创新相关研究，加快科学技术成果的转移和转化。另一方面，积极对接中国科学院科技体制改革计划，吸引中国科学院分类改革后的创新研究院、卓越创新中心、大科学研究中心和特色研究所落户。

推动国家实验室建设。一方面，依托中国科学院技术物理所在红外光电技术领域的技术优势，建设空天红外国家实验室，开展红外物理、特种材料与光电器件、航空航天系统、智能制造等跨学科、大协作、高强度的创新研究。另一方面，依托中国科学院应用物理所在光子领域的科学和技术优势，在上海光源的基础上，建设光子科技国家实验室。

集聚一批高端研发机构。一方面，依托国家重大科技基础设施，吸引国际知名研究所、海内外顶尖实验室、世界知名大学等直接或联合设立全球领先的科学实验室和用户实验装置。另一方面，鼓励跨国公司研发中心、民营行业龙头企业和社会资本共同参与，在集成电路、生物医药、文化创意等重点领域，打造出若干具有全球影响力的重点实验室，以及开放型应用研究平台和联盟。

4. 建设成果转化服务平台

推动成果转化平台建设。对接国家科学中心原始创新成果，依托中国科学院，建设下一代信息技术、能源与环境技术、个性化医疗技术、空间商用技术等成果转化平台，推动研究成果转化孵化，持续培育新产业技术，培育众多新产业形态的科技企业。

推动科技公共服务平台建设。争取上海市支持，在集成电路、生物医药、智能装备、新材料、新能源等领域，布局和建设一批重大科技公共服务平台，重点推进生物医药制剂平台、医疗临床大数据中心、智能量子检测平台、国家级光伏公共测试平台等建设。

打造科技中介机构集群。培育和强化知识产权机构、人才服务机构、投融资机构、情报信息机构、绩效评价和反馈机构、创新指数发布机构等科技中介服务组织，全面对接国家科学中心的成果溢出。

5. 积极承接开展重大前沿科研项目

承接一批重大研究项目。浦东争取国家和上海支持，积极承接国家科技重大专项、“科技创新 2030—重大项目”和“一带一路”科技创新合作项目等重大研究项目。在重大战略项目方面，推进大飞机、北斗导航、高端处理器芯片、集成电路制造及配套装备材料、先进传感器及物联网、智能电网、新型显示、智能制造与机器人、原创新药与高端医疗装备、大数据及云计算等重大产业创新战略项目落户。在重大基础工程方面，积极推进脑科学与人工智能、干细胞与组织功能修复、材料基因组、量子通信等重大科技基础前沿布局。

自主开展多学科交叉前沿研究。以已建、新建、积极争取承建的国家重大科技基础设施的支撑研究方向为基础，兼顾与国家相关科学计划互补衔接，聚焦生命科学、环境科学、能源科学、材料科学、物质科学等多个基础科学领域，由国家科学中心在预研究的基础上，发起、拓展并设立多学科交叉前沿研究。

6. 形成内核 + 向外辐射的空间布局

在现有创新资源和创新产业基础上，结合中部创新走廊和张江科技城建设的新形势、新需求，以科学中心核心承载区为内核，形成多层次辐射区。以技术创新区为中间层，以成果转化区为外层，以产业拓展区为辐射，形成与产业链架构相适应的科技创新空间格局。

建设国家科学中心内核。位于原张江核心区中科院浦东科技园区和科研教育区，形成张江综合性科学中心核心承载区。依托上海光源、国家蛋白质科学中心（上海）、上海科技大学、中国科学院上海高研院等大科学设施和创新型大学，开展多学科、多领域、多主体、交叉型、前沿性、代表世界领先水平的基础科学研究和重大技术研发，提升国家基础科学研究和原始创新能力。

形成科学中心多级辐射层。一方面，以原张江核心区技术创新区、技术创新区南区和生活服务中心为基础，拓展区域范围至除综合性国家科学中心外的整个张江园区，形成科学中心第一辐射层。覆盖各类研究平台、机构、企业研发中心和研发型企业，以提升技术创新、孵化创业、商务办公、城市配套等综合服务功能为发展方向。另一方面，推动张江科技城周边街镇和新区其他产业园区，承接科学中心研发成果转化和早期产业化，形成科学中心第二辐射层。此外，面向上海、面向全国，推动科学中心科技成果产业化，放大综合性国家科学中心和张江科技城的辐射效应和溢出效应，形成科学中心第三辐射层。

（二）不足和短板

1. 科学研究载体相对缺乏

在大科学设施方面，依托大科学设施提高重大科学发现的支撑能力是发达国家建设科学研究中心的一条重要途径，如美国阿贡国家实验室依托 APS 光源、ATLAS 加速器等构建科学研究中心，欧洲核子研究中心建有质子加速器、大型正负电子对撞机。浦东新区拥有上海光源、国家蛋白质科学中心（上海）等 3 项大科学装置，但作为综合性国家科学中心核心承载区的大科学设施总体规模、覆盖领域仍然偏小，集聚度仍需强化。

在创新型大学方面，依托研究型大学是发达国家建设科学研究中心的另一条重要途径，如美国劳伦斯伯克利国家实验室由加州大学伯克利分校负责管理，林肯实验室依托麻省理工学院建设和运营。张江园区内，上海科技大学正在建设中，上海中医药大学带动性有限，复旦大学、上海交通大学张江校区研究功能有待提升，亟须国内外一流理工类研究型大学在张江园区设立一批高水平研究机构。

在高端研究机构方面，张江园区集聚了中国科学院上海药物所、中国科学院上海高等研究院等国内领军科研院所，但相比硅谷、筑波来说，国家级研究机构数量偏少，特别是缺乏世界级创新平台。虽集聚了 130 家左右的外资研发机构，但本土领军企业缺乏具有世界影响力的高端研发中心。

2. 原创科技创新能力和品牌效应还有待进一步提升

国家科学中心往往是重大科学发现的诞生地和重大产业变革的策源地。如劳伦斯伯克利国家实验室经过 80 年的发展，发明了回旋加速器，发现了锝、镎、碳 14 等，与劳伦斯实验室相关的 13 个科学家及组织获得诺贝尔科学奖。张江作为高科技园区，原始创新能力不强，重大科学发现和引领产业变革的原创性成果少，跟踪、模仿性成果多，亟须通过建设综合性国家科学中心来弥补自主创新的短板。

世界知名品牌是建设具有全球影响力的科技创新中心的重要成果。纵观国际有影响力的科创中心，无一例外都是以世界知名品牌集群为主要特征的，例如美国的硅谷形成了以惠普、思科、英特尔、苹果、基因泰克、甲骨文、雅虎、谷歌、罗技、脸谱、特斯拉等为代表的品牌集群；就国内而言，北京中关村也形成了百度、网易、小米、联想、方正、亚都等一批国际国内知名品牌，在全球科技创新中占有一席之地。相比而言，浦东新区培育的知名品牌较少，仅有少数企业形成国内外知名的自主创新品牌，如微创医疗。此外，还有少数企业在细分领域内具有一定国际影响力，尚未形成具有全球影响力的知名品牌集群。

3. 全球顶尖科学大师不足

从全球发展经验看，国家科学中心都聚集了大批顶尖科学人才和创新团队，开展前沿性、基础性、交叉性科学研究和科技创新。如劳伦斯实验室会集了 70 位美国国家科学院院士、18 位美国国家工程院院士、13 位科研领域国家最高终身成就奖——美国国家科学奖章获得者，培养了数千名大学理科和工程专业的学生，推动着美国和世界各地的技术革新。

全世界的顶尖科学家不过 2000 名，中国只占据 5%。常驻张江园区的顶尖科学家集聚不足，需要吸引全球一流的科学家和创新团队入驻张江园区，使其成为创新理念、创新成果、创业资本和创新产业的虹吸池。

4. 综合配套服务功能相对滞后

作为综合性国家科学中心核心承载区的张江园区，在发展过程中，主要按照工业园区或高新区的模式发展，缺少城市的配套服务功能。随着国家科学中心高端研发机构和顶尖人才的引进，现有教育、体育、医疗、商业、交通、居住、网络、生态等方面的配套水平，与科技城和国家科学中心建设目标存在明显差距，已成为其吸引高端创新创业人才的重要瓶颈。

四　建议和展望

（一）以灵活的机制，多元化建设管理

当前，全国正进入科学大设施建设的新一轮热潮，要瞄准世界科技前沿领域和国家战略需求的结合点，积极争取更多的科学大设施能够落地张江。正在推进的有上海光源二期、软 X 射线自由电子激光用户装置、活细胞结构与功能成像等线站工程、超强超短激光实验室装置等“1+3”大科学设施项目。

然而，目前的建设机制还是以体制内立项、建设和运营管理为主，建设经费的来源也比较单一，往往后续更新跟不上。多元化的投资建设和认定大设施的机制可以起到管理运营机制灵活化的作用，缩短与微观创新和微观经济的对接空间。因此，需要加大力度支持大科学设施的研发服务功能，部分设施可以以企业形式和市场机制来进行承包运营管理，同时稳定专业队伍，能够体现设施、研究成果、数据和技术服务的开放共享，扩大覆盖面和提高使用效率，并且大力支持以企业为主体的研发创新。

（二）深化创新人才发展机制

人才集聚是上海最大的优势，然而人才机制瓶颈恰恰也是上海创新发展最突出的痛点。必须加强科技创新人才扶持，加快构建具有全球竞争力的人才制度体系，实施更加开放包容的引进人才政策，聚天下英才而用之。创新人才发展机制已经受到上海市和浦东新区领导的高度重视，“上海科创 22 条”以及 2016 年 9 月新出台的《关于进一步深化人才发展

体制机制改革加快推进具有全球影响力的科技创新中心建设的实施意见》（以下简称“人才新政”30条）已有政策设计，目标是向用人主体放权，为人才松绑。“人才新政”30条，亮点在于更积极更开放地向海外引才、发挥户籍政策的激励和导向作用、保障和落实用人主体自主权、深化职称制度改革、强化人才创新创业激励、完善科研项目资金管理、营造人才宜居宜业环境。“人才新政”30条在以往政策基础上，进一步降低门槛，增强操作性，表明上海对人才发展的满满诚意，但关键还是要加大工作的落实力度。

首先，要落实创新人才发展“三个机制”：一是将人才评价机制向用人主体放权，即引进人才的评价主要由用人主体打分；二是落实人才自由流动机制，对引进外地创新人才配套直接落户机制，为人才松绑；三是以人才激励机制迸发人才的创新创造活力，包括事业单位薪酬改革、股权激励和分配制度改革等。

其次，要落实海外高层次人才和青年领军人才的“三个待遇”：一是加大绿卡（永久居留证）改革创新力度，进一步落实外籍高层次人才的国民待遇；二是以户口进一步体现外籍人才的市民待遇；三是以提升薪酬和科研经费进一步体现体制内科创人才的市场待遇。

（三）搭建平台，建立成果转化对接机制

建立政产学研结合的科创成果转移转化机制，有效把国家级创新团队的科技优势和人才优势，转化为产业优势和经济优势。

建立成果转化服务联盟。联合张江园区内大科学装置、科研院所、重点平台机构、跨国公司、张江园区支柱企业，筹建张江科学城成果转化服务联盟，作为联系国家科技中心和张江园区的桥梁，有效对接产、学、研之间的需求，推动重大研发成果转化，逐步形成成果研发、转化孵化、产业集聚的良性链条。

加强创新成果转化配套支持。一方面，可率先在上海光源、国家蛋白质科学中心（上海）这类大科学设施试点，与天使投资引导基金相结合，先

行先试科技成果转移转化的财税支持。另一方面，对接成果转化，提供科技人员创业和成果转化的众创空间并提升全程服务品质，支持高端创新科技人员成为创新创业的主力军。

完善支持科技公共服务平台发展的综合政策。发挥国家科学中心科研机构仪器设备和专业团队优势，鼓励其与外部机构、企业合作成立各类专注于更加细分领域的平台，并落户浦东，为科技企业提供更多、更专业的服务。同时，争取市相关部门支持，对现有科技公共服务平台进行升级改造，提升平台服务功能。此外，通过创新券、绩效奖励等激励政策，促进平台为科技企业提供更多优质服务，降低科技企业使用科技公共服务平台服务的成本压力。

（四）统筹财政，专项配套科学中心建设

“十三五”期间，浦东新区财政要进一步统筹全区科技经费投入，将科技发展基金、张江专项资金既有资金部分，以及财政科技投入新增部分，用来设立“浦东新区国家科学中心专项资金”，用于科学中心重点项目建设和重大科研项目运营、人才发展方面的配套和补贴。大科学设施建设和科技创新需要重点支持，特别是新建的大科学设施等高端平台公共服务的质量、各类国家重大科研项目等方面。

（五）健全服务，加大人才生活配套保障力度

高度重视和加大力度提升教育、体育、医疗、商业、交通、居住、网络、生态等方面的配套水平，减少与科技城和国家科学中心建设目标的差距，使其成为吸引高端创新创业人才的亮点之一。要扩大优质教育资源供给，投入更多优质教育资源，满足科学中心重点机构高层次人才子女的入学需求。同时，针对国家科学中心国际化人才集聚的特点，加强国际学校的建设，特别是国际小学、国际幼儿园的建设。优化国际人才医疗环境，包括健全国际医疗保险境内结算机制，同时扩大国际医疗保险定点结算医院范围。搭建人才综合性服务平台，受理人才各类需求，提升服务范围质量和扩大服务范围。

参考文献

《浦东新区国民经济和社会发展第十三个五年规划纲要》，2016 年 2 月 2 日。
历年《浦东新区统计年鉴》。
《浦东时报》，2015 年 4 月至 2016 年 9 月。

【附　件】

张江综合性国家科学中心主要大科学设施简介

一　上海光源

上海光源属中能第三代同步辐射光源，由中国科学院和上海市共同出资建设，其电子束能量为 3.5GeV，居世界第四。它是我国迄今为止最大的大科学装置和大科学平台，每天能容纳数百名来自全国或全世界不同学科、不同领域的科学家和工程师，在科学界和工业界有着广泛的应用价值。

上海光源设计可建造 40 条光束线站，前期已建造（包括正在建造）24 条光束线站，其中，14 条光束线站已对外开放使用。二期将新建 16 条光束线站，项目由中国科学院上海应用物理研究所承建。目前，国家发改委已经批复光源二期项目建议书，并完成环保局环评，正在进行稳评、卫评等工作。

二　国家蛋白质科学中心（上海）

国家蛋白质科学中心（上海）是以各种大型科学仪器和先进技术集成为核心的规模化、系统化技术装备体系，由多种具有不同的空间分辨率和时间分辨率的研究技术装备，共同构成能够基本覆盖蛋白质结构与功能在空间尺度和时间尺度变化范围的研究技术系统。它是全球生命科学领域首个综合性的大科学装置，能够为在分子水平、细胞水平和个体水平上研究蛋白质、蛋白质复合体、蛋白质机器的结构与功能提供全面和完整的技术与条件保障。

项目于2008年11月获得国家发改委批复，2010年12月开工建设，总投资7亿元，并同步组织筹建国家蛋白质科学中心（上海），负责设施运行管理，开展科学研究和国内外交流。2015年7月28日通过国家验收。

三 软X射线自由电子激光（SXFEL）

上海软X射线自由电子激光试验装置主要建设内容包括建造由光阴极注入器、主加速器、两级高增益谐波放大振荡器系统，以及加速器隧道、调束管长廊、中央控制室和公用工程配套设施等组成的软X射线自由电子激光装置。它将为生命科学、环境科学、材料科学、信息科学和非线性科学等科学前沿的基础研究和高新尖端技术的开发研究，带来全新的视野和不可估量的革命性前景。

项目作为国家“十一五”大装置，由中国科学院上海应用物理研究所承建，总投资1.95亿元，新增建筑面积约5500平方米。该工程已于2014年12月30日开工建设，建设周期5年。

四 活细胞成像平台

通过升级软X射线自由电子激光试验装置，使波段全部覆盖水窗，并延伸到1keV光子能量的超高亮度X射线自由电子激光，建成我国唯一、世界最好的水窗波段大型自由电子激光用户装置。在此基础上，建设活细胞和材料化学两个用户站，实现从实验装置到用户装置的升级，以开展活细胞内纳米精细结构与生物功能、化学反应过程与生化过程等方面的应用研究。

项目计划由上海科技大学与中国科学院上海应用物理研究所合作建设。该项目已列入上海市发改委产业创新能力工程包，预计投资7.51亿元。目前，正启动环评、卫评等工作。

五　硬X射线自由电子激光（HXFEL）

建设中国第一个硬X射线自由电子激光装置，产生波长为0.12~0.15纳米的超短硬X射线飞秒激光脉冲，用亚纳米尺度的空间分辨能力，以研究原子分子体系以及各种材料体系在飞秒时间尺度的超快动力学过程，开展相干衍射成像与蛋白质结构解析，提升材料物理和材料科学的研究能力。

项目计划由中国科学院上海应用物理研究所承建，目前，该项目已列入中国科学院“十三五”规划，预计投资15亿元，后期将进行可行性研究，预计2017年后开工建设。

六　超强超短激光装置

依托中国科学院上海光机所自建的2PW超强超短激光装置，研制输出峰值功率达10PW的超强超短激光装置，建设4条次级辐射束线站。支撑超强超短激光和次级辐射束线研究过程中衍生的新技术，开拓激光与物质相互作用的研究与应用。

项目计划由上海光机所与上海科技大学合作建设。该项目已列入上海市发改委创新能力工程包，预计投资6亿元。目前，正在进行环评、稳评等工作。

七　海底长期观测网

建设基于海底光电缆构建的具备观测和数据采集、交互式远程控制、数据管理和分析等功能的软硬件集成系统。支撑海洋物理、化学、地质、生物、声学等领域的长期精细变化观测与研究。项目计划由同济大学负责建设实施。目前，该项目正在审批过程中。

八　上海超级计算中心（SSC）

上海超级计算中心（SSC）成立于2000年12月，目前，拥有“魔方”

(曙光 5000A)、“蜂鸟”(IBM 集群机)等超级计算机。中心主要为工业用户提供高性能的计算服务，目前已经支持了一大批国家和地方政府的重大科学研究以及企业和工程新产品研发，在汽车、航空、新材料、生物制药、化学等多个领域，取得了大批重大成果，已成为国内第一个面向社会开放、设施一流、功能齐全、资源共享的高性能计算公共服务平台。

B.13
后 记

《上海浦东经济发展报告（2017）》以“深化双自联动和政府职能转变”为本年度蓝皮书主题，既沿袭“浦东新区蓝皮书”的撰写风格——聚焦浦东、立足上海，又反映了2016年浦东新区经济发展的重点和亮点——聚焦自贸试验区改革和科创中心建设。全书将12个报告按内容和专题分为总报告、深化双自联动篇、政府职能转变篇和实证案例篇四个大篇，力争科学、及时地反映浦东新区经济发展现状与趋势、与上海自贸试验区建设的互联互通。

“浦东新区蓝皮书”是由上海社会科学院经济研究所与中共上海市浦东新区委员会党校合作编撰完成的地方类经济发展报告，编撰人员主要由上海社会科学院经济研究所青年科研人员和上海市浦东新区党校的青年教师组成。2017年是双方合作的第六个年头，也是第六本浦东经济发展报告。2012～2016年《浦东经济发展报告》的主题分别是“产业发展与功能完善”“核心功能与改革创新示范”“改革新亮点与布局新谋划”“自贸试验区溢出效应与制度创新”“双自联动与改革示范”。

值此《上海浦东经济发展报告（2017）》付梓之际，我们要真诚感谢上海社会科学院领导和浦东新区领导对本书的指导、关心和帮助；要感谢上海社会科学院经济研究所原所长石良平研究员、经济研究所副所长沈桂龙研究员对本书的鼓励和支持；要感谢浦东新区区委研究室、区政府研究室和区发改委等相关单位为本蓝皮书提供的资料支持。上海社会科学院经济研究所所长沈开艳研究员、徐美芳副研究员、陈建华副研究员、李双金副研究员、谢华育博士，浦东新区党校薛春芳处长、徐全勇博士，上海社会科学院在读硕士许晓敏参与了本书的组稿、联系、统稿等事务性工作，在此一并感谢。

沈开艳

2016年11月22日

S 子库介绍
Sub-Database Introduction

中国经济发展数据库

涵盖宏观经济、农业经济、工业经济、产业经济、财政金融、交通旅游、商业贸易、劳动经济、企业经济、房地产经济、城市经济、区域经济等领域，为用户实时了解经济运行态势、 把握经济发展规律、 洞察经济形势、 做出经济决策提供参考和依据。

中国社会发展数据库

全面整合国内外有关中国社会发展的统计数据、 深度分析报告、 专家解读和热点资讯构建而成的专业学术数据库。涉及宗教、社会、人口、政治、外交、法律、文化、教育、体育、文学艺术、医药卫生、资源环境等多个领域。

中国行业发展数据库

以中国国民经济行业分类为依据，跟踪分析国民经济各行业市场运行状况和政策导向，提供行业发展最前沿的资讯，为用户投资、从业及各种经济决策提供理论基础和实践指导。内容涵盖农业，能源与矿产业，交通运输业，制造业，金融业，房地产业，租赁和商务服务业，科学研究，环境和公共设施管理，居民服务业，教育，卫生和社会保障，文化、体育和娱乐业等 100 余个行业。

中国区域发展数据库

对特定区域内的经济、社会、文化、法治、资源环境等领域的现状与发展情况进行分析和预测。涵盖中部、西部、东北、西北等地区，长三角、珠三角、黄三角、京津冀、环渤海、合肥经济圈、长株潭城市群、关中—天水经济区、海峡经济区等区域经济体和城市圈，北京、上海、浙江、河南、陕西等 34 个省份及中国台湾地区 。

中国文化传媒数据库

包括文化事业、文化产业、宗教、群众文化、图书馆事业、博物馆事业、档案事业、语言文字、文学、历史地理、新闻传播、广播电视、出版事业、艺术、电影、娱乐等多个子库。

世界经济与国际关系数据库

以皮书系列中涉及世界经济与国际关系的研究成果为基础，全面整合国内外有关世界经济与国际关系的统计数据、深度分析报告、专家解读和热点资讯构建而成的专业学术数据库。包括世界经济、国际政治、世界文化与科技、全球性问题、国际组织与国际法、区域研究等多个子库。

法律声明